教材编号 2019-2-140

国家铁路局规划教材

国家职业教育铁道交通运营管理专业教学资源库配套教材

铁路旅客运输组织

RAILWAY PASSENGER TRANSPORTATION ORGANIZATION

裴瑞江　周　平　主　编

杨　光　副主编

廉文彬　主　审

人民交通出版社股份有限公司

北　京

内 容 提 要

本书为"十四五"职业教育国家规划教材、"十三五"江苏省高等学校重点教材、国家铁路局规划教材、国家职业教育铁道交通运营管理专业教学资源库配套教材、全国技工教育规划教材。本书根据铁路旅客运输现状，融入近年来铁路旅客运输的最新规章制度，结合适用铁路旅客运输法律法规的有关规定，系统地阐述了铁路旅客运输合同、铁路客运站务工作组织、铁路客运乘务工作组织、铁路客运站车交接、客运营销工作组织、客运信息系统、铁路客运安全管理与应急处置、客运法律法规、跨境铁路旅客运输组织等内容。

本书可供职业院校铁道交通运营管理专业教学使用，亦可供铁道运输类相关专业教学使用，也可作为企业培训的参考用书。

* 本书配有教学课件，读者可加入"职教铁路教学研讨群"（教师专用 QQ 群：211163250）免费获取。

图书在版编目(CIP)数据

铁路旅客运输组织/裴瑞江，周平主编. —北京：人民交通出版社股份有限公司，2020.8
ISBN 978-7-114-16520-7

Ⅰ.①铁⋯ Ⅱ.①裴⋯ ②周⋯ Ⅲ.①铁路运输—旅客运输—运输组织—教材 Ⅳ.①U293.1

中国版本图书馆 CIP 数据核字(2020)第 076790 号

书　　名	铁路旅客运输组织
著 作 者	裴瑞江　周　平
责任编辑	袁　方
责任校对	孙国靖　龙　雪
责任印制	刘高彤
出版发行	人民交通出版社股份有限公司
地　　址	(100011)北京市朝阳区安定门外外馆斜街 3 号
网　　址	http://www.ccpcl.com.cn
销售电话	(010)59757973
总 经 销	人民交通出版社股份有限公司发行部
经　　销	各地新华书店
印　　刷	中国电影出版社印刷厂
开　　本	787×1092　1/16
印　　张	17.75
字　　数	408 千
版　　次	2020 年 8 月　第 1 版
印　　次	2024 年 7 月　第 5 次印刷
书　　号	ISBN 978-7-114-16520-7
定　　价	49.00 元

(有印刷、装订质量问题的图书，由本公司负责调换)

前言 Preface

《中华人民共和国民法典》自2021年1月1日起施行,其中的"合同编""侵权责任编"将对铁路旅客运输合同关系产生重大影响,铁路旅客运输将全面进入依法规范运行的新阶段。本教材基于我国民法典的基本原则及规范,对《铁路旅客运输规程》等客运规范文件的理解及适用进行了系统梳理。

本教材贯彻国家"职教二十条",体现职教精神,依据教育部颁布的《铁道交通运营管理专业教学标准》及全国铁道职业教育教学指导委员会最新制定的《高等职业学校铁道交通运营管理专业建设指导标准》编写。教材内容对接铁路旅客运输生产实际,引用了铁路旅客运输的生产流程、手段及方法,参考本专业主要工种的岗位技能培训规范等资料。本教材呈现以下几个方面的特点:

(1)充分融入课程思政。本教材在编写时充分融入了课程思政内容。铁路旅客运输组织工作的基础是铁路旅客运输合同,因此,铁路旅客运输合同是整本教材的基础。本教材区别于其他同类教材的是将我国法制化思想(思政基础)贯穿至项目一,从法律角度解读"铁路旅客运输合同"的主要内容。

(2)体系完整。本教材主要包括铁路旅客运输合同、铁路客运站务工作组织(含普速、高速)、铁路客运乘务工作组织(含普速、高速)、站车交接、客运营销工作组织、客运信息系统、法律法规、跨境铁路旅客运输组织等内容。教材首先从合同的订立、履行、变更、权利义务终止、违约责任等方面分析铁路旅客运输适用合同责任的有关内容,接着根据铁路旅客运输生产过程介绍车站、列车及站车交接工作的具体内容,在此基础上,介绍支撑铁路旅客运输的运输计划及信息系统平台、铁路旅客运输安全应急、适用法律及涉及的相关问题,最后介绍了跨境铁路旅客运输组织相关内容。内容体系紧凑、完整。

(3)内容先进。本教材由《高等职业学校铁道交通运营管理专业建设指导标准》"铁路客运组织"课程标准的主要编写人员担任主编,融入铁路旅客运输新技术、新技能、新知识,增加了铁路旅客服务与生产管控平台、客运管理信息系统、站车无线交互系统、12306客服中心系统、客票系统、旅客征信等铁路旅客运输的最新内容,紧跟铁路企业客运组织实际,确保教材内容的先进性。

(4)专业交叉性强。本教材注重对《铁路旅客运输规程》内容的法理解释,实现民法典等相关法律条款与铁路运输规章文件的有效衔接,强化铁路旅客运输法治意识,铁路旅客运输知识和法学知识交叉特色鲜明。

(5)突出职教特色。本教材以项目任务体例格式编写,充分体现任务导向的职业教育特点。每一个项目和任务单元既独立又关联,科学合理排序,由浅入深,遵循教育基本认知规律。

（6）政、校、企融合创新。本教材在国家铁路局有关部门的大力支持下，由南京铁道职业技术学院、国家铁路局、中国铁路上海局集团有限公司有关人员合作编写，中国国家铁路集团有限公司有关人员主审。政、校、企融合创新，政府解决教材导向问题，学校解决教材中学生应知问题，企业解决教材中学生应会问题。遵循技术技能人才成长规律，知识传授与技术技能培养并重，强化学生职业素养养成和专业技术积累，将专业精神、职业精神和工匠精神融入教材内容。

（7）立体化教材，配套资源丰富。本教材主编负责"铁道交通运营管理专业"国家教学资源库"铁路客运组织"课程的教学资源建设工作，在智慧职教平台提供与教材配套的电子课件、微课视频、动画等整体信息化教学资源及MOOC学院该课程配套的MOOC资源，详见以下二维码或网址 https://mooc.icve.com.cn/course.html?cid=TLLNJ582032。教材还以二维码的形式嵌入相关知识链接、视频和动画，实现教材的立体化，方便读者理解相关知识，以便更深入地学习。使用本教材的师生均可利用上述资源在智慧职教云课堂在线教学、学习，实现翻转课堂与混合式教学。

（8）充分对接岗位，配套书证融通综合实训任务工单。为了更好地与企业岗位对接，编写团队以本教材知识结构为基础匹配岗位任务，形成了"书证融通综合实训任务工单"，并单独配套小册子，方便教学使用。

MOOC网址

本教材由南京铁道职业技术学院裴瑞江、周平担任主编，中国铁路上海局集团有限公司上海客运段教授级正高级工程师杨光担任副主编，全书由中国国家铁路集团有限公司客运部正高级工程师廉文彬担任主审。具体编写分工如下：裴瑞江负责项目2至项目7、项目9内容的编写，参与项目1编写，负责教材整体框架搭建及统稿工作；周平负责项目1、项目8的编写；杨光参与项目6编写；国家铁路局市场监测评价中心孙毅参与项目7编写，王晓兰参与项目2编写，马峰参与项目9编写，乔郡傲参与项目3编写，柳冰参与项目5编写，马赛飞参与项目4编写。

本教材的内容在编写时以现行规章文件为准，在组织教学时应根据当时政策、规章文件进行更新补充。由于编者水平有限，书中不妥之处敬请指正。

编　者

2020年2月

目录 Contents

本教材配套数字资源索引 ·· I
本教材课程思政案例库索引 ·· Ⅲ
本教材书证融通资源索引 ·· Ⅳ

项目 1　铁路旅客运输合同 ·· 1
　　任务 1　合同的订立 ·· 2
　　任务 2　合同的履行 ·· 19
　　任务 3　合同的变更和权利义务终止 ·· 23
　　任务 4　违约、拒绝运输和特殊情况处理 ·· 35
　　任务 5　旅客携带品处理 ·· 44
　　复习思考题 ·· 48

项目 2　铁路客运站务工作组织 ·· 49
　　任务 1　站务工作基础知识认知 ·· 50
　　任务 2　客运站流线组织 ·· 63
　　任务 3　售票工作组织 ·· 69
　　任务 4　旅客进站工作组织 ·· 73
　　任务 5　乘降工作组织 ·· 77
　　任务 6　客运员作业流程 ·· 81
　　复习思考题 ·· 88

项目 3　铁路客运乘务工作组织 ·· 89
　　任务 1　乘务工作基础知识认知 ·· 89
　　任务 2　乘务计划的编制 ·· 94
　　任务 3　乘务作业组织 ·· 101
　　任务 4　列车员作业流程 ·· 107
　　复习思考题 ·· 110

项目 4　铁路客运站、车交接 ·· 111
　　任务 1　编写客运记录 ·· 111
　　任务 2　拍发铁路电报 ·· 114

  任务 3 站、车交接业务办理 ·········· 117
  复习思考题 ······························ 122

项目 5 铁路客运营销工作组织 ········· 123
  任务 1 铁路客运营销基础知识 ········ 124
  任务 2 铁路车站客运营销组织管理 ····· 137
  任务 3 铁路客运营销决策系统运用 ····· 142
  任务 4 节假日旅客运输及新老兵运输 ··· 148
  任务 5 铁路旅客运输其他服务工作 ····· 149
  复习思考题 ······························ 164

项目 6 铁路客运信息系统 ················ 165
  任务 1 客票系统应用 ···················· 166
  任务 2 旅客服务系统应用 ················ 173
  任务 3 客运管理信息系统应用 ·········· 189
  任务 4 站、车无线交互系统应用 ········ 200
  任务 5 12306 客服中心系统 ·············· 209
  任务 6 旅客服务与生产管控平台 ········ 212
  复习思考题 ······························ 215

项目 7 铁路客运安全管理与应急处置 ··· 216
  任务 1 安全管理 ·························· 217
  任务 2 站、车非正常情况应急处置 ····· 222
  任务 3 旅客伤害应急处置 ················ 224
  任务 4 卫生防疫 ·························· 228
  任务 5 红十字救护 ························ 235
  复习思考题 ······························ 241

项目 8 客运法律法规 ························ 242
  任务 1 客运法律法规体系 ················ 242
  任务 2 客运法律法规解读 ················ 245
  任务 3 客运法律法规适用 ················ 250
  复习思考题 ······························ 251

项目 9 跨境铁路旅客运输组织 ············ 253
  任务 1 国际铁路联运旅客运输 ·········· 253
  任务 2 广深港高速铁路跨境旅客运输 ··· 265
  复习思考题 ······························ 268

参考文献 ··· 269

本书配套资源索引

二维码编号	项目-任务	页码	资源名称	资源类别
二维码 1	项目 1-任务 1	第 4 页	代用票及客运运价杂费收据相关知识	PDF 文件
二维码 2		第 6 页	铁路职工乘车证式样及其他内容	PDF 文件
二维码 3		第 7 页	售票方式及实名制证件	视频
二维码 4		第 7 页	自动售取票	视频
二维码 5		第 8 页	实名制详细内容	PPT 演示文稿
二维码 6		第 9 页	普速列车硬座客票图片	PDF 文件
二维码 7		第 10 页	通票原票票价核收	PDF 文件
二维码 8		第 11 页	动车组列车乘车	微课
二维码 9		第 14 页	残军证件	PDF 文件
二维码 10		第 17 页	动车组列车票价计算	PDF 文件
二维码 11		第 18 页	普速列车票价计算	PDF 文件
二维码 12		第 18 页	铁路客运运价里程表	PDF 文件
二维码 13		第 18 页	里程表详细内容	PDF 文件
二维码 14		第 18 页	铁路旅客票价表	PDF 文件
二维码 15		第 18 页	票价表详细内容	PDF 文件
二维码 16		第 19 页	包车旅游列车办理	PDF 文件
二维码 17	项目 1-任务 2	第 20 页	高铁进站流程	微课
二维码 18		第 20 页	验证环节案例	PDF 文件
二维码 19		第 20 页	车站安检员–把好安全第一道关	微课
二维码 20		第 21 页	放置行李时摔伤案例	PDF 文件
二维码 21		第 21 页	检票进站扶梯伤害案例	PDF 文件
二维码 22	项目 1-任务 5	第 44 页	高铁携带品	微课
二维码 23	项目 2-任务 1	第 51 页	铁路客运运价里程接算站示意图	JPG 文件
二维码 24	项目 2-任务 1	第 51 页	中国高速铁路线路图 2019 年 7 月版(中文)	PDF 文件
二维码 25		第 56 页	高铁站进站信息引导	微课
二维码 26	项目 2-任务 3	第 71 页	窗口售票作业	二维动画
二维码 27	项目 2-任务 5	第 79 页	站台岗位作业流程	微课
二维码 28		第 81 页	高铁站出站信息引导	微课
二维码 29	项目 2-任务 6	第 84 页	出站口作业程序及标准	微课
二维码 30		第 85 页	站车联动协助重点旅客顺利出行	视频
二维码 31	项目 4-任务 1	第 112 页	客运记录编写题例	PDF 文件

续上表

二维码编号	项目-任务	页码	资 源 名 称	资源类别
二维码32	项目4-任务2	第114页	电报拍发题例扫描	PDF文件
二维码33	项目5-任务1	第129页	列车旅客密度表	PDF文件
二维码34		第129页	客流图及客流计划表	PDF文件
二维码35	项目5-任务2	第141页	客流分析报告模板示例	PDF文件
二维码36	项目7-任务1	第217页	车站安全案例	PDF文件
二维码37		第218页	动车组安全案例	PDF文件
二维码38		第220页	空调列车安全案例	PDF文件
二维码39		第220页	漏锁车门事故	二维动画
二维码40	项目7-任务2	第222页	车站非正常情景图片	PDF文件
二维码41		第223页	列车非正常情景图片	PDF文件
二维码42		第224页	动车组空调系统故障的应急处置	视频
二维码43	项目7-任务3	第224页	车站客伤案例	PDF文件
二维码44		第226页	列车客伤案例	PDF文件
二维码45	项目7-任务4	第229页	重大疫情案例	PDF文件
二维码46	项目7-任务5	第239页	心肺复苏操作步骤	微课
二维码47	项目9-任务2	第268页	禁止限制携带物品目录	PDF文件

本教材线上MOOC学习网址 https://mooc.icve.com.cn/course.html？cid=TLLNJ582032

智慧职教"铁道交通运营管理专业"国家教学资源库《铁路客运组织》课程资源
资源网址:https://www.icve.com.cn/portal/courseinfo？courseid=vycjaugomyxjaj1e-32n3a

本教材课程思政案例库索引

序号	案 例 名 称	思 政 主 题	与教材对应知识点	教材页码
1	总书记说法治中国	运输与法治	合同概述	P2
2	中国铁路旅客列车发展史	铁路与制度自信	合同主要条款和履行	P16
3	铁路旅客列车霸座事件	诚信社会	拒绝运输的处理	P35
4	鸡鸭鹅成群坐火车	社会主义核心价值观	旅客携带品	P44
5	全国铁路示意图来了	职业精神	铁路线网	P51
6	让服务之花绚丽绽放	榜样的力量	客运站务工作组织	P73
7	中国女列车长：有颜值，更有实力！	工匠精神与爱岗敬业	铁路乘务工作组织	P89
8	列车上的"最美守护者"	爱岗敬业与无私奉献	动车组乘务作业	P101
9	他为什么要定闹钟送旅客上厕所？	人文关怀与职业意识	站、车交接业务办理	P117
10	今年首趟进疆摘棉专列顺利抵达	社会责任	铁路旅客运输产品	P124
11	中国铁路人都有一份军人的担当	铁路人的担当	铁路节假日运输及新老兵运输	P148
12	铁路售票的发展变化	科技强国	客票系统应用	P173
13	泡面、泡茶……你在火车上用的水都是哪儿来的？	吃苦耐劳与职业精神	旅客服务与生产管控平台	P212
14	揭秘12306客服中心：你以为他们只是接电话？	职业规范与责任	12306客服中心系统	P209
15	动车因暴雨受阻，列车员的这一举动，让旅客镇定下来	责任与担当	铁路安全管理列车非正常情况	P217
16	壮翅江城雁　已盼春来	职业奉献	铁路旅客伤害应急处置	P228

本教材思政素材学习网址 https://mooc.icve.com.cn/course.html? cid＝TLLNJ582032

本教材书证融通资源索引

序号	职业岗位工种	对应技能要求举例	教材对应知识点	页码
1	铁路售票员 铁路售票值班员	能正确办理车票发售、改签、变更、退票等业务	项目1 铁路旅客运输合同 任务1 合同的订立 二、合同的订立 1.订立(售票)方式 2.订立(售票)条件及办法 (2)普速列车售票基本规定； (3)普速列车车票发售办法； (4)动车组列车车票基本规定及办法； (5)优惠票发售条件及办法。 任务3 合同的变更和权利义务终止 项目2 铁路客运站务工作组织 任务3 售票工作组织 项目5 铁路客运营销工作组织 任务1 铁路营销工作基础知识 三、列车定员计算 四、铁路旅客列车票额分配 五、铁路旅客列车票额运用策略 项目6 铁路客运信息系统 任务1 客票系统应用	P7—P16 P23—P35 P69—72 P166—173 P132—137
2	铁路客运员 铁路客运值班员	组织旅客进站、候车、乘降，办理进出站检票、补票，检查旅客携带的违禁物品，处理违章乘车人员。处理车站非正常及旅客伤害情况。	项目1 铁路旅客运输合同 任务4 违约、拒绝运输和特殊情况处理 一、违约的处理 1.不符合乘车条件 2.未办理有关手续 任务5 旅客携带品处理 二、旅客携带品的范围 三、旅客携带品超范围的处理 项目2 铁路客运站务工作组织 任务1 站务工作基础知识认知 三、客运站设备设施布置 任务4 旅客进站工作组织 任务5 乘降工作组织 任务6 客运员作业流程 项目4 铁路客运站、车交接 任务1 客运记录编写 任务3 站、车交接业务办理 项目7 铁路客运安全管理与应急处置 任务2 站、车非正常情况应急处置 一、车站非正常情况的应急处置 任务3 旅客伤害应急处置 一、车站发生旅客伤害的应急处置 任务4 卫生防疫 三、铁路突发公共卫生事件应急处置 任务5 红十字急救	P35—P38 P44—P47 P56—P62 P73—P88 P111—P122 P222—P226 P231—P232 P235—P241

续上表

序号	职业岗位工种	对应技能要求举例	教材对应知识点	页码
3	列车员 列车值班员 列车长	按规范完成乘务作业。组织旅客上、下车，办理旅客补票及旅行变更手续；整理旅客行李、卧具，提供卫生餐饮、商品服务。处理列车非正常情况和旅客急病等意外情况。	**项目1 铁路旅客运输合同** 任务4 违约、拒绝运输和特殊情况处理 三、特殊情况处理 **项目3 铁路客运乘务工作组织** 任务1 乘务工作基础知识认知 任务3 乘务作业组织 一、始发出乘作业 二、途中作业 三、终到退乘作业 任务4 列车员作业流程 **项目4 铁路客运站、车交接** 任务1 客运记录编写 任务3 站、车交接业务办理 **项目5 铁路客运营销工作组织** 任务5 铁路旅客运输其他服务工作 三、高速铁路餐饮服务组织 **项目6 铁路客运信息系统** 任务4 站车无线交互系统应用APP主要业务功能 **项目7 铁路客运安全管理与应急处置** 任务2 站、车非正常情况应急处置 二、列车非正常情况的应急处置 任务3 旅客伤害应急处置 二、列车发生旅客伤害的应急处置 任务4 卫生防疫 三、铁路突发公共卫生事件应急处置 任务5 红十字急救	P89—P94 P101—P110 P39—P44 P111—P122 P158—P162 P205—P209 P222—P228 P231—P232 P235—P241

V

项目 1　铁路旅客运输合同

项目内容

铁路旅客运输合同是承运人将旅客从起运地点运输到约定地点，旅客支付票款的合同。铁路旅客运输合同不仅涉及合同订立、合同履行、合同变更、合同权利义务终止、违约处理，还涉及旅客随身携带物品处理等内容。以上内容以五个任务形式呈现，项目 1 内容导图如图 1-1 所示。

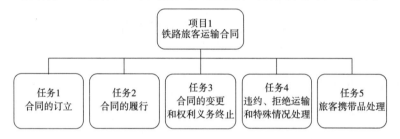

图 1-1　项目 1 内容导图

教学目标

1. 了解铁路旅客运输合同订立的条件及主要内容。
2. 掌握合同履行条件及履行流程。
3. 掌握合同变更和权利义务终止业务。
4. 熟悉违约、拒绝运输及特殊情况的处理。
5. 了解旅客携带品范围及违约处理知识。

教学建议

课时建议：本项目涉及客运规章方面基础知识容量较大，因此建议教师根据教学总学时情况进行分配，占用教材对应课程总学时比例不少于五分之一较妥。建议课时为 20 课时。

授课过程建议：

(1) 授课教师观念的转变和统一。授课教师首先要领会本项目的定位，即铁路旅客运输组织全过程的实质是履行铁路旅客运输合同的全过程，因此，本项目以铁路旅客运输合同为主线，主要依据《铁路旅客运输规程》《铁路旅客运输办理细则》等客运规章文件类资料，结合《中华人民共和国民法典》《中华人民共和国铁路法》等相关法律法规进行编写，任务顺序按照一般合同的流程顺序来编写。授课教师应从法律法规角度来讲授本项目内容，并很好地培养学生的法律意识，以更好地适应企业和社会需求。

(2) 教学过程题例处理。教材编写规章业务题例主要是实做题例，实际运输生产企业解决问题基本都依靠信息系统,题例的处理过程主要是锻炼学生运用理论知识解决实际问题的思维能力,与理论知识相对独立。因此,在理论教学过程中结合知识点多举例帮助学生消化有关规章及法律条文。因教材篇幅有限,部分铁路运输企业旅客运输合同履行过程中的真实题例以二维码形式呈现,师生均可扫码查看学习。

本项目为避免列车时刻表经常发生变化对学习带来的不便,大部分题例采用了模拟车次及票价,主要便于读者快速掌握处理方法,同时便于读者举一反三自行拟题练习。

(3) 票价处理。项目中涉及票价计算时,"新空调 X"包含空调票价,"新空 X"不包含空调票价。本项目售票涉及动车组列车票价按照届时铁路动车组列车票价相关规定执行,如题例票价与实际票价不符系票价浮动引起,属正常现象,不影响售票处理办法。

(4) 部分拓展内容处理。受教材篇幅所限,本项目将"铁路客运运价里程表""铁路票价表""行李、包裹运价表"以及包车、旅游列车等相关内容另附二维码,读者扫描二维码即可查看。

任务 1　合同的订立

任务 1 内容导图如图 1-2 所示。

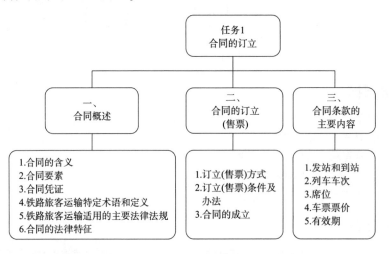

图 1-2　任务 1 内容导图

一、合同概述

1. 合同的含义

合同是当事人之间设立、变更、终止民事权利义务关系的协议。铁路旅客运输合同是明确承运人与旅客之间权利义务关系的协议。起运地承运人依据《铁路旅客运输规程》(以下简称《客规》)订立的铁路旅客运输合同对所涉及的承运人具有同等约束力。

2. 合同要素

合同要素包括合同的主体、合同的客体和合同的内容。

(1) 合同的主体

合同的主体又称合同当事人。铁路旅客运输合同的主体是指铁路运输企业、旅客和托运人。

铁路旅客运输企业在合同关系中称为承运人。在《中华人民共和国铁路法》(以下简称《铁路法》)中,铁路运输企业指两类:一类是国家铁路运输企业,另一类是地方铁路运输企业。国家铁路运输企业是指铁路的局集团有限公司(简称"铁路局集团公司"),而铁路站段是铁路运输企业的基层组织,以铁路局集团公司的名义进行运输生产活动,不能作为运输合同的主体对待。

旅客作为铁路旅客运输合同的主体,是指有相应民事行为能力的公民。《中华人民共和国民法典》(以下简称《民法典》)第十七条至第二十条内容如下。

> 第十七条 十八周岁以上的自然人为成年人。不满十八周岁的自然人为未成年人。
>
> 第十八条 成年人为完全民事行为能力人,可以独立实施民事法律行为。十六周岁以上的未成年人,以自己的劳动收入为主要生活来源的,视为完全民事行为能力人。
>
> 第十九条 八周岁以上的未成年人为限制民事行为能力人,实施民事法律行为由其法定代理人代理或者经其法定代理人同意、追认,但是可以独立实施纯获利益的民事法律行为或者与其年龄、智力相适应的民事法律行为。
>
> 第二十条 不满八周岁的未成年人为无民事行为能力人,由其法定代理人代理实施民事法律行为。

根据上述规定,凡是年满八周岁以上都可以成为铁路旅客运输合同的主体。对于八周岁以下的未成年人或者正在生病的不能辨认自己行为的精神病人,不能作为合同的主体对待。这类旅客旅行时,必须要有其监护人或监护人委托的代理人同行。

(2) 合同的客体

合同的客体是指合同当事人权利义务所指向的对象。铁路旅客运输合同的客体是指完成位移的劳务行为。铁路旅客运输企业与旅客之间订立合同的目的是要按照旅客的要求把旅客从一地运输至另一地,运输劳务行为是双方权利义务所共同指向的目标。因此,只有铁路运输的劳务行为才是铁路旅客运输合同的客体,而不是旅客、行李、包裹。

(3) 合同的内容

铁路运输合同的内容是指当事人各方的权利和义务。根据《客规》规定:

旅客的基本权利:①依据车票票面记载的内容乘车;②要求承运人提供与车票等级相适应的服务并保障其旅行安全;③对运送期间发生的身体损害有权要求承运人赔偿;④对运送期间因承运人过错造成的随身携带物品损失有权要求承运人赔偿。

旅客的基本义务:①支付运输费用,当场核对票、款,妥善保管车票,保持票面信息完整可识别;②遵守国家法令和铁路运输规章制度,听从铁路车站、列车工作人员的引导,按照车站的引导标识进、出站;③爱护铁路设备、设施,维护公共秩序和运输安全;④对所造成铁路或者其他旅客的损失予以赔偿。

承运人的基本权利:①依照规定收取运输费用;②要求旅客遵守国家法令和铁路规章制

度,保证安全;③对损害他人利益和铁路设备、设施的行为有权制止、消除危险和要求赔偿。

承运人的基本义务:①确保旅客运输安全正点;②为旅客提供良好的旅行环境和服务设施,不断提高服务质量,文明礼貌地为旅客服务;③对运送期间发生的旅客身体损害予以赔偿;④对运送期间因承运人过错造成的旅客随身携带物品损失予以赔偿。

3. 合同凭证

(1)合同基本凭证及分类

车票是铁路旅客运输合同的基本凭证,既是旅客乘车的凭证,也是旅客报销的凭证。

作为合同基本凭证的车票,可从车票载体和内容两方面进行分类。

①按车票载体呈现形式分类:车票按其载体呈现形式可分为纸质车票、铁路电子客票和铁路乘车卡。

a. 纸质车票:是指由承运人出具载明乘车日期、车次、发站和到站站名、票价等铁路运输合同主要内容的纸质乘车凭证,它也可用作报销凭证。图1-3所示为目前铁路发售的硬座车票。

图1-3 硬座车票

b. 铁路电子客票:是指以电子数据形式载明乘车日期、车次、发站和到站站名、票价等铁路运输合同主要内容,以规定的身份证件(如居民身份证等)作为乘车凭证。铁路电子客票行程信息提示和报销凭证如图1-4所示。

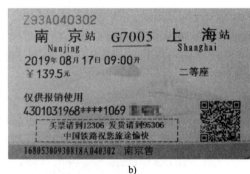

a)　　　　　　　　　　　　　　　　b)

图1-4 铁路电子客票购票信息单和报销凭证

c. 铁路乘车卡:是指内装磁介质或集成电路芯片、通过自动检票机(闸机)记录旅客乘车信息的乘车凭证。

代用票相关知识 请扫描二维码1 。

②按车票内容分类:目前,中国国家铁路集团有限公司(原铁路总公司,以下简称"国铁集团")发售的车票按其票价结构可分为普速列车车票和动车组列车车票两类。

二维码1

a. 普速列车车票。

普速列车票价结构相对复杂,车票所包含的内容比较丰富,可分为客票和附加票两大部分。其中,客票部分又分为软座客票和硬座客票;附加票部分又分为加快票、卧铺票和空调票。附加票是客票的补充部分,除儿童外,不能单独使用。

目前国铁集团基本都按照旅客乘坐的车厢席位进行客票和附加票联合发售,如普速新空调快速列车的硬座车厢,发售车票时将硬座客票、快速加快票、新空调票联合打包发售,票价加总核收,以一张车票的形式发售给旅客。如图1-5所示,票面只显示列车等级"新空调"和车厢席位"硬座"标记,不显示分票种信息。

a)

b)

图1-5 通票

新空调列车部分车厢车票联合发售票价核收情况见表1-1。

空调列车部分车厢票价组合　　　　　表1-1

新型空调列车	普快列车	快速列车	特快列车(直达特快列车)
硬座车厢	硬座票价+普快票价+空调票价	硬座票价+快速票价+空调票价	硬座票价+特快票价+空调票价
软座车厢	软座票价+普快票价+空调票价	软座票价+快速票价+空调票价	软座票价+特快票价+空调票价
硬卧车厢	硬座票价+硬卧票价+普快票价+空调票价	硬座票价+硬卧票价+快速票价+空调票价	硬座票价+硬卧票价+特快票价+空调票价
软卧车厢	软座票价+软卧票价+普快票价+空调票价	软座票价+软卧票价+快速票价+空调票价	软座票价+软卧票价+特快票价+空调票价

普速列车车票按其使用方式又分为直达票和通票。直达票是指从发站至到站不需要中转换乘的车票(图1-3),主要标志为"限乘当日当次车"。通票是指从发站至到站需中转换乘的车票(图1-5),主要标识为"X日内到有效",中途下车中转换乘车票标记"中转""中转签证"字样。

b. 动车组列车车票。

动车组列车车票票价结构相对简单,每个车厢席位等级对应一个票价率,票价按照发到站间里程与票价率相乘得出。动车组列车车票按照车厢席位分类,有一等座、二等座、商务座等车票。动车组列车车票全部为直达票,有效期标识"限乘当日当次车",车厢席位标识

图1-6 直达票

"二等座"等席位信息,如图1-6所示。

(2)合同特殊凭证

根据铁路旅客运输工作的实际,铁路旅客运输合同的凭证除车票外,还包括附有签证票的铁路乘车证和特种乘车证。持铁路乘车证和特种乘车证乘车时需办理签证手续,取得签证票。其中,铁路职工乘车证包括软席全年定期乘车证、软席乘车证、硬席全年定期乘车证、硬席临时定期乘车证、硬席乘车证、便乘证、通勤乘车证、就医乘车证和探亲乘车证等9种。其他乘车证相关内容 请扫描二维码2 。

二维码2

此外,为了适应铁路发展,满足市场需求,铁路旅客运输合同除上述凭证外,还有中铁银通卡(图1-7)、广深铁路牡丹信用卡(图1-8)等乘车卡。

图1-7 中铁银通卡(包括金卡、银卡)

图1-8 广深铁路牡丹信用卡

4. 铁路旅客运输特定术语和定义

铁路旅客运输合同具有其行业特殊性,因此涉及专业特定术语时应有其特殊定义,具体如下:

(1)高铁中型及以上车站:是指办理动车组列车客运业务,建筑规模为特大型、大型、中型的高速铁路(含客运专线)车站。

(2)普速车站:是指办理普速旅客列车客运业务的车站。

(3)动车组列车:是指由若干带动力和不带动力的车辆以固定编组组成、两端设有司机室的一组列车。

(4)普速旅客列车(简称"普速列车"):是指运送旅客或行包、邮件的非动车组列车。

(5)重点旅客:是指老、幼、病、残、孕旅客。特殊重点旅客是指依靠辅助器具才能行动等需特殊照顾的重点旅客。

5. 铁路旅客运输适用的主要法律法规

调整铁路旅客运输的法律法规主要包括宪法、法律、行政法规和国务院部门规章、司法解释、国家政策等。其中,法律包括《民法典》《铁路法》等;行政法规包括《铁路安全管理条例》(国务院令第639号)、《铁路交通事故应急救援处理条例》(国务院令第501号)、《铁路交通事故处理规则》(原铁道部令第30号)、《铁路旅客运输安全检查管理办法》(交通运输部令2014年第21号)、《铁路旅客车票实名制管理办法》(交通运输部令2014年第20号)等;国务院部门规章及规范文件包括《客规》(原铁道部铁运〔1997〕101号)、《铁路旅客人身伤害及携带品损失处理暂行办法》(铁运〔2012〕319号);司法解释包括《最高人民法院关于审理铁路运输人身损害赔偿纠纷案件适用法律若干问题的解释》等;国家政策包括《关于在一定期限内适当限制特定严重失信人乘坐火车 推动社会信用体系建设的意见》(发改财金〔2018〕384号)等。需要指出的是,《客规》是调整铁路旅客运输合同关系最基本的规章文件。

6. 合同的法律特征

根据铁路运输方式的特点,铁路旅客运输合同主要有以下特征。

(1) 采取要约、承诺方式订立合同

铁路旅客运输属于公共运输,作为承运人的铁路运输企业通过公布列车时刻表、票价表等向社会公众发出要约邀请,旅客支付票价的行为为要约,承运人售出车票的行为为承诺。

(2) 铁路旅客运输合同属于格式合同

所谓格式合同,是指当事人一方与不特定的多数人进行交易而事先拟定的,且不允许相对人对其内容做任何变更的合同。《民法典》第四百九十六条规定:"格式条款是当事人为了重复使用而预先拟定,并在订立合同时未与对方协商的条款。"铁路运输合同采用格式合同的形式,主要是由于运输营业频繁不断重复进行的特点,可以节省时间,降低运输成本,避免双方讨价还价,减少缔约的麻烦。

采用格式条款订立合同的,提供格式条款的一方应当遵循公平原则确定当事人之间的权利和义务,并采取合理的方式提请对方注意免除或者减轻其责任等与对方有重大利害关系的条款,按照对方的要求,对该条款予以说明。对格式条款的理解发生争议的,应当按照通常理解予以解释。对格式条款有两种以上解释的,应当作出不利于提供格式条款一方的解释。格式条款和非格式条款不一致的,应当采用非格式条款。

(3) 合同缔约的法律强制性

承运人从事的运输活动,面向的是社会公众。承运人的活动具有社会公共事务的职能,具有普遍的社会意义。因此,国家对承运人的运输行为及对运输行为所负的责任,均以法律作出相应的规定。《民法典》第八百一十条规定:"从事公共运输的承运人不得拒绝旅客、托运人通常、合理的运输要求。"《民法典》第一千一百九十八条规定:"宾馆、商场、银行、车站、机场、体育馆、娱乐场所等经营场所、公共场所的经营者、管理者或者群众性活动的组织者,未尽到安全保障义务,造成他人损害的,应当承担侵权责任。"《客规》第47条规定:"对违反国家法律、法规,在站内、列车内寻衅滋事、扰乱公共秩序的人,站、车均可拒绝其上车或责令其下车;情节严重的送交公安部门处理;对未使用至到站的票价不予退还,并在票背面做相应的记载,运输合同即行终止。"

二、合同的订立(售票)(相关教学资源 请扫描二维码3)

铁路旅客运输合同的订立主要是通过车票的发售和购买行为来完成的。

1. 订立(售票)方式(相关教学资源 请扫描二维码4)

车票应在承运人或销售代理人的售票处(铁路客票代售点)、自动售票机、12306.cn网站(中国铁路客户服务网站简称,含PC端和手机App及其他国铁集团认可的小程序等)及电话订票购买。在有运输能力的情况下,承运人或销售代理人应按购票人的要求发售车票,销售代理人可按规定核

二维码3

二维码4

收"铁路客票销售服务费"。

2. 订立（售票）条件及办法

铁路运输企业实行实名制售票，同时对一些符合规定条件的旅客执行优惠票价。

当发售去边境地区的车票时，应要求旅客出示国家有关部门规定的边境居民证、身份证或边境通行证。

（1）实名制售票条件

购买实名制车票时，须凭乘车人有效身份证件购买车票。学生优惠票、残疾军人或伤残人民警察优待票以及使用残疾人专用票额的车票均需乘车人的有效身份证件及规定的减价凭证原件。

在车站售票窗口或铁路客票代售点购票时，需使用承运人规定的有效身份证件原件或复印件；通过电话订票或者在网站购票时，需使用居民身份证、港澳居民往来内地通行证、台湾居民来往大陆通行证或按规定可使用的有效护照，取票时应使用有效身份证原件；在自动售票机购票时，需使用可识读有效身份证件。

旅客购票的有效身份证件包括：中华人民共和国居民身份证、临时身份证、户口簿、中华人民共和国旅行证、中国人民解放军军人保障卡、军官证、武警警官证、士兵证、军队学员证、军队文职干部证、军队离退休干部证、按规定可使用的有效护照、港澳居民来往内地通行证、中华人民共和国往来港澳通行证、台湾居民来往大陆通行证、大陆居民往来台湾通行证、外国人居留证（含外国人永久居留证）、外国人出入境证、外交官证、领事馆证、海员证、外交部开具的外国人身份证明、地方公安机关出入境管理部门开具的护照报失证明、港澳台居民居住证、铁路公安部门填发的乘坐旅客列车临时身份证明（以下简称"临时身份证明"）等 25 种。实名制详细内容 请扫描二维码5 。

一张有效身份证件同一乘车日期只能购买一张同一车次实名制车票，但给同行儿童购买儿童票时除外。

发售实名制车票时，承运人可以记录、保留并在铁路运输过程中使用旅客所提供的身份信息，并按国家规定承担相应的保密义务。

二维码5

旅客购票、取票、改签、退票、挂失补或乘车时无法出示有效身份证件时，可到铁路公安部门办理临时身份证明。铁路车站公安制证窗口及临时身份证明如图1-9所示。

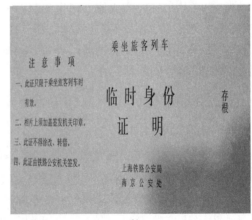

a）　　　　　　　　　　　　　　　　b）

图 1-9　铁路车站公安制证窗口及临时身份证明

电子票实名制证件:使用居民身份证(包含中华人民共和国居民身份证、外国人永久居留身份证、港澳台居民居住证)、港澳居民来往内地通行证、台湾居民来往大陆通行证等可识读证件(以下简称"可自动识读证件")购买铁路电子客票的旅客,凭购票时所使用的乘车人有效身份证件原件,可通过实名制核验、检票闸机自助完成实名制验证、进出站检票手续。儿童电子票随同行成年人购买。

(2)普速列车售票基本规定

普速列车车票由客票(硬座、软座)和附加票(加快、卧铺、空调)分票种构成,考虑满足旅客需求、铁路换乘能力接续等因素,各票种售票规定如下。

①客票。

普速列车硬座客票图片 请扫描二维码6 。

二维码6

承运人在发售客票时,应根据购票人指定的到站、座别、径路发售。但为了方便旅客旅行,在列车有能力的情况下,可按下列规定办理:

发售软座客票时最远至本次列车终点站。旅客在乘车区间中,要求一段乘坐硬座车,一段乘坐软座车时,全程发售硬座客票。当旅客乘坐软座时,另收软座区间的软、硬座票价差额。

【题例1-1】

图1-10所示为2010年发售的一张通票,北京西至定州段为软座,定州至承安铺段为硬座,则票价核收办法如下:

北京西—承安铺　227km

硬座票票价:16.00元

北京西—定州　206km

补收(软座票价26.00－硬座票价15.00)差额:11.00元

普快票票价:2.00元

合计票价:29.00元

图1-10　通票

②加快票。

旅客购买加快票必须有软座或硬座客票。发售加快票的到站,必须是所乘快车或特别快车的停车站。发售需要中转换车的加快票的中转站还必须是有同等级快车始发的车站。

③卧铺票。

旅客购买卧铺票时,卧铺票的到站、座别必须与客票的到站、座别相同,但对持通票的旅客,卧铺票只发售到中转站。

④空调票。

旅客乘坐提供空调的列车时,应购买相应等级的车票或空调票。旅客在全部旅途中分别乘坐空调车和普通车时,可发售全程普通(非空调)硬座车票,对乘坐空调车区段另行核收空调车与普通车的票价差额。

图1-11所示为通票及中转签证票,通票中牡丹江至一面坡之间核收了普通(非空调)硬座票价,旅客中转乘坐新空调列车时,补收新空调硬座与普通(非空调)硬座票价差

14.00 元。

注：原票票价核收过程 请扫描二维码7。

牡丹江——一面坡　194km

新空调硬座票价：26.50 元（车厢打包票价含普快和空调）

普通硬座票价：12.50 元

差额：26.50 – 12.50 = 14.00 元（见票面所示）

二维码7

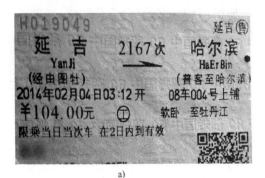

a)　　　　　　　　　　　　　b)

图 1-11　通票及中转签证票

（3）普速列车车票发售办法

普速列车按速度等级分普客（慢车，车次范围 6001～8998）、普快（车次范围 1001～5998）、快速（车次范围 K1～K9998）、特快（车次范围 T1～T9998）和直达特快（车次范围 Z1～Z9998）；按设备条件分为非空调列车（以下简称"非空列车"）和新空调列车（以下简称"新空列车"）。无论非空列车还是新空列车，席位构成大致相同，有硬座（YZ）、软座（RZ）、硬卧（YW）、软卧（RW）、高级软卧等。

普速列车车票发售时，按照旅客要求购买的列车等级及席位种别进行客票与附加票的不同组合联合发售，即按列车车厢打包发售核收票价，车票或报销凭证票面相应位置只显示列车种类和车厢种类。图 1-12 所示的车票列车种类为新空调车，车厢种类为硬座车厢，显示为"新空调硬座"。

【题例1-2】　普速列车普通成人车票发售。

图 1-12 所示车票为新空调慢车硬座车厢车票，旅客购买的车票车次 6162 次列车等级为普客，即慢车，新空列车，席位种别为硬座。铁路按照本次列车硬座车厢发售新空调硬座票，即新空列车的硬座票（客票）和空调票（附加票）联合发售。

事由：新空调硬座

发到站间里程：广通北——龙塘坝　13km

新空硬座票价：2.00 元

新空空调票价：2.00 元

合计：4.00 元（见票面票价所示）

图 1-12　新空调慢车硬座车厢车票

(4)动车组列车售票基本规定及办法

动车组列车车票最远只发售至本次列车终点站。

动车组列车车票发售:按旅客要求购买的列车等级及席位种别进行发售,列车等级按速度分动车("D"字头,车次范围D1~D9998)、城际动车("C"字头,车次范围C1~C9998)、高速动车("G"字头,车次范围G1~G9998),席别有一等座(ZY)、二等座(ZE)、商务座(SW)等。动车组列车的车票实行一车次一席别一票价的制度,票价可以在一定范围内浮动(详见票价部分)。

动车组列车乘车相关教学资源 请扫描二维码8 。

享受减价优待的儿童、学生、伤残军人乘坐动车组列车时,其票价均以公布票价为基础计算。当计算出的动车组列车儿童、学生、伤残军人优惠票价高于动车组列车折扣票价时,动车组列车儿童、学生、伤残军人优惠票价改按动车组列车折扣票价执行。

二维码8

【题例1-3】 动车组列车普通成人车票发售。

图1-13所示车票为高速动车组列车车票,旅客购买的车票车次G108次列车等级为高速动车"G",席别为二等座。铁路按照本次列车二等座车厢发售车票,核收二等座全价票价。

事由:二等座

发到站间里程:南京南—天津南 901km

二等座票价:393.50元

车票以电子客票存在时,其内容同以上票面内容。

图1-13 高速动车组列车车票

(5)优惠票发售条件及规定

铁路运输企业对儿童、学生及残疾军人购票予以一定幅度的优惠。

①儿童票。

承运人一般不接受儿童单独旅行(乘火车通学的学生和承运人同意在旅途中监护的除外)。随同成人旅行身高1.2~1.5m的儿童,应当购买儿童票;儿童身高超过1.5m时应购买全价票。每一成人旅客可免费携带一名身高不足1.2m的儿童,超过一名时,超过的人数应购买儿童票。

儿童票的座别应与成人车票相同,其到站不得远于成人车票的到站。

免费乘车及持儿童票乘车的儿童单独使用卧铺时,应补收票价差额。

目前,普速列车儿童票可享受客票、加快票和空调票的优惠,儿童票票价按相应客票和附加票票价的50%计算。免费乘车及持儿童票乘车的儿童单独使用卧铺时,应另收全价卧铺票价,有空调时还应另收半价空调票票价。动车组列车儿童票可享受座车公布票价50%的优惠票价、卧车公布票价减去一等座公布票价50%的优惠票价。

【题例1-4】 普速列车儿童票发售。

图1-14所示车票为儿童始发改签车票,旅客购买的儿童车票车次K1214次列车等级为快速,新空列车,席别为硬卧(上铺)。铁路按照本次列车硬卧车厢发售新空调硬卧票,即新空列车的客票(硬座票)和附加票(空调票、快速加快票、卧铺票)联合发售。

事由:新空调硬卧

发到站间里程:石家庄北—德—烟台 836km

新空硬座票价:全价67.00元　儿童票价34.50元(软票费空调费不减)

新空空调票价:全价17.00元　儿童票价9.00元(以元为单位)

新空快速票价:全价28.00元　儿童票价14.00元

新空硬卧上铺票价:82.00元　儿童票价82.00元

合计:139.50元

图1-14　儿童始发改签车票

【题例1-5】 动车组列车儿童票发售。

图1-15所示车票为高速动车组列车儿童票,旅客购买的儿童车票车次G7205次列车等级为高速动车"G",席别为二等座。铁路按照本次列车二等座车厢儿童票发售车票,核收二等座公布票价50%的票价。

事由:二等座

发到站间里程:苏州—上海　84km

二等座公布票价:39.50元

二等座儿童票价:39.50×50% = 19.75 ≈ 19.50元

车票以电子客票存在时,其内容同以上票面内容。

图1-15　高速动车组列车儿童票

②学生票。

购买学生优惠票均需乘车人的有效身份证件及规定的减价凭证原件,经核实后,方可购票、乘车。学生票按规定核减次数。

就读于普通大专院校(含国家教育主管部门批准有学历教育资格的民办大学)、军事院校、中、小学和中等专业学校、技工学校,没有工资收入的学生、研究生,家庭居住地和学校不在同一城市时,凭附有加盖院校公章的减价优待证和火车票优惠卡的学生证(中、小学生凭书面证明),每学年6月1日至9月30日,12月1日至次年3月31日,可购买家庭居住地至院校(实习地点)之间四次单程的学生票。新生凭录取通知书、毕业生凭学校书面证明可买一次学生票。

学生火车票优惠卡内需载明学生姓名、有效身份证号码、优惠乘车区间、入学日期、优惠乘车次数等信息。

华侨学生和港澳台学生按照上述规定同样办理,可购买学校所在地至口岸站间的学生票。

优惠乘车区间是指家庭居住地车站至学校所在地车站。因家庭迁居、学校迁移或调整导致家庭居住地或学校所在地变更时,需在减价优待证乘车区间栏相应更改,加盖院校公章,并修改学生火车票优惠卡内相关信息。

学生票按近径路发售,但有直达列车或换乘次数少的远径路也可发售。在优惠乘车区间内,可以分段售票。当发售第一段车票时,在铁路售票系统和"学生火车票优惠卡"内自动记载或扣减一次乘车次数,后续车站在规定时间内不再扣减次数。凭录取通知书、学校书面证明购票的,由售票人员在录取通知书或学校书面证明上注明"×年×月×日乘××列车"字样,作为登记一次乘车次数。

优惠乘车次数按学年填记并使用有效,当学年不能使用下一学年的次数,当学年未使用的不能留作下学年使用。优惠乘车区间填记的车站为乘降所的,在乘降所上车时,可以在列车上购买学生票,但不能超过本趟列车终到站。

下列情况不能发售学生票:

a. 学校所在地有学生父或母其中一方时;
b. 学生因休学、复学、转学、退学时;
c. 学生往返于学校与实习地点时;
d. 学生证未按时办理学校注册的;
e. 学生证优惠乘车区间更改但未加盖院校公章的;
f. 应有而没有"学生火车票优惠卡",或者"学生火车票优惠卡"所载信息不全、不能识别或者与学生证记载不一致的。

【题例1-6】 普速列车学生票发售。

图1-16所示车票为新空列车学生硬座票,旅客购买的学生车票车次K56次列车等级为快速,新空列车,席别为硬座。铁路按照本次列车硬座车厢发售新空调硬座票,即新空列车的客票(硬座票)和附加票(空调票、快速加快票)联合发售。

事由:新空调硬座
发到站间里程:上海—哈尔滨　2560km
新空硬座票价:全价168.00元
学生票价:85.00元(当年含有保险费)
新空空调票价:全价41.00元　学生票价21.00元
新空快速票价:全价66.00元　学生票价33.00元
合计:139.00元

图1-16　新空列车学生硬座票

【题例1-7】 动车组列车学生票发售。

图1-17所示车票为高速动车组列车学生票,旅客购买的学生车票车次G7205次列车等级为高速动车"G",席别为二等座。铁路按照本次列车二等座车厢学生票发售车票,核收二等座公布票价75%的票价。

事由:二等座

发到站间里程:昆明南—杭州东　2093km

二等座公布票价:806.00元

二等座学生票价:806.00×75%=604.50元

车票以电子客票存在时,其内容同以上票面内容。

图1-17　高速动车组列车学生票

③残疾军人票。

中国人民解放军和中国人民武装警察部队因伤致残的军人凭"中华人民共和国残疾军人证"、因公致残的人民警察凭"中华人民共和国伤残人民警察证",消防救援人员凭"国家综合性消防救援队伍残疾人员证"购买残疾军人优待票(以下简称"残军票")。"中华人民共和国残疾军人证"和"中华人民共和国伤残人民警察证"由国家有关部门颁发,铁路运输企业有权进行核对。

残疾军人证件图片 请扫描二维码9 。

二维码9

【题例1-8】 普速列车残军票发售。

图1-18所示车票为普速列车残军票,旅客购买的残军票车次T216次列车等级为特快,新空列车,席别为硬座。铁路按照本次列车硬座车厢发售新空调硬座票,即新空列车的客票(硬座票)和附加票(空调票、快速加快票)联合发售。

事由:新空调硬座

发到站间里程:沧州—天津西　116km

新空硬座票价:全价12.00元　残军票价6.00元

新空空调票价:全价3.00元　残军票价1.50元

新空特快票价:全价4.00元　残军票价2.00元

合计:9.50元

图1-18　普速列车残军票

【题例1-9】 动车组列车残军票发售。

图1-19所示车票为高速动车组列车残军票,旅客购买的残军票车次G1688次列车等级为高速动车"G",席别二等座。铁路按照本次列车二等座车厢残军票发售车票,核收二等座公布票价50%的票价。

事由:二等座
发到站间里程:武夷山北—上饶　80km
二等座公布票价:37.00元
二等座学生票价:37.00×50%=18.50元
车票以电子客票存在时,其内容同以上票面内容。

图1-19　高速动车组列车残军票

(6)团体票发售条件

20人以上乘车日期、车次、发到站、席位等级相同的旅客可作为团体旅客,承运人应优先安排;如填发代用票时除代用票持票本人外,每人另发一张团体旅客证。图1-20所示为团体票票例。

图1-20　团体票

 小贴示

减价电子票发售——符合购买学生票、残军票条件的旅客,乘车前应到车站指定售票窗口或自动售票机办理一次本人居民身份证件与学生优惠卡或残疾军人优惠证件的核验手续(学生票需每学年乘车前办理一次),通过核验手续的旅客购票后可凭居民身份证件自助办理实名制验证和进出站检票。铁路工作人员有权在车站和列车核对其减价优惠(待)凭证。持学生票、残军票的旅客,应当在开车前办理核验手续后进站乘车。

(7)站台票发售条件

站台票不是铁路旅客运输合同的凭证,仅供到铁路站台上迎送旅客的人员购买使用,因此持站台票的人员不能上车。站台票当日使用一次有效。对经常进站接送旅客的单位,车站可根据需要发售定期站台票。随同成人进站身高不足1.2m的儿童及特殊情况经车站同意进站人员可不购买站台票。未经车站同意无站台票进站时,加倍补收站台票款。遇特殊情况,站长可决定暂停发售站台票。图 1-21 所示为站台票。

图 1-21 站台票

3. 合同成立

当承运人售出车票、旅客购买到车票时表示承诺生效,合同即宣告成立。由于售票方式不同,车票的成立时间也不一致。在承运人或销售代理人的售票处(铁路客票代售点)、自动售票机为售出纸质车票;在 12306.cn 网站(含铁路 12306 手机 App)为生成电子客票,以订单生成信息为准;电话订票为凭取票码在售票窗口售出纸质车票时,铁路旅客运输合同即宣告成立。

三、合同条款的主要内容

车票作为合同基本凭证,其合同条款的主要内容应当在车票票面(特殊票种除外)载明,具体包括发站和到站站名、席位、票价、车次、乘车日期、有效期、实名信息(实名制车票)、二维码等。

1. 发站和到站

办理直通旅客运输业务的车站均可作为旅客运输合同的发站和到站。根据客运站的规模和类型,《铁路旅客运输服务质量规范》将客运站分为中型及以上高铁站、小型高铁站、普速大型车站、普速中型车站和普速小型车站。

2. 列车车次

为方便旅客区分列车种类及铁路人员的工作需要,需对每一趟列车编定一个识别码,即车次。在编车次时为区别列车运行方向,原则上规定以开往北京方向为上行方向,车次编为双数;背离北京方向为下行方向,车次编为单数。一趟旅客列车在运行途中变换上下行方向时,其车次也随之变换。

主要旅客列车种类及车次编号见表 1-2。

旅客列车种类及车次编号表 表 1-2

顺号	列车种类		车次	备注
1	高速动车组旅客列车	跨局	G1～G5998	"G"读"高"
		管内	G6001～G9998	
2	城际动车组旅客列车	跨局	C1～C1998	"C"读"城"
		管内	C2001～C9998	
3	动车组旅客列车	跨局	D1～D3998	"D"读"动"
		管内	D4001～D9998	

续上表

顺号	列车种类		车次	备注
4	直达特快旅客列车	跨局	Z1～Z9998	"Z"读"直"
5	特快旅客列车	跨局	T1～T4998	"T"读"特"
		管内	T5001～T9998	
6	快速旅客列车	跨局	K1～K6998	"K"读"快"
		管内	K7001～K9998	
7	普通旅客快车	跨三局及其以上	1001～1998	
		跨二局	2001～3998	
		管内	4001～5998	
8	普通旅客慢车	跨局	6001～6198	
		管内	6201～7598	
9	通勤列车		7601～8998	
10	旅游列车		Y1～Y998	"Y"读"游"

3. 席位

铁路旅客列车可分为普速列车和动车组列车。其中,普速列车分为硬座、软座、硬卧、软卧、软卧包房等;动车组列车分为特等座、一等座、二等座、商务座等。

4. 车票票价

铁路旅客车票票价是指铁路旅客运输产品的销售价格。铁路旅客车票票价分为普通旅客列车票价和动车组列车票价。普通旅客列车票价是以人公里票价率为基数,按照规定的旅客票价里程区段,采取递远递减的方法确定的;动车组列车票价是根据各席位适用的票价率、运价里程来确定的。

旅客票价的起码里程为:客票20km,空调票20km,加快票100km,卧铺票400km(特殊区段另有规定除外)。

(1)票价率

由于国家对普通旅客列车实行国家统一定价和动车组列车实行企业自主定价的政策,两者的票价率规定不一。

①普通旅客列车票价。

普通旅客列车票价的基本票价率由国务院铁路主管部门拟定,报国务院批准。根据列车种类、车辆类型、设备条件等的有关规定,旅客票价由客票票价和附加票价两部分组成。其中,客票票价分为硬座、软座客票票价;附加票票价分为加快票、卧铺票、空调票的票价。

旅客票价是以每人每公里的票价率为基础,按照旅客旅行的距离和不同的列车设备条件,采取递远递减的方法计算确定。

普通旅客列车票价计算详细内容 请扫描二维码10 。

②动车组列车票价。

二维码10

动车组列车票价按照列车等级及席别确定人公里票价率,按照旅客旅行的距离进行计算确定。随着铁路票价的逐步市场化,动车组列车的票价也将逐步随客流波动而不断浮动。

动车组列车票价计算详细内容 请扫描二维码 11 。

（2）铁路客运运价里程

铁路客运运价里程是计算旅客票价所应用的里程。全路的普速线路客运运价里程都列在《铁路客运运价里程表》内，它是计算普速线路客运运价的依据。

二维码 11

发到站间的运价里程是根据规定的或旅客指定的乘车径路和乘坐列车车次，从《铁路客运运价里程表》中直接查出乘车里程或分段查找、计算出全部的乘车里程。

《铁路客运运价里程表》样张 请扫描二维码 12 。

里程表详细内容 请扫描二维码 13 。

二维码 12　　二维码 13

（3）铁路旅客票价表

普通旅客列车票价是根据相应的计算方法计算出各里程区段各席别票价后生成《铁路旅客票价表》，实际工作中可直接根据车票发、到站间运价里程及票种进行查找确定。

《铁路旅客票价表》样张 请扫描二维码 14 。

铁路旅客票价表详细内容 请扫描二维码 15 。

二维码 14　　二维码 15

5. 有效期

车票是运输合同的基本凭证，其履行期间即为车票有效期。根据旅客列车衔接和旅行速度等因素，并考虑旅客的实际需求来规定车票的有效期。

（1）车票有效期

①直达票当日当次有效，但下列情形除外：

a. 全程在铁路运输企业管内运行的动车组列车车票有效期由企业自定。

b. 有效期有不同规定的其他票种。

②通票的有效期按乘车里程计算：1000km 为 2 日；超过 1000km 的，每增加 1000km 增加 1 日；不足 1000km 的尾数按 1 日计算；自指定乘车日起至有效期最后一日的 24 时止。

图 1-22 所示为普雄至昆明通票，里程 704km，有效期 2 天，票面显示 2 日内到有效，即 4 月 6 日 24:00 前到达昆明有效。

图 1-22　普雄至昆明通票及中转票

（2）车票有效期的延长

遇有下列情况可延长通票的有效期：

①因列车满员、晚点、停运等原因，使旅客在规定的有效期内不能到达车站时，车站可视实际需要延长通票的有效期。延长日数从通票有效期终了的次日起计算。

②当旅客因病中途下车、恢复旅行时，在通票有效期内，出具医疗单位证明或经车站证实时，可按医疗日数延长有效期，但最多不超过 10 天；卧铺票不办理延长，但可办理退票手续；同行人同样办理。

(3) 车票有效期延长手续的办理

因列车满员或意外事件列车停止运行,旅客不能按票面指定的日期、车次乘车时,车站应积极为旅客办理签证及通票有效期延长手续。办理时,应在通票背面注明"因××延长有效期×日"并加盖站名戳。旅客如托运行李时,还应在行李票上签注"因××原因改乘×月×日××车次",加盖站名戳,作为到站提取行李时,计算免费保管日数的凭证。

包车、旅游列车的办理 请扫描二维码16 。

二维码16

任务2 合同的履行

任务2内容导图如图1-23所示。

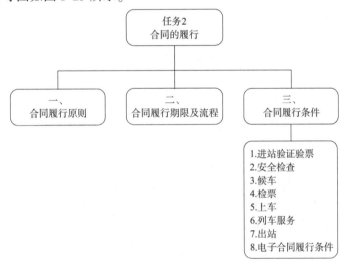

图1-23 任务2内容导图

一、合同履行原则

合同当事人除应遵循诚实信用的原则,按照约定全面履行自己的义务外,还应根据合同的性质、目的和交易习惯履行通知、协助、保密等义务。

例如,在合同履行过程中,旅客应按照约定尽到支付运输费用、遵守国家法令和铁路运输规章制度、听从铁路工作人员的引导、按照车站的引导标识进出站、爱护铁路设备及设施、维护公共秩序和运输安全等义务;承运人应按照约定尽到确保旅客运输安全正点、对运送期间发生的旅客身体损害予以赔偿等义务。

二、合同履行期限及流程

铁路旅客运输合同履行期间,是指合同履行开始至合同履行结束的期间,即旅客在上车前经车站剪(检)票进站后开始履行合同至旅客到达旅行目的地站,出站或应当出站时止,合同履行结束。《最高人民法院关于审理铁路运输人身损害赔偿纠纷案件适用法律若干问题的解释》(法发〔1994〕5号)第十二条:"铁路运输企业对旅客运送的责任期间自旅客持有效车票进站时起到旅客出站或应当出站时止。不包括旅客在候车室内的期间。"该条款对铁路旅客运送的责任期间(运输合同的履行期间)做出了明确的规定。

根据《最高人民法院关于审理铁路运输损害赔偿案件若干问题的解释》中第十二条规定,铁路承运人从旅客运输合同开始履行时,对旅客承担安全义务,而不是车票售出合同生效日起就承担安全义务。安全义务的承担又分两个时段:第一个时段,旅客在乘车当日进入候车室后剪(检)票上车前发生人身伤害,若旅客能证明是因铁路设施、设备或铁路员工的职务行为造成的,铁路运输企业承担一般侵权责任,适用过错责任原则;第二个时段,旅客在候车室经剪(检)票进站后,合同履行开始,至到站出站前发生责任旅客人身伤害,铁路运输企业承担合同责任或侵权责任。

根据铁路旅客运输过程生成履行流程,其主要流程如图1-24所示。

图1-24 合同履行流程

三、合同履行条件

合同履行的基本条件是按照合同约定内容进行履行,旅客须遵守铁路运输企业的管理规定,配合工作人员顺利完成合同履行。

1. 进站验证验票(相关教学资源 请扫描二维码17)

铁路运输企业有义务保证旅客按照车票载明的日期、车次乘车。纸质车票和附签证票的铁路乘车卡、特种乘车证是旅客乘车的凭证。铁路电子客票以购票时使用的有效身份证件作为乘车凭证。

二维码17

旅客到达车站需持车票及购票时所使用的乘车人本人有效身份证件原件进站、乘车,但免费乘车的儿童及持儿童票的儿童除外。车站按规定实行实名制验证,核验车票、有效身份证件原件及旅客的一致性。无法实施全封闭实名制验证的在检票口组织验证;实行车票实名制的站、车,承运人对拒绝身份核验及票、证、人不一致的旅客,有权拒绝其进站、乘车。

对行为异常、患有烈性传染病等健康状况不适宜乘车旅行可能危及旅客人身、财产及运输安全的,车站可以不予运送。

相应案例内容 请扫描二维码18 。

对需凭学生证、残疾军人证、伤残人民警察证等有效证件购买减价优待车票的旅客,承运人有权核验相应证件。

二维码18

2. 安全检查

车站或列车工作人员应当遵循法律法规和国务院铁路行业监督管理部门的规定,对旅客及其随身携带物品和托运的行李进行安全检查。对不配合安全检查的旅客,承运人有权拒绝其进站、乘车和托运。相应视频 请扫描二维码19 。

承运人要保证安全检查秩序良好,通道畅通,日常旅客排队进站等候时间不宜过长。

二维码19

3. 候车

候车室(区)旅客可视范围内应有客运员及时巡视、解答旅客咨询、妥善处置异常情况。特大、大型车站还应设值班站长。

车站候车室需保持清洁卫生,提供饮用开水,提供旅客候车期间需要的各种信息服务,如候车区、检票口、饮水处及卫生间等静态或动态信息标识。旅客候车期间须听从车站引导和安排,随时注意候车室广播及信息揭示。

4. 检票

铁路运输企业有权要求旅客持有效车票乘车,旅客上车前车站组织检票。开始、停止检票时间的设置适应客流量和站场条件,进站口有提前停止检票时间的提示。开始检票或列车到站前,通告车次、停靠站台等检票信息。车站在开车前提前停止检票,但需在本站营业场所通告停止检票的提前时间。

自动检票机通道和人工检票通道正常启用,通道数量适应客流情况,并设有重点旅客、商务座旅客等优先通道。按照先重点、后团体、再一般的原则,引导旅客在自动检票机、人工检票通道排队等候、检票进站,宣传自动检票机的使用方法,提醒旅客拿好身份证件或车票,防止尾随。对无票、日期车次不符、减价不符、票证人不一致等人员,承运人可按规定拒绝进站、乘车。

对无票、日期车次不符、减价不符、票证人不一致等人员按规定拒绝进站、乘车。

停止检票前,通告候车室,无漏乘;停止检票时,关闭检票口,通告候车室和站台。

相应案例内容 请扫描二维码20 。

5. 上车

旅客通过检票口后进入乘车通道至站台,车站应做好引导工作确保旅客能够顺利到达正确的乘车站台。

二维码20

站台客运员提前到岗,检查引导屏状态和显示内容、站台及股道情况。按站台车厢位置标识在站台安全线或屏蔽门内组织旅客排队等候,有序乘降。铃响时巡视站台,无漏乘。同一站台有两趟同等级列车同时进行乘降作业时,应做到有宣传、有引导、无误乘。

6. 列车服务

旅客须按车票载明的日期、车次、席位乘车。列车有义务提供必要的、规定的旅行服务,保持车内的清洁卫生,提供饮用开水等。列车运送过程中承运人有保证旅客安全的义务。相应案例内容 请扫描二维码21 。

对乘坐卧铺的旅客,列车可以收取纸质车票并予集中保管。收取车票时,应当换发卧铺证;旅客下车前,凭卧铺证换回车票。列车长手持终端中"站、车无线交互系统"(参见项目6)能实现卧铺车厢席位管理功能的列车可不用换票。

乘坐卧铺时,成人和儿童可共用一个卧铺。

二维码21

除特殊情况并经列车长同意的旅客外,持低票价席位车票的旅客不能在高票价席位的车厢停留。

对行为异常、患有烈性传染病等健康状况不适宜乘车旅行,或者醉酒等可能危及其他旅客人身、财产及运输安全的旅客,站、车可以不予运送。

7. 出站

旅客下车后自站台至出站口应设有专门的出站通道,车站有义务做好引导工作。换乘客流大的车站根据需要设置站内换乘流线,配备相应的设备和引导标识。

出站检票人员提前到岗,检查自动检票机、出站显示屏状态和内容。

车站引导旅客通过自动检票机和人工检票通道检票出站,具备居民身份证自动识读检票条件的自动检票机正常启用。人工检票口核对车票及其他乘车凭证,对未加剪的车票补剪,确保秩序良好,防止尾随。

铁路有权对违章乘车旅客及违章携带品正确处理,票款收付准确。

8. 电子客票使用条件

(1) 需要出具纸质凭证的情况

目前,铁路还处于纸质车票和铁路电子客票并存阶段。由于售票凭证的多样性及铁路检票闸机设备等的限制,在 12306.cn 网站购票后,遇以下情形,应当在乘车前打印购票信息单或车票报销凭证后进站乘车:

①使用二代居民身份证以外的其他有效身份证件购票的。

②使用同行成人有效身份证件信息购买儿童票的。

③购买学生票、伤残军人(警察)优待票的。

④乘车站或下车站不具备二代居民身份证检票条件的。

⑤二代居民身份证无法在自动检票机上识读的。

⑥乘车人按所购车票的乘车日期、车次在中途站进站乘车的。

(2) 电子客票的查验

电子合同履行期间的查验工作主要依靠列车长手持终端中的"站、车无线交互系统"来实现,具体包括如下:

①可视化席位售出信息+查验证件(姓名、证件号码)。图 1-25 所示为信息显示界面和证件查验。

a)

b)

图 1-25 信息显示界面和证件查验

②扫描电子客票二维码+查验证件。图 1-26 所示为扫描电子客票二维码操作。

图 1-26　扫描电子客票二维码操作

任务 3　合同的变更和权利义务终止

任务 3 内容导图如图 1-27 所示。

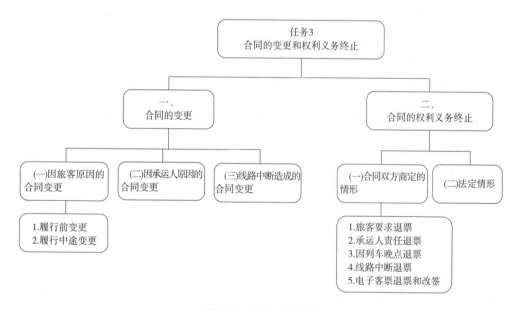

图 1-27　任务 3 内容导图

经合同双方当事人协商一致,可以变更或解除合同,解除合同权利义务即终止。

一、合同的变更

铁路旅客运输合同变更的原因主要有旅客自身原因开车前取消行程、中途因病中止行程、承运人原因导致取消或中止行程、不可抗力的自然原因导致旅客取消或中止行程等情况。

在有运输能力的情况下,铁路运输企业应从方便旅客出发,积极主动地按规定办理。

(一)因旅客原因的合同变更

1. 履行前变更

旅客因旅行计划改变可变更乘车日期、车次、席位及到站等合同内容,但需在铁路有能力的情况下才予以办理。铁路运输企业将此类办理的合同变更手续,称为办理签证手续,即车票改签。为减少对铁路正常运输的影响,车票只能办理一次改签。

(1)改签时间

①开车前48小时(不含)以上,可改签预售期内的其他列车。

②开车前48小时以内,可改签开车前的其他列车,也可改签开车后至票面日期当日24:00之间的其他列车,不办理票面日期次日及以后的改签。

③开车之后,旅客仍可改签票面当日其他列车。

④在12306.cn网站改签不应晚于开车前铁路企业规定时间。

⑤团体旅客变更不应晚于开车前48小时。

⑥办理变更到站业务的不应晚于开车前48小时。

(2)改签条件

①车站在车票预售期内且有运输能力的前提下办理改签。

②纸质车票只能在车站售票窗口办理改签。对实名制车票办理改签时,乘车人须出示本人有效身份证件原件或复印件;由他人代办时,还须出示代办人有效身份证件原件,票、证、人一致后,收回原车票,换发新车票。

③旅客在12306.cn网站购票后,尚未换取纸质车票的,可以在12306.cn网站办理改签,改签应不晚于规定时间。在车站售票窗口办理改签时,乘车人需提供购票时所使用的有效身份证件原件和订单号码;由他人代办时,还须出示代办人有效身份证件原件。

④团体票不能办理变更到站改签。

⑤旅客变更到站时,原车票已托运行李的,还应办理行李变更业务。

(3)改签票价处理

旅客在车站办理改签时,改签后的车次、席位票价高于原票价时,核收票价差额;改签后的车次票价低于原票价时,退还票价差额,核收退票费。

支付或退还票价差额时,使用原支付方式。原车票使用电子支付方式购票的,原车票票款在电子支付规定时间退回原购票时所使用的电子支付账户。旅客应重新支付票价购买新车票。

图1-28所示为始发改签车票。

(4)变更到站

旅客购票后,可根据行程变化,重新选择新的目的地,在车票预售期内变更到站及乘车日期、车次、席位,但不能变更发站(同城车站除外)。变更到站的条件如下:

图1-28 始发改签车票

①在原车票开车前48小时以上,旅客可任意选择有余票的列车。已取得纸质车票的,可在车站指定售票窗口办理;未换取纸质车票的,也可在12306.cn网站或铁路12306手机App办理。

②办理"变更到站"不收取手续费。

③"变更到站"只办理一次。已经办理"变更到站"的车票,不再办理改签。对已改签车票、团体票及通票暂不提供此项服务。

图1-29　变更到站车票

④车站收回原车票,换发新车票,并在新车票票面注明"变更到站"字样。变更到站车票如图1-29所示。

⑤办理"变更到站"时,新车票票价高于原车票的,补收差额;新车票票价低于原车票的,退还差额,对差额部分核收退票费并执行现行退票费标准。

【题例1-10】变更到站。

×年1月10日,南京站一旅客持1月19日K1012次列车(上海—石家庄北)南京至石家庄北硬卧上铺车票1张,要求改乘1月19日D322次列车(南京—北京南)至北京南软卧,假设有票额,应如何处理?

K1012次列车径路里程:南京—合肥—衡水—石家庄北　1090km

D322次列车径路里程:南京—京沪线—北京南　1153km

【处理办法及过程】

1月10日至1月19日超过48小时,车票可以变更到站。变更后的车次票价高于原车票的,补收差额。

事由:变更到站

原票:南京—石家庄北　1090km

新空调硬卧上铺票价:270.50元

新票:南京—北京南　1153km

软卧上铺折扣票价:492.50元

网购票原票价退回原账户,新票价重新支付。

非网购票窗口办理补收票价差:492.50 - 270.50 = 222.00元

收回原票,换发新票,补收222.00元。

2.履行中途变更

合同履行中的变更是指旅客开始旅行后在途中发生的变更等级、变更席别等情况。

(1)变更等级、席别

旅客办理中转签证(通票途中中转换乘)或在列车上办理补签、变更席(铺)位时,签证或变更后的车次、席(铺)位票价高于原票价时,核收票价差额;签证或变更后的车次、席(铺)位票价低于原票价时,票价差额部分不予退还。

【题例1-11】 补签——列车等级变更。

×年9月30日,K××次列车(西安—海口,新空,西安13:33开)西安站开车前,一旅客持当日4××次(西安—潼关,非空普快,西安15:39开)西安至渭南硬座票,要求改乘此车至到站,列车同意,应如何处理?

列车径路里程:西安—渭南 56km

【处理办法及过程】

事由:补签、补价

①补签:旅客在票面指定的日期、车次开车前提前乘车的,列车应予以办理补签,核收手续费。

②补价:西安—渭南 56km

新空调客快速与客快票价差:11.00－4.00＝7.00元

手续费:2.00元

合计:7.00＋2.00＝9.00元

具体操作: 先在站、车无线交互系统中补签,然后用列车移动补票机打印补价车票,随原票使用有效,核收9.00元。

注意: 直达票提前乘车车票有效,列车按章办理补签手续,错后乘车均按失效处理。

【题例1-12】 变更席位1——二等座变更软卧。

×年9月30日,D××次列车(北京南—上海)北京南开车后,一旅客持当日当次北京南至苏州二等座票,要求变更软卧至到站,经确认3车3号空闲,列车应如何计费?

列车径路里程:北京南1370km 苏州84km 上海

【处理办法及过程】

旅客在列车上办理变更席(铺)位时,变更后的车次、席(铺)位票价高于原票价时,核收变更区段票价差额和手续费。

事由:补差

北京南—苏州 1370km

软卧(下)执行票价:653.00元

二等座执行票价:292.00元

补差:653.00－292.00＝361.00元

手续费:5.00元

合计:361.00＋5.00＝366.00元

具体操作: 先在站、车无线交互系统中补签,使用列车移动补票机打印补价车票,随原票使用有效。

【题例1-13】 变更席位2——硬座变更软座、补卧。

×年9月30日,K××次列车(大连—延吉,快速)金州站开车,一旅客持当日当次大连至延吉伤残军人、儿童半价硬座票各一张,因身体不适要求使用一个软卧至到站,4车3号空闲,应如何计费制票?

列车径路里程:大连 33km 金州 367km 沈阳北 300km 长春 477km 延吉

【处理办法及过程】

旅客办理中转签证或在列车上办理补签、变更席(铺)位时,签证或变更后的车次、席(铺)位票价高于原票价时,核收票价差额。

旅客购买卧铺票时,卧铺票的到站、座别必须与客票的到站、座别相同。

儿童票的座别应与成人车票相同,其到站不得远于成人车票的到站。

事由:变座、卧

金州—延吉 1144km

①成人:

半价软硬座票价差:56.5 - 29.00 = 27.5 元

半价软卧下票价:59.50 元

②儿童:

半价软硬座票价差:56.5 - 29.00 = 27.5 元

手续费:7.00 元

合计:27.50 + 27.50 + 59.50 + 7.00 = 121.50 元

具体操作:先在站、车无线交互系统中补签,使用列车移动补票机分别打印成人和儿童补价车票,随原票使用有效。

【题例1-14】 变更席位3——新空学生硬座变更软卧。

×年9月30日,K××次列车(郑州—哈尔滨,新空)到达石家庄站前,一旅客持当日当次邯郸至沈阳北学生硬座票(票证人相符),因病要求使用硬卧,列车只有一个软卧下铺空闲,旅客同意办理,应如何计费制票?

列车径路里程:郑州 247km 邯郸 161km 石家庄 304km 霸州 87km 天津 689km 沈阳北 546km 哈尔滨

【处理办法及过程】

事由:变座、卧

石家庄—沈阳北 1080km

全价新空调软卧(下)与半价新空调硬座票价差:

(164.50 + 34.00 + 21.00 + 169.00) - (42.00 + 17.00 + 10.50) = 388.50 - 69.50 = 319.00 元

手续费:5.00 元

合计:319.00 + 5.00 = 324.00 元

具体操作:先在站、车无线交互系统中补签,使用列车移动补票机打印补价车票,随原票使用有效。

注意:学生使用软卧时,客票和附加票均为全价。

(2) 越站

旅客在车票到站前要求越过到站继续乘车时,在有运输能力的情况下列车应予以办理。核收越站区间的票价和手续费。同时,当发生席位变更和越站时,先办理越站再办理席位变更手续。但遇有下列情况时,不能办理越站:

① 列车严重超员。
② 乘坐卧铺的旅客买的是给中途站预留的卧铺。
③ 乘坐的回转车,途中需要甩车。

【题例1-15】 越站。

×年8月10日,G××次列车(兰州西—长沙南)运行至西安北站前,一旅客持当日当次天水南至西安北二等座车票1张,要求继续乘车至郑州站,假设列车有运输能力,应如何处理?

列车径路里程:西安北—郑州　505km

【处理办法及过程】

旅客在到站前要求越过到站继续旅行时,在列车有运输能力的情况下应予以办理越站。办理时,核收越站区间的票价和手续费。

事由:越站

西安北—郑州　505km

二等座车票价:229.00元

手续费:2.00元

合计:229.00 + 2.00 = 231.00元

具体操作:使用列车移动补票机打印越站车票,随原票使用有效。

(3) 变径

持通票的旅客在中转站和列车上要求变更径路时,必须在通票有效期能够到达到站时方可办理。办理时,原票价低于变径后的票价时,应补收新旧径路里程票价差额,核收手续费;原票价高于或等于变更后的径路票价时,持原票乘车有效,差额部分(包括列车等级不符的差额)不予退还。

旅客要求变径需补收票价时,应收回原票。当其符合使用原票乘车的规定时,可在原票背面注明"变更经由××站",加盖站名戳或列车长名章,凭原票乘车。

旅客在票面指定的日期、车次开车前乘车的,应补签。

【题例1-16】 补签变径（持远径路新空硬座票改乘近径路新空硬座）。

×年9月30日,Z××次列车(太原—上海,新空)运行至石家庄北站时,一旅客持10月1日K××次列车(石家庄—上海,新空)石家庄至南京硬座票找到列车长,称有急事要求改乘此车至到站,列车同意,应如何计费?

列车径路里程:太原225km 石家庄北10km 石家庄184km 德州785km 南京301km 上海

石家庄408km 郑州349km 徐州348km 南京301km 上海

【处理办法及过程】

持通票的旅客在中转站和列车上要求变更径路时,必须在通票有效期能够到达到站时方可办理。办理时,原票价低于变径后的票价时,应补收新旧径路里程票价差额,核收手续费;原票价高于或相当于变更后的径路票价时,持原票乘车有效,差额部分(包括列车等级不符的差额)不予退还。

事由:补签、变径

①补签:旅客在票面指定的日期、车次开车前提前乘车的,列车应办理补签,核收手续费。

②变径:原径路:石家庄—郑州—徐州—南京 1105km

新空调客快速票价:86.50 + 34.00 + 21.00 = 141.50 元

新径路:石家庄北—德州—南京 979km

新空调客快速票价:76.00 + 30.00 + 18.00 = 124.00 元

票价差:124.00 - 141.50 = -17.50 元

旅客持原票乘车有效,在车票背面注明"变更经由德州站"加盖列车长名章,票价差额部分不予退还。

手续费:2.00 元

合计:2.00 元

具体操作:用补票机打印手续费凭证交旅客,随原票使用有效。

注意:自旅客上车站比较原径路与新径路票价,原径路发到站按票面记载,新径路按实际发到站。

【题例1-17】 变径(持硬座直达票变径乘硬卧)

×年9月30日,K××次列车(郑州—哈尔滨,新空,经由衡、霸、津)运行至石家庄站,一旅客要求上车补购硬卧去天津,列车同意,办理补票手续时出示10月1日K××次列车(邯郸—秦皇岛,新空,经由北京西)石家庄—天津硬座票,8车6号上空闲,应如何计费?

列车径路里程:郑州408km 石家庄304km 霸州87km 天津689km 沈阳北546km 哈尔滨

邯郸161km 石家庄281km 北京西127km 天津285km 秦皇岛

【处理办法及过程】

事由:补签、变径

①补签:旅客在票面指定的日期、车次开车前提前乘车的,列车应办理补签,核收手续费。

②原径路:石家庄—北京西—天津 408km

新空调客快速票价:37.5 + 16.00 + 9.00 = 62.50 元

新径路:石家庄—衡—霸—天津 391km

新空调客快速硬卧(上)票价:34.5 + 12.00 + 8.00 + 46.00 = 100.50 元

补差:100.50 - 62.50 = 38.00 元

手续费:5.00 元

合计:38.00 + 5.00 = 43.00 元

注意:原径路与新径路票价打包进行比较。

具体操作:先在站、车无线交互系统中处理席位,使用列车移动补票机打印变径补价车票,随原票使用有效。

(4) 分乘

两名以上旅客共持一张代用票要求办理分票手续时,站、车应予以办理。办理时按分票的张数核收手续费。

(5) 多种变更同时发生时的处理

在旅客运输过程中,几种变更情况有可能同时发生,如越站同时变座、变径等,当越站与其他变更同时发生时,一般先办理越站,然后再办理其他变更。

【题例1-18】 越站、变座。

×年9月30日,D××次列车(北京西—太原)北京西开车后,一旅客持当日当次北京西至保定东无座票找到列车长要求变更一等座,列车予以办理补票手续时,旅客要求继续乘车至石家庄,列车应如何计费制票?

列车径路里程:北京西 139km 保定东 142km 石家庄 224km 太原

【处理办法及过程】

旅客在车票到站前要求越过到站继续乘车时,在有运输能力的情况下列车应予以办理,核收越站区间的票价和手续费。办理时核收越站区间的票价,不足起码里程时,按起码里程计算;旅客同时提出变更座别、铺别和越站时,应先办理越站,后办理变更,使用一张代用票,核收一次手续费。

事由:越站、变座

保定东—石家庄　142km

动车组二等座票价:43.50 元

北京西—石家庄　281km

动车组一等座与二等座票价差:138.50 − 86.50 = 52.00 元

手续费:2.00 元

合计:43.50 + 52.00 + 2.00 = 97.50 元

具体操作:先在站、车无线交互系统中处理,使用列车移动补票机打印补价车票,随原票使用有效。

注意:先办理越站,后办理变座,变更区间里程通算。

(二) 因承运人原因的合同变更

因承运人责任使旅客不能按票面记载的日期、车次、席位乘车时,站、车应重新妥善安排。重新安排席位的票价高于原票时,票价差额不予补收;低于原票时,车站应按原支付方式退还票价差额,不收退票费。

【题例1-19】 铁路责任造成一等座变更二等座。

×年8月10日,D××次列车(太原南—青岛北)由于临时更换车体造成部分旅客由一等座改坐二等座,一旅客持当日当次太原南至石家庄一等座车票被列车安排坐二等座,应如何处理?

D××次(太原南—石家庄)列车径路里程:太原南 232km 石家庄

【处理办法及过程】

因承运人责任致使旅客不能按票面记载的日期、车次、座别、铺别乘车时,站、车应重新妥善安排。重新安排的列车、座席、铺位低于原票等级时,应退还票价差额,不收退票费。

事由:退差

太原南—石家庄　232km

已收一等座车公布票价:81.50 元

应收二等座车公布票价:68.00 元

退还票价差:81.50 - 68.00 = 13.50 元

具体操作:列车发生因承运人责任造成的退款,列车长应在站、车无线交互系统中编制电子客运记录,并告知旅客到达石家庄站后凭车票至石家庄站退票窗口退还票价差。石家庄站退票窗口处理时,核实购票用实名制证件,收回车票,退还票价差 13.50 元,填写退票报销凭证并交给旅客作为报销凭证。

(三)线路中断造成的合同变更

线路中断造成列车不能继续运行时,列车长应迅速了解停运的原因,组织列车工作人员稳定车内秩序。做好服务工作,解决旅客的困难,做好饮食供应工作。

列车停止运行,停止运行站或被阻列车应在车票背面注明"日期、原因、返回××站"字样或贴同样内容的小条,加盖站名戳或列车长名章,作为旅客免费返回发站或中途站办理退票或改签的凭证。

铁路组织已购票的被阻旅客乘原列车绕道运输时持原票有效。组织旅客换乘其他列车绕道运输,车站应为旅客办理签证手续,在车票背面注明"因××绕道××站(线)乘车"并加盖站名戳。绕道运输乘坐原座别、铺别时,票价不补不退;变更座别、铺别时,补收或退还差额。中途下车车票失效。

【题例1-20】 线路中断组织原列车绕道运输旅客要求硬卧变更软卧。

×年 8 月 10 日,K××次列车(上海—石家庄,经由陇海线、京广线)运行至南京站前,因线路中断致陇海线中断,列车绕行经京九线、石德线至石家庄北,一旅客持当日当次上海至石家庄硬卧中铺车票 1 张,要求自南京站起改乘软卧至石家庄站,假设软卧上铺有票额,应如何处理?

列车原径路里程:南京 697km 郑州 408km 石家庄　1105km

列车绕道径路里程:南京 156km 合肥 802km 衡水 132km 石家庄北　1090km

【处理办法及过程】

线路中断,铁路组织已购票的被阻旅客乘原列车绕道运输时持原票有效。绕道运输乘坐原座别、铺别时,票价不补不退;变更座别、铺别时,补收或退还差额。线路中断原列车绕道运输,补收或退还差额均按原径路计算。

事由:变铺

南京—石家庄　1105km

新空调硬卧中铺票价:252.50 元

新空调软卧上铺票价:381.50 元

票价差:381.50 - 252.50 = 129.00 元

手续费:2.00 元

合计:129.00 + 2.00 = 131.00 元

具体操作:先在站、车无线交互系统中处理,再使用列车移动补票机打印补价车票,随原票使用有效。

二、合同的权利义务终止

合同的权利义务终止即合同的解除,可分为两类情形:一类是因特殊情况双方商定情形;另一类是一方的法定情形。

(一)合同双方商定的情形

当旅客不想继续履行合同或者铁路承运人因不能提供票面规定的列车车次时,经双方当事人同意,可以解除合同,铁路承运人办理完退票手续后,铁路合同即宣告解除,双方权利义务终止。同时,铁路运输企业为了维护铁路运输正常的运输秩序,在必要时承运人可以出台临时调整退票规定。

解除合同的主要标识是承运人退还票款。

1. 旅客要求退票

旅客要求退票时,应按下列规定办理,核收退票费。

(1)办理规定

①在票面载明的日期、车次开车时间前到车站办理,退还全部票价。特殊情况经购票地车站或票面乘车站站长同意的,可在开车后 2 小时内办理。团体旅客必须在开车 48 小时以前办理。

②旅客开始旅行后不能退票。但如因伤、病等原因不能继续旅行时,经站、车核实,可在下车站下车后 10 天内办理退票,可退还已收票价与已乘区间票价差额。同行人同样办理。动车组列车旅客途中退票时,按以下公式计算:

$$应退票款 = 原票价 - \frac{原票价}{原票里程} \times 已乘区间里程 \qquad (1-1)$$

③退还带有"行"字戳迹的车票时,应先办理行李变更手续。

④开车后改签的车票不退。

⑤站台票不退。

⑥加收的票款及手续费不退。

⑦除因病中途下车或路中断列车补车票或铁路责任外,列车补车票不退。

⑧应退票款按购票时的支付方式退还。

⑨旅客使用现金方式购买或已打印报销凭证的铁路电子客票,可通过 12306.cn 网站先行办理退票,自网上办理退票成功之日起 180 天(含当日),凭乘车人身份证原件到铁路车站指定窗口办理退款手续。

(2)核收退票费标准

①票面乘车站开车时间 15 天(不含)以上的不收退票费;15 天至开车前 48 小时以上的

按票价5%计;24小时以上、不足48小时的按票价10%计;不足24小时的按票价20%计。

②退票费计算的尾数以5角为单位,尾数小于2.5角的舍去、2.5角以上且小于7.5角的计为5角、7.5角以上的进为1元。

③退票费最低按2元计收。

④改签后的车票乘车日期在春运期间的,退票时一律按开车时间前不足24小时标准核收退票费。对开车前48小时~15天期间内,改签或变更到站至距开车15天以上的其他列车,又在距开车15天前退票的,仍核收5%的退票费。

2．承运人责任退票

因承运人责任致使旅客退票时,按下列规定办理,不收退票费。

①在发站,退还全部票价。

②在中途站,退还未乘区间票价。

③在到站,退还已收票价与已乘区间票价差额,已乘区间不足起码里程时,退还全部票价。

④普速空调列车因空调设备故障在运行过程中不能修复时,应退还未使用区间的空调票价。

⑤因列车停运,自列车停运命令下达之时起至票面乘车日期后31日内(含当日),旅客可办理停运列车车票退票。网购后未换取纸质车票的旅客,可在12306.cn网站或车站办理退票。已购买或换取纸质车票的旅客,可持纸质车票到车站退票窗口办理退票。

⑥列车上发生退票退款,由列车长编制客运记录,然后告知旅客下车后凭客运记录及车票至车站退票窗口退票。

3．因列车晚点退票

因列车晚点开车导致旅客取消旅行时,可在列车实际开车前,到票面发站售票窗口办理退票,不收退票费,特殊情况经票面发站站长同意,可在实际开车后2小时内办理。因列车晚点导致旅客已购后续列车车票退票时,可在票面发站售票窗口与晚点列车车票一并办理退票,均不收退票费。旅客因列车晚点到达,导致无法乘坐后续列车时,可凭晚点到达列车车票到达后去到站售票窗口办理后续列车车票退票,不收退票费。

4．线路中断退票

当发生线路中断,旅客要求退票时,在发站(包括中断运输站返回发站的)退还全部票价,在中途站退还已收票价与已乘区间票价差额,不收退票费。但因违章加收的部分和已使用至到站的车票不退。如线路中断系承运人责任时,按照承运人责任退票办理。

【题例1-21】 旅客履行合同前要求退票。

×年8月10日15:00,成都站退票窗口一旅客要求退8月12日8:30Z××次列车贵阳站至昆明站硬卧下铺车票一张,应如何处理?

Z××(贵阳—昆明)列车径路里程:贵阳—昆明　638km

【处理办法及过程】

旅客开车前退票,按照退票时间段核收退票费,本例中旅客退票时间在开车前24~48小时之间,核收应退票价10%的退票费。

事由:退票

贵阳—昆明　638km

新空调硬卧下铺票价:161.00 元

退票费:161.00×10% = 16.10 ≈ 16.00 元

净退:161.00 - 16.00 = 145.00 元

具体操作:旅客凭购票时的实名制证件原件退票,如票价系无现金支付,则退票款原路退回,纸质票收回原票,给旅客退票费报销凭证。

【题例1-22】 旅客履行合同中途因病下车退票。

×年8月10日,六盘水站退票窗口一旅客凭医疗证明要求退当日Z××次列车贵阳站至昆明站硬卧下铺车票一张,应如何处理?

Z××(贵阳—昆明)列车径路里程:贵阳—昆明　638km

【处理办法及过程】

旅客开始旅行后原则上不予退票,但因病中途下车可以退票,退还已收票价与已乘区间票价差额,已乘区间不足起码里程时按起码里程计算。退票费按应退票价的20%核收。

事由:因病中途退票

已收票价:贵阳—昆明　638km

新空调硬卧下铺票价:161.00 元

应收票价:贵阳—六盘水　249km

新空调硬卧下铺票价:94.50 元

(其中,新空硬座票价按照249km计算,卧铺票价按起码里程400km计算)

应退票价 = 161.00 - 94.50 = 66.50 元

退票费:66.50×20% = 13.30 ≈ 13.50 元

净退:66.50 - 13.50 = 53.00 元

具体操作:旅客凭购票时的实名制证件原件退票,如票价系无现金支付,则退票款原路退回,收回医疗证明附退票报告,已打印报销凭证需收回,打印新的报销凭证及退票费报销凭证。

【题例1-23】 列车途中空调故障旅客到站退票。

×年8月10日,昆明站退票窗口一旅客凭列车编制客运记录(记录记载本次列车自六盘水站开始旅客在车厢空调故障未能修复),要求退还当日Z××次列车六盘水站至昆明站空调票,应如何处理?

Z××(六盘水—昆明)列车径路里程:六盘水—昆明　389km

【处理办法及过程】

旅客开始旅行后原则上不予退票,当列车途中空调故障不能修复时,退还未使用区间空调票价,不收退票费。

事由:空调故障退票

未使用区间:六盘水—昆明　389km

新空调票价:8.00 元

不收退票费,净退8.00 元

具体操作：旅客凭购票时的实名制证件原件退票,如票价系无现金支付,则退票款原路退回,收回客运记录附退票报告,已打印报销凭证需收回,打印新的报销凭证及退票费报销凭证。

5. 电子客票退票和改签

电子客票的退票时间和办法按照承运人届时的退票和改签规定执行。具体如下：

(1) 旅客使用现金方式购买的铁路电子客票,须到车站指定窗口办理改签、退票手续。

(2) 已打印报销凭证的铁路电子客票办理改签、退票手续时,须收回报销凭证。

(3) 旅客使用电子支付方式通过车站售票窗口、自动售票机、铁路代售点和12306.cn网站购买的铁路电子客票,均可通过12306.cn网站或车站指定窗口办理改签、退票手续。在12306.cn网站注册且通过手机App成功完成人脸身份核验的旅客,也可通过12306.cn网站办理其他人使用电子支付方式通过车站售票窗口、自动售票机、铁路代售点和12306.cn网站为其购买的电子客票改签、退票手续。但已打印报销凭证的旅客,需到车站指定窗口按规定办理。

(4) 旅客办理铁路电子客票改签后,可重新打印购票信息单。

(二) 法定情形

对违反国家法律、法规,在站内、列车内寻衅滋事、扰乱公共秩序的人,站、车均可拒绝其上车或责令其下车;对未使用至到站的票价不予退还,并在票背面做相应的记载,运输合同即行终止。铁路运输企业有权对违反法律、法规的人员进行信用记录处理并上报有关平台。

任务4 违约、拒绝运输和特殊情况处理

任务4内容导图如图1-30所示。

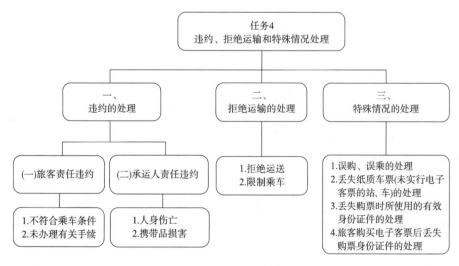

图1-30 任务4内容导图

一、违约的处理

铁路旅客运输合同开始生效（履行）后，作为合同当事人的铁路运输企业和旅客均要严格按照合同的约定履行各自的义务。合同一方不履行义务或履行义务不符合约定，就要向合同的另一方承担违约责任。

（一）旅客责任违约

1. 不符合乘车条件

（1）主观故意不履行义务

有下列行为时，除按规定补票、核收手续费外，铁路运输企业有权对其身份进行登记，并须加收已乘区间应补票价50%的票款：

①当旅客无票乘车时，补收自乘车站（不能判明时自始发站）起至到站止车票票价。当旅客持失效车票乘车时，按无票处理。

②当旅客持伪造或涂改的车票乘车时，除按无票处理外并送交公安部门处理。

③当旅客持站台票上车并在开车20分钟后仍不声明时，按无票处理。

④当旅客持用低等级的车票乘坐高等级列车、铺位、座位时，补收所乘区间的票价差额。

⑤当旅客持儿童票、学生票、残军票没有规定的减价凭证或不符合减价条件时，按照全价票价补收票价差额。

【题例1-24】 出站口无票的处理。

×年8月10日，福州站组织G××次（长沙南—厦门）列车旅客出站时，发现一名无票人员，声称在上饶站上的车，但不能证明，应如何处理？

【处理办法及过程】

旅客无票乘车，应自乘车站（不能判明时应自列车始发站）至下车站的车票票价，加收已乘区间应补票价50%的票款和手续费。动车组列车无票按二等座补收票价。

事由：无票

列车径路里程：长沙南—福州 923km

二等座票价：404.50元

加收已乘区间应补票价50%票款：404.50×50% = 202.25 ≈ 202.50元

手续费：2.00元

合计：404.50 + 202.50 + 2.00 = 609.00元

具体操作：福州站打印"到达补"报销凭证。

【题例1-25】 列车上学生票减价不符的处理。

×年9月30日，D××次列车（汉口—北京西）郑州站开车核对车票时，在一等座车发现一名旅客持当日当次许昌—北京西学生票，不能出示减价凭证，办理补票手续时，旅客要求继续乘坐一等座至到站，列车有运输能力，应如何计费？

【处理办法及过程】

依据《客规》规定,有下列行为时,除按规定补票、核收手续费以外,铁路运输企业有权对其身份进行登记,并须加收已乘区间应补票价50%的票款:当旅客持用低等级的车票乘坐高等级列车、铺位、座位时,补收所乘区间的票价差额;当旅客持儿童票、学生票、残疾军人票没有规定的减价凭证或不符合减价条件时,按照全价票价补收票价差额。

事由:减价不符、越席

① 减价不符:许昌—北京西　775km

动车组二等座全价票价与学生票价差:240.00 − 180.00 = 60.00 元

② 越席:许昌—北京西　775km

补收一等座与二等座票价差:288.00 − 240.00 = 48.00 元

③ 加收票款:许昌—郑州　86km

二等座全价与学生减价票价差:27.00 − 21.00 = 6.00 元

一等座与二等座票价差:32.00 − 27.00 = 5.00 元

合并加收50%票款:(6.00 + 5.00) × 50% = 11.00 × 50% = 5.50 元

手续费:2.00 元

合计:60.00 + 48.00 + 5.50 + 2.00 = 115.50 元

注意: 一人同时发生两项以上违章均需加收票款时,将加收款额合并后再乘以50%。

具体操作: 先在站、车无线交互系统中处理,再使用列车移动补票机打印相应车票,随原票使用有效。

(2) 非主观故意造成没有履行义务

有下列情况时补收票价,核收手续费:

① 应买票而未买票的儿童按规定补收票价。身高超过1.5m的儿童使用儿童票乘车时,应补收儿童票价与全价票价的差额。

② 持站台票上车送客未下车但及时声明时,补收至前方下车站的票款。

③ 主动补票或者经站、车同意上车补票的。

【题例1-26】 列车上儿童超高的处理。

×年9月30日,G××次列车(兰州西—乌鲁木齐)嘉峪关南站开车后,在一等座车发现自嘉峪关至乌鲁木齐旅客携带两名儿童,身高分别为1.3m和1.6m,一名儿童有儿童票,一名儿童无票,应如何处理?

【处理办法及过程】

应买票而未买票的儿童应按规定补收票价。身高超过1.5m的儿童使用儿童票乘车时,应补收儿童票价与全价票价的差额。

因成人在一等座,儿童与成人座别一致,应补收一等座儿童票及票价差额。

嘉峪关南—乌鲁木齐　1089km

一等座票价:403.00 元

> 1.6m儿童应补收全价票价与儿童票价差额
>
> 403.00 − 201.50 = 201.50 元
>
> 手续费:2.00 元
>
> 1.3m儿童补收儿童票价:201.50 元
>
> 手续费:2.00 元
>
> 以上合计:407.00 元
>
> **具体操作**:先在站、车无线交互系统中处理,再使用列车移动补票机打印相应车票,随原票使用有效。

2. 未办理有关手续

下列情况只核收手续费,但已经使用至到站的除外:

①旅客在票面指定的日期、车次开车前乘车的,应补签。

②旅客所持车票日期、车次相符但未经车站剪口的,应补剪。

③持通票的旅客中转换乘应签证而未签证的,应补签。

(二)承运人责任违约

承运人应当在约定期间内将旅客安全运输到约定地点。在铁路运输合同履行期间,发生人身伤亡、携带品损坏等,铁路运输企业应当承担违约责任。

1. 人身伤亡

承运人应当对铁路运送期间发生的旅客人身伤亡承担损害赔偿责任;但伤亡是由不可抗力、旅客自身健康原因造成的,或者承运人证明伤亡是旅客故意、重大过失造成的,承运人不承担责任。

在铁路旅客运送期间因第三方原因造成旅客人身损害的,由第三方承担赔偿责任。承运人有过错的,应当在能够防止或者制止损害的范围内承担相应的补充赔偿责任。承运人承担补充赔偿责任后,有权向第三方追偿。

2. 携带品损害

在铁路旅客运送期间发生旅客携带品毁损、灭失时,承运人有过错的,应当承担损害赔偿责任。

二、拒绝运输的处理

《民法典》第八百一十条规定:"从事公共运输的承运人不得拒绝旅客、托运人通常、合理的运输要求。"但为了维护铁路运输秩序,根据相关法律法规的规定可拒绝运送旅客或限制旅客购票乘车。

1. 拒绝运送

(1)对无票乘车而又拒绝补票的人,列车长可责令其下车并应编制客运记录交县、市所在地车站或三等以上车站处理(其到站近于上述到站时应交到站处理)。车站对列车移交或本站发现的上述人员应追补应收和加收的票款,核收手续费。

(2)对违反国家法律、法规,在站内、列车内寻衅滋事、扰乱公共秩序的人,站、车均可拒绝其上车或责令其下车;情节严重的送交公安部门处理;对未使用至到站的票价不予退还,并在车票背面做相应的记载,运输合同即行终止。

2. 限制乘车

为了推进"一处失信、处处受限"信用惩戒大格局建设工作,按照《国务院关于建立完善守信联合激励和失信联合惩戒制度加快推进社会诚信建设的指导意见》(国发〔2016〕33号)要求,防范部分旅客违法失信行为对铁路运行安全的不利影响,进一步加大对其他领域严重违法失信行为的惩戒力度,对被公安机关处罚或铁路站、车单位认定的严重影响铁路运行安全和生产安全有关的行为责任人限制乘坐火车,对其他领域的严重违法失信行为有关责任人限制乘坐列车软卧、G字头动车组列车全部座位、其他动车组列车一等座以上座位等高级别席位火车。

被公安机关处罚或铁路站、车单位认定的范围如下:

(1)扰乱铁路站、车运输秩序且危及铁路安全、造成严重社会不良影响的。

(2)在动车组列车上吸烟或者在其他列车的禁烟区域吸烟的。

(3)查处的倒卖车票、制贩假票的。

(4)冒用优惠(待)身份证件、使用伪造或无效优惠(待)身份证件购票乘车的。

(5)持伪造、过期等无效车票或冒用挂失补车票乘车的。

(6)无票乘车、越站(席)乘车且拒不补票的。

(7)依据相关法律、法规应予以行政处罚的。

站、车工作人员发现旅客失信行为,除按规定及时处置外,还应如实填写客运记录,同时明确告知旅客纳入信用信息管理的后果,并由站、车工作人员和旅客本人签字;旅客拒绝签字时应当注明,并通过音视频记录仪、视频监控系统记录过程,同时收集相关票据、身份信息或照片、文字记录、音视频等资料。

三、特殊情况的处理

1. 误售误购、误乘的处理

由于站名相似、口音不同等原因,发生误售误购时,车站和列车必须正确处理,使旅客能安全迅速到达目的地。

(1)当发生车票误售误购时,在发站应换发新票。在中途站或列车内应补收票价时,补收票价差额。应退还票价时,站、车应编制客运记录交旅客,作为乘车至正当到站要求退还票价差额的凭证,并应以最方便的列车将旅客运送至正当到站,均不收取手续费或退票费。

(2)当发生误乘、误降或坐过站时,旅客应向站、车工作人员提出。列车长应编制客运记录交前方停车站。车站应在车票背面注明"误乘""误降"或"坐过站"并加盖站名戳,指定最近列车免费送回。如误乘旅客提出乘坐本趟列车直接去到站时,所乘列车票价高于原票价时,核收票价差额,核收手续费;所乘列车票价低于原票价时,票价差额部分不予退还。**注**:电子票乘车时按届时铁路运输企业规定操作。

(3)在免费送回区间,旅客只可乘坐硬座或二等座席位,旅客如提出乘坐高等级席位,应重新核收高等级席位票价。在免费送回区间,旅客不得中途下车。如中途下车,对往返乘车的免费区间,按返程所乘列车等级分别核收往返区间的票价,核收手续费。

【题例1-27】 误售、误购车票处理。

×年12月10日,G××次列车(上海虹桥—烟台)泰安开车后一旅客声称自己买错票,原票系当日当次徐州东至莱阳二等座,实际到站是耒阳西,列车前方到站济南站,列车应如何处理?

【处理办法及过程】

合同原发、到站及正当发、到站之间的线路位置关系如图1-31所示。

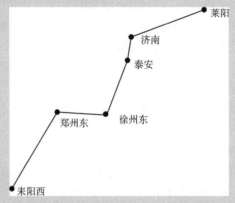

图1-31 合同原发、到站及正当发、到站之间的线路位置关系

处理流程如下:

①列车长应编制客运记录将旅客交前方停车站济南站处理。客运记录示例如图1-32所示。

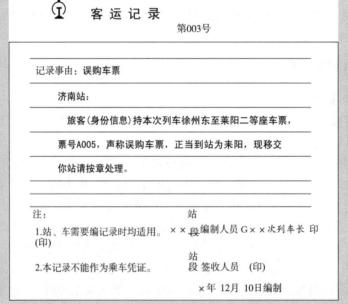

图1-32 客运记录示例

②济南站处理:

原票里程票价:徐州东—莱阳 726km

G××次列车二等座票价:267.50元

正当到站里程票价:徐州东—耒阳西　1490km

当前高速动车组列车二等座票价:616.00元(当前电子时刻表查询)

需要补收票价差额:616.00 – 267.50 = 348.50元

具体操作: 济南站补收票价后打印或开具凭证(纸质可开具代用票,示例参考图1-33),安排最近到达耒阳列车G××次列车(青岛—广州南)将旅客运送至耒阳西站。

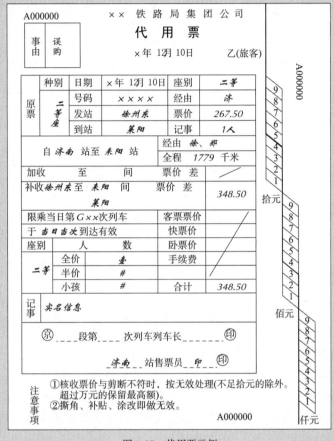

图1-33　代用票示例

【题例1-28】误购、误乘送回途中下车情况。

题例1-26中旅客如在泰安站下车,泰安站出站口发现后分别核收往返区间票价,处理如下:

往程:徐州东—济南　高速二等座票价:134.50元

返程:泰安—济南　高速二等座票价:29.50元

手续费:2.00元

合计:134.50 + 29.50 + 2.00 = 166.00元

具体操作: 填写客运运价杂费收据(到补系统),如图1-34所示。

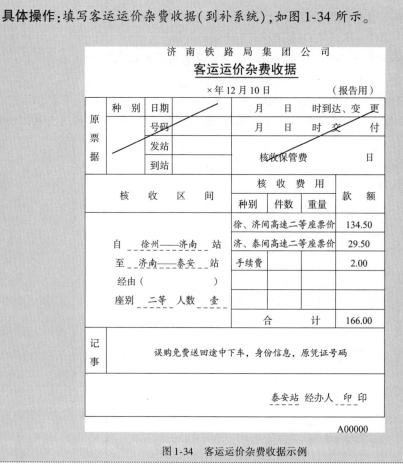

图1-34 客运运价杂费收据示例

2. 丢失纸质车票(未实行电子客票的站、车)的处理

铁路车票已实施实名制售票,旅客乘车可凭纸质车票(未实行电子客票的站、车)和购票证件乘车,在条件具备的情况下可直接凭购票证件乘车。因此,为避免旅客重复购票或无票乘车,公平维护双方的合法权益,结合铁路运输实际,对于丢失纸质车票(未实行电子客票的站、车)的旅客处理流程如下:

(1)旅客在检票进站前丢失实名制车票

乘车前购买的实名制车票丢失后,可办理一次挂失补办手续。

①丢失车票的旅客,须在车票票面发站停止售票前,到车站售票处办理挂失补办手续。办理时,须提供购票时使用的有效身份证件原件,同时提供购票地(取票地)车站名称、乘车日期、车次、发到站信息。

旅客须按原车票车次、席位、到站重新购买一张新车票。新车票发售后,原车票失效。新车票不能改签,但可以退票。新车票退票后,原车票效力恢复。

②"挂失补车票"仅限于乘坐原乘车日期、车次和席位的列车。原车票已经改签的,只能对改签后的车票办理挂失。

③持"挂失补车票"的旅客上车后,须主动向列车工作人员声明。列车应核验"挂失补

车票"、购票时所使用的有效身份证件原件与旅客一致性。到站前,列车经查验未发现原车票被他人使用的,列车长开具电子客运记录。特殊情况电子客运记录无法开具时,可开具纸质客运记录交旅客,与"挂失补车票"一并作为退票的凭证。

④持"挂失补车票"的旅客到站后,须主动向出站口车站工作人员声明,并配合车站工作人员进行查验。

⑤开车后,"挂失补车票"的退票手续应在票面列车的发站、到站或经停站办理。旅客须在到站后24小时内办理退票手续。车站售票办理时,凭客运记录、"挂失补车票"和购票时所使用的有效身份证件原件退回"挂失补车票"票款,不收退票费,核收2元手续费,并收回"挂失补车票"。开具纸质客运记录时,需一并收回。

(2)旅客在列车上丢失实名制纸质车票

①旅客在列车上丢失实名制纸质车票时须主动向列车客运工作人员声明。

②列车经查验旅客本人、购票时所使用的有效身份证件原件、购票信息一致,由列车长办理挂失补办服务,仅核收2元手续费,票面标注"车票丢失"字样;列车未查询到购票信息的,按规定先办理补票。到站前,列车核验席位使用正常的,开具客运记录交旅客。

③旅客到站后,须主动向出站口车站工作人员声明,并配合车站工作人员进行查验。列车查询到已购车票的旅客,凭票面标注"车票丢失"字样车票、客运记录和购票时所使用的有效身份证件原件办理出站检票手续,车站收回客运记录,列车核收的2元手续费不予退还。列车未查询到购票信息而补票的旅客,应在到站后24小时内,凭客运记录、后补车票和购票时所使用的有效身份证件原件到退票窗口,车站核实旅客身份信息及乘车日期、车次等原票、后补购票信息,以及有购票记录、已购车票有效后,退还后补车票与原票乘车区间一致部分的票价和列车补票手续费,收回客运记录。

(3)旅客在出站检票前丢失实名制纸质车票

①旅客在出站检票前丢失车票的,须主动向车站声明,并配合车站工作人员进行查验。出站口具备车票信息查询条件的,当场核查购票记录;出站口不具备车票信息查询条件的,由车站协助核查购票记录。

②经核查,有购票记录,已购车票有效,乘车日期、车次相符,票、证、人一致,实际乘车区间未超过已购车票乘车区间,并且没有出站检票记录的,办理挂失补办服务,核收2元手续费,票面标注"车票丢失"字样。旅客凭该车票和购票时所使用的有效身份证件原件出站。不符合前述条件的,须按规定补票后出站。

3. 丢失购票时所使用的有效身份证件的处理

①旅客在乘车前丢失证件的,应到该有效身份证件的发证机构办理身份证明,凭身份证明进出站乘车。

②旅客在列车上、出站前丢失证件,须先办理补票手续,经站、车核验席位使用正常的,开具客运记录交旅客。旅客应在乘车日期之日起的31日内,凭客运记录、该有效身份证件发证机构办理的身份证明以及后补车票,到列车的经停站退票窗口办理后补车票与原票乘车区间一致部分的退票手续。办理退票手续时,如核查丢失证件有出站记录的,后补车票不予退票;无出站记录的,办理退票时,不收退票费,已核收的手续费不

予退还。

任务 5　旅客携带品处理

任务 5 内容导图如图 1-35 所示。

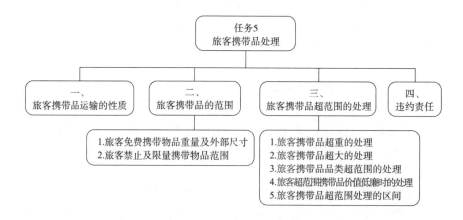

图 1-35　任务 5 内容导图

为了方便旅客旅行,确保铁路运输安全,维护铁路站、车秩序,铁路对旅客携带品的范围有一定限制,对超范围的按规定予以处理。

一、旅客携带品运输的性质

旅客携带品运送是伴随旅客运输产生的,属于铁路旅客运输合同的组成部分。旅客需妥善放置携带品,不得影响公共空间使用和安全,并由旅客自己负责看管。

二、旅客携带品的范围(相关教学资源 请扫描二维码 22)

二维码 22

1. 旅客免费携带物品重量及外部尺寸

儿童(含免费儿童)10kg,外交人员 35kg,其他旅客 20kg。每件物品外部尺寸长、宽、高之和不超过 160cm,杆状物品不超过 200cm;但乘坐动车组列车均不超过 130cm。每件重量不超过 20kg。

残疾人旅行时代步的折叠式轮椅可免费携带并不计入上述范围。

经过特殊训练并取得导盲犬工作证,用于辅助视力残疾人工作、生活的服务犬可随视力残疾旅客进站乘车。

2. 旅客禁止及限量携带物品范围

(1)不得带入车内物品

①国家禁止或限制运输的物品。

②法律、法规、规章中规定的危险品、弹药和承运人不能判明性质的化工产品。

③动物及妨碍公共卫生(包括有恶臭等异味)的物品。
④能够损坏或污染车辆的物品。
⑤规格或重量超过规定的物品。
(2)限量携带物品
①不超过20mL的指甲油、去光剂、染发剂。
②不超过120mL的冷烫精、摩丝、发胶、杀虫剂、空气清新剂等自喷压力容器。
③安全火柴2小盒。
④普通打火机2个。

由于限量携带物品性质属于危险品,安全检查由公安部门和客运部门共同负责,特殊时期以公安部门标准为准,具体标准参见铁路12306.cn网站及车站安检公告。

三、旅客携带品超范围的处理

1.旅客携带品超重的处理

在车内或下车站,对超过免费重量的物品,其超重部分应补收四类包裹运费。

2.旅客携带品超大的处理

对不可分拆的整件超重、超大物品、动物,按该件全部重量补收上车站至下车站四类包裹运费。

3.旅客携带品品类超范围的处理

发现危险品或国家禁止、限制运输的物品,妨碍公共卫生的物品,损坏或污染车辆的物品,按该件全部重量加倍补收乘车站至下车站四类包裹运费。危险物品交前方停车站处理,必要时移交公安部门处理。对有必要就地销毁的危险品应就地销毁,使之不能为害并不承担任何赔偿责任。

没收危险品时,应向被没收人出具书面证明。

4.旅客超范围携带品价值低廉时的处理

如旅客超重、超大的物品价值低于运费时,可按物品价值的50%核收运费。

5.旅客携带品超范围处理的区间

补收运费时,不得超过本次列车的始发和终点站。

【题例1-29】 **普通超重。**

×年8月10日,德州站组织××次(哈尔滨—济南,"新",经由天津、德州)普快列车旅客出站时,发现一名旅客持长春至德州车票1张,携带手提包2件重28kg,应如何处理?

【处理办法及过程】

旅客乘车时可免费携带20kg物品,超重8kg,应按所乘区间补收四类包裹运费。

列车径路里程:长春—德州　1228km

1kg 四类包裹运费:2.028 元

8kg 四类包裹运费:2.028×8＝16.224≈16.20 元

具体操作:填写客运运价杂费收据如图 1-36 所示。

北京铁路局集团公司						
客运运价杂费收据						
×年3月1日					(报告用)	
原票据	种别	日期		月 日 时到达、变更		
		号码		月 日 时交付		
		发站				
		到站		核收保管费 日		
核 收 区 间			核 收 费 用			款 额
			种别	件数	重量	
			手提包	2	8	16.20
自 __长春__ 站						
至 __德州__ 站						
经由 ( )						
座别 ___ 人数 __壹__			合 计			16.20
记事			携带物品超过规重			
				德州站 经办人 __印__ 印		
A00000						

图 1-36 客运运价杂费收据示例

【题例1-30】 普通超重超大。

×年3月10日,天津站组织 T××次(广州—天津,经由石、德)列车旅客出站时,发现一名旅客持当日郑州至天津本次列车车票,携带机器零件一件,重8kg(长60cm、宽54cm、高50cm);手提包2件重18kg,应如何处理?

【处理办法及过程】

旅客乘车时可免费携带的物品,每件物品外部尺寸长、宽、高之和不得超过160cm,机器零件长＋宽＋高＝60＋54＋50＝166cm＞160cm,属超大物品,按该件全部重量及所乘区间补收四类包裹运费。

列车径路里程:郑州—天津 831km

1kg 四类包裹运费:1.433 元

8kg 四类包裹运费:1.433×8＝11.464≈11.50 元

具体操作:填写客运运价杂费收据。

【题例1-31】 价值低廉。

×年10月10日,保定站组织T××次(乌鲁木齐—北京西,"新",经由武威南、中卫、太原、石家庄北)列车旅客出站时,发现一名旅客持吐鲁番至保定的本次列车车票,携带葡萄42kg(吐鲁番当地葡萄价格1.20元/kg),应如何处理?

【处理办法及过程】

旅客乘车时可免费携带的物品,重量不得超过20kg,葡萄42kg超重22kg,应按所乘区间补收四类包裹运费,如果物品本身价值较低时,可按物品本身价值的50%核收运费。

列车径路里程:吐鲁番—保定　2824km

1kg四类包裹运费:4.174元

22kg四类包裹运费:4.174×22=91.828≈91.80元

葡萄本身价值:1.20×22=26.40元

应收运费91.80元>物品本身价值26.40元

按物品本身价值的50%核收运费,即26.40×50%=13.20元

具体操作:填写客运运价杂费收据。

【题例1-32】 携带危险品。

×年4月1日,长春站组织T××次(北京—长春,"新")列车旅客出站时,发现一名旅客持当日本次列车车票,携带旅行包两件,重20kg,其中一件重12kg,内装鞭炮。应如何处理?

【处理办法及过程】

旅客乘车时不能携带危险品,若私自携带,应按该件全部重量及所乘区间加倍补收四类包裹运费,出具证明,没收其危险品并及时采取措施,以防发生意外。

列车径路里程:北京—长春　1003km

1kg四类包裹运费:1.751元

12kg四类包裹运费:1.751×12=21.012≈21.00元

加倍补收运费:21.00×2=42.00元

具体操作:填写客运运价杂费收据。

四、违约责任

在铁路旅客运送期间发生旅客携带品毁损、灭失时,承运人有过错的,应当承担损害赔偿责任。

旅客证明其确已携带进站乘车,且能够确定携带品价值的,按下列规定赔偿:

(1)旅客出具发票(或者其他有效证明)证明购买价格时,以扣除物品合理折旧、损耗后的净值赔偿。

(2)以处理单位所在地物价部门或价格评估机构确定的物品价值赔偿。

复习思考题

1. 合同的要素有哪些?
2. 铁路旅客运输合同的凭证有哪些?
3. 合同的法律特征有哪些?
4. 铁路旅客运输合同的订立方式有哪些?
5. 铁路旅客运输合同的订立条件有哪些?
6. 铁路旅客运输合同条款的主要内容有哪些?
7. 铁路旅客运输合同中旅客的权利和义务有哪些?
8. 铁路旅客运输合同中承运人的权利和义务有哪些?
9. 铁路旅客运输合同变更的条件有哪些?
10. 旅客不符合乘车条件时应如何处理?
11. 旅客要求退票时应如何办理?
12. 旅客携带品的范围有哪些?

项目2　铁路客运站务工作组织

 **项目内容**

站务工作是指铁路客运站的旅客运输工作。旅客乘车的大部分手续都在客运站办理,因此,站务工作是铁路客运工作中很重要的一部分。本项目主要内容包含站务工作基础知识认知、客运站流线组织、售票工作组织、乘降工作组织、客运员作业流程。以上内容以六个任务形式呈现,项目2内容导图如图2-1所示。

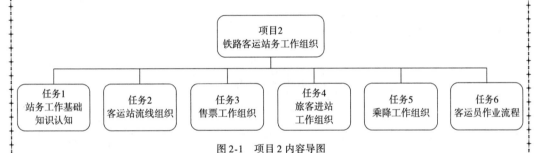

图2-1　项目2内容导图

教学目标

1. 了解站务工作基础知识。
2. 掌握客运站流线组织内容。
3. 掌握售票工作组织内容。
4. 掌握乘降工作组织内容。
5. 掌握客运员作业流程。

教学建议

课时建议:本项目涉及车站设备设施及运输组织基础知识较多,铁路旅客运输的绝大部分旅行手续业务都在车站办理,因此,建议用户根据教学总学时情况进行分配,占用教材对应课程总学时比例不少于五分之一较妥。课时紧张时可有选择地讲解重点。建议课时为8课时。

授课过程建议:

(1)对铁路线网部分的处理定位。铁路旅客运输的特点是旅客的行程四通八达,需要铁路客运工作人员对铁路线网比较熟悉才能更好地做好服务工作,因此建议用户熟悉"铁路客运运价里程接算站示意图"(扫描相应二维码可查看),铁路系统各级客运业务竞赛均有示意图考核内容,如有需要建议背记和默画。

(2) 对车站设备设施部分的处理。车站是铁路办理旅客运输业务、旅客办理旅行手续的主要场所，因此该部分的主线是围绕业务需要，如何进行设备设施的布置才能提高利用率，方便作业及满足旅客对办理旅行手续方便、快捷、安全的需求。

(3) 旅客列车车次及编组表部分处理。编组表部分重点需要强调车底周转图，可结合项目三乘务计划部分加深理解。

(4) 流线及各项组织工作部分处理。这些内容涉及事务性方面比较多，受篇幅所限不能有太多的插图，建议授课教师收集更多的图片或视频进行授课，如果有作业流程或标准的视频更好。

(5) 客运员作业流程部分处理。因车站客运工种和岗位比较多，教材针对高职学生的就业特点，列举了某个车站客运员的有关作业流程，其他工种岗位的教师可拓展收集相关资料。作业流程部分建议授课教师结合视频教学比较好。

任务 1　站务工作基础知识认知

任务 1 内容导图如图 2-2 所示。

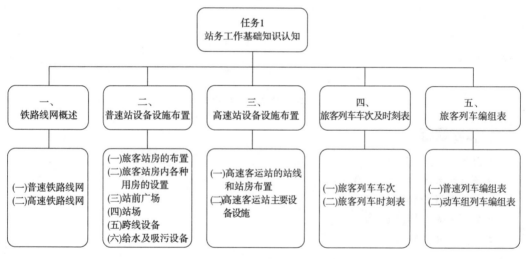

图 2-2　任务 1 内容导图

客运站是指专门或主要办理大量客运业务的车站。它是铁路旅客运输的基本生产单位，一般设在具有特殊意义的城市，如首都、省会、旅游城市等铁路沿线人口较多的城市所在地区。站务工作组织是客运站为安全、有序、高效地完成旅客运输工作而进行的一系列活动组织。

客运站的功能如下：一是为旅客办理一切旅行手续和提供方便、安全、舒适的候车条件；二是为旅客在城市内外交通工具之间提供便捷、高效的换乘条件；三是为旅客在旅行中提供周到的客运服务。为完成上述任务，客运站必须有完善的设备及正确的工作组织方法。

由于旅客的多元性、列车开行的多样性、设备设施的发展变化、铁路信息化及智能化快速发展等因素，要求铁路客运站工作人员只有不断提高自身的业务素质，才能真正做好旅客运输工作。因此,本任务基于铁路客运站工作人员需要掌握的基本知识,安排了铁路线网概述、客运站(含普速、高速)设备设施、旅客列车(含普速、高速)编组等基础知识,以便为后续知识的学习打下良好的基础。

一、铁路线网概述

掌握铁路线网是铁路旅客运输工作人员的基本要求,只有心中有路网,才能清楚每趟列车的运行路径,更好地做好本职工作,为旅客提供更加准确的咨询服务。目前,我国的铁路线网按其速度等级大致可分为普速铁路线网和高速铁路线网。近年来,高速铁路线网发展迅速,其主要干线通道基本和普速铁路线网一致。

(一)普速铁路线网

我国铁路普通线路中的主要干线有京广线、京沪线、京哈线、京九线、陇海线、沪昆线、京包线、包兰线、兰新线等,线路具体情况见"铁路客运运价里程接算站示意图"(请扫描二维码23)。普速铁路线路各线沿线办理客运业务车站的分布情况详见《铁路客运运价里程表》。

二维码23

(二)高速铁路线网

我国高速铁路在既有"四纵四横"主骨架基础上,增加了客流支撑、标准适宜、发展需要的支线高速铁路。同时,充分利用既有铁路,形成以"八纵八横"主通道为骨架、区域连接线衔接、城际铁路补充的高速铁路线网。其中,"八纵"通道包括沿海通道、京沪通道、京港(台)通道、京哈—京港澳通道、呼南通道、京昆通道、包(银)海通道、兰(西)广通道;"八横"通道包括绥满通道、京兰通道、青银通道、陆桥通道、沿江通道、沪昆通道、福银通道、厦渝通道、广昆通道。在"八纵八横"主通道的基础上,又规划布局了高速铁路区域连接线,目的是进一步完善路网,扩大高速铁路覆盖。另外,在优先利用高速铁路、普速铁路开行城际列车服务城际功能的同时,规划建设支撑和带领新型城镇化发展、有效连接大中城市与中心城镇、服务通勤功能的城市群城际客运铁路。截至2019年7月的高速铁路网示意图请扫描二维码24。

二维码24

"八纵八横"的线路网络通道规划见表2-1。

"八纵八横"的线路网络通道规划　　　　表2-1

	"八纵"通道
沿海通道	大连(丹东)—秦皇岛—天津—东营—潍坊—青岛(烟台)—连云港—盐城—南通—上海—宁波—福州—厦门—深圳—湛江—北海(防城港)高速铁路
京沪通道	北京—天津—济南—南京—上海(杭州)高速铁路,包括南京—杭州、蚌埠—合肥—杭州高速铁路
京港(台)通道	北京—衡水—菏泽—商丘—阜阳—合肥(黄冈)—九江—南昌—赣州—深圳—香港(九龙)高速铁路;另一支线为合肥—福州—台北高速铁路,包括南昌—福州(莆田)铁路
京哈—京港澳通道	哈尔滨—长春—沈阳—北京—石家庄—郑州—武汉—长沙—广州—深圳—香港高速铁路,包括广州—珠海—澳门高速铁路

续上表

"八纵"通道	
呼南通道	呼和浩特—大同—太原—郑州—襄阳—常德—益阳—邵阳—永州—桂林—南宁高速铁路
京昆通道	北京—石家庄—太原—西安—成都(重庆)—昆明高速铁路,包括北京—张家口—大同—太原高速铁路
包(银)海通道	包头—延安—西安—重庆—贵阳—南宁—湛江—海口(三亚)高速铁路,包括银川—西安以及海南环岛高速铁路
兰(西)广通道	兰州(西宁)—成都(重庆)—贵阳—广州高速铁路
"八横"通道	
绥满通道	绥芬河—牡丹江—哈尔滨—齐齐哈尔—海拉尔—满洲里高速铁路
京兰通道	北京—呼和浩特—银川—兰州高速铁路
青银通道	青岛—济南—石家庄—太原—银川高速铁路
陆桥通道	连云港—徐州—郑州—西安—兰州—西宁—乌鲁木齐高速铁路
沿江通道	上海—南京—合肥—武汉—重庆—成都高速铁路,包括南京—安庆—九江—武汉—宜昌—重庆、万州—达州—遂宁—成都高速铁路
沪昆通道	上海—杭州—南昌—长沙—贵阳—昆明高速铁路
厦渝通道	厦门—龙岩—赣州—长沙—常德—张家界—黔江—重庆高速铁路
广昆通道	广州—南宁—昆明高速铁路

二、普速站设备设施布置

普速站的主要设施有站房、站场和站前广场。

(一)旅客站房的布置

站房是客运站的主体,包括为旅客服务的各种用房,运营管理工作所需的各种技术办公用房及办理行包等小件物品运送业务用房。站房是直接为旅客服务的房舍,是城市的大门。它的布置是否合理,对提高服务质量,保证车站的良好秩序,提高车站运输能力等方面是十分重要的。因此,站房必须满足下列要求:

(1)旅客站房的位置要和城市规划及市内交通网密切配合。其中,通过式客运站,旅客站房一般设在线路靠居民区一侧;尽头式客运站,旅客站房一般设于站台线尽端。站房与站前广场及城市交通工具停车点之间,应有便捷、安全的通道。

(2)各种流线应保证畅通无阻、行程便捷,避免交叉干扰,使旅客、行包和各种车辆在站安全、迅速集散和通行。

(3)站房建筑的平面应按预测客流最高聚集时的需要设置,有利于旅客办理各种旅行手续,便于车站工作人员组织旅客上、下车。

(4)根据客流量的大小,尽可能使到达与出发客流、短途与长途客流分开。在站房内站台上应将行包的搬运与旅客上、下车的通道分开。

(5)站房应力求适用、经济、美观,既要显示出城市的建筑风格和地理环境的特点,也要求有良好的通风和采光条件,还要具有良好的取暖设备和可靠的空调设备。

(6)要考虑未来客流发展,留有发展余地,使站房扩建后仍然是一个协调的整体。

(二)旅客站房内各种用房的设置

旅客站房所具有的房舍及其布置,应根据站房等级、类型,服务于旅客的种类,车站工作量及工作性质等因素确定。大、中型站房一般具有三类房屋:

(1)客运用房:由候车部分(各种候车室)、营业部分(售票厅、行包房,小件物品寄存处、问事处、服务处等)和交通联系部分(广厅、通廊、过厅等)组成。

(2)技术办公用房:包括站长室、办公室、会议室、公安室、客运值班室、行车值班室等。

(3)职工生活用房:是指为职工生活服务的各种用房,如更衣室等。

(三)站前广场

站前广场是客运站与城市联系的"纽带",包括车行道、停车场和旅客活动地带等。站前广场是客流、货流、车流的集散地点,是车站组织旅客室外候车和休息的场所。此外,站前广场还可作为临时迎宾和集会的地方。为保证旅客和车辆能安全、迅速、便利地通行,站前广场的修建应与城市规划密切配合,使城市道路与站前广场、旅客站房的进、出口取得有机联系,尽可能缩短进、出站旅客的步行距离,减少车流、人流、货流的交叉和干扰。

(四)站场

站场是办理客运技术作业的场所,包括线路(如到发线、机车走行线、机待线、车辆停留线等)、站台、雨棚、跨线设备等。客运站站场内应设有各种用途的线路、站台和跨越设备(天桥、地道、平过道)、风雨棚及给水设备。站场如图2-3所示。

图2-3 站场

1. 旅客列车到发线

旅客列车到发线应设置在站台两侧,并在相邻两个旅客站台之间布置两股旅客列车到发线。

中间站旅客列车到发线的进路,一般应按方向别固定线路。列车始发、终点站应按固定进路。这样的安排,既便于旅客的乘降,也便于客运(站、车)作业。客运站除旅客列车到发线外,还应设有货物列车运行线、机车走行线和客车停留线等。

2. 旅客站台及雨棚

为保证旅客安全,便于上、下车,提高旅客乘降速度,缩短行包、快件等的装卸时间,提高客运站的通过能力,在办理旅客乘降的车站均应设置旅客站台。旅客站台的数量与位置应与旅客列车到发线的数量相适应,随着客运站类型不同而有所不同。当客运站为通过式时,应设基本站台和中间站台,如图2-4所示;当客运站为尽端式时,应设分配站台和中间站台,如图2-5所示。

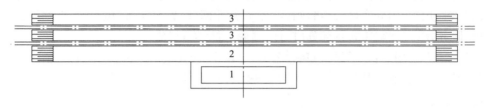

图2-4　通过式客运站的站台
1-站房;2-基本站台;3-中间站台

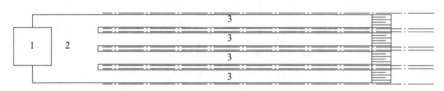

图2-5　尽端式客运站的站台
1-站房;2-分配站台;3-中间站台

旅客站台应硬面化,以保证雨季也能正常使用。按站台与线路钢轨顶面的高差值,可分为低站台、高站台和一般站台三种:

(1)低站台高差为300mm,设在邻靠正线及通过超限货物列车到发线的旅客站台,如图2-6所示。

(2)高站台高差为1250mm,站台平面和旅客车厢车底平面相同,便于旅客乘降和行包装卸,但不能通过超限货物列车,也不能通过高速动车组列车,这种站台设在特等站停靠旅客列车到发线的旅客站台,如图2-7所示。

图2-6　低站台

图2-7　高站台

(3)一般站台高差为500mm,站台平面和客车车厢最低的阶梯踏板大致等高,这种站台也较便于旅客乘降和行包装卸,但邻靠这种站台的线路不能通过超限货物列车。如图2-8所示。

在客车的始发、终点站和其他客流量、行包量大的站台上,应设置站台雨棚。雨棚用于遮阳和避风雨,给旅客乘降和行包、快件装卸带来便利。大型站的雨棚其长度、宽度应分别与站台的长度、宽度相同。

(五)跨线设备

跨线设备是站房与站台之间或站台与站台之间来往的道路。它对于保证旅客及工作人员安全、便利的通行,保证行包、快件等物品安全便利的运送,提高通过能力起着重要作用。跨线设备按其与站内线路交叉关系分为平过道及立体跨线设备。

图2-8　一般站台

(1)平过道是最简便的跨线设备。在通过式车站,站台端部的坡底一般设置平过道,供运送行包、快件等物品的车辆跨越线路。在较小的客运站,一般在站房进出口之间和中间站台适中的地方设置平过道。平过道如图2-9所示。

(2)立体跨线设备中最常见的有人行天桥和地道。中型站一般应设立体跨线设备,大型以上的客运站,为避免进出站人流对流阻塞,需设置至少两个立体跨线设备,这样的车站是建造天桥还是地道,应依据站场条件、地形地质、工程造价、站房而定(侧上式和侧平式站房宜造天桥、侧下式站房宜造地道),一般来说车站建有两个立体跨线设备时,一个天桥(进站)、一个地道(出站)为宜。跨线天桥如图2-10所示。

图2-9　平过道

图2-10　跨线天桥

(六)给水及吸污设备

旅客列车始发站、技术作业站和折返站应设有客车给水设备。客车给水设备包括水井、水栓和胶管。每两股旅客列车到发线之间应设置一组水井,每组水井的数量同列车编组相同,即主要干线不少于20个,其他干线不少于18个,一般线路不少于16个。

图2-11　车站给水设备

水栓应设置为双头的,便于同时给两列车上水。上水胶管的长度一般为25m(一辆车厢长度)为宜。客车给水站的分布距离以150～200km为宜。图2-11所示为车站给水设备。按规定办理吸污作业的车站应有吸污设备,吸污设备数量及位置布置同上水设备,应保持作用良好。

三、高速站设备设施布置(相关教学资源 请扫描二维码 25)

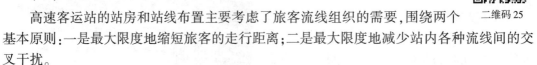

二维码 25

(一)高速客运站的站线和站房布置

高速客运站的站房和站线布置主要考虑了旅客流线组织的需要,围绕两个基本原则:一是最大限度地缩短旅客的走行距离;二是最大限度地减少站内各种流线间的交叉干扰。

考虑运营需要、行车量、客流量、客运组织及安全等方面的因素,结合地形地貌、工程技术及造价等因素,各等级或类型的车站在建筑设计和客流组织方面都各不相同。其中,特、大型高速客运站主体站房与站线的位置大部分采取的是线上式,即站房主体建在线路、站台的上方;中、小型高速客运站主体站房与站线的位置大部分采取线侧式,即站房主体建在线路、站台的一侧。

1. 特、大型高速客运站的站线和站房布置

特、大型高速客运站站房与站线的关系如图 2-12、图 2-13 所示。高速客运站房中候车服务区的面积占比较高,因此,采取线上式可以最大限度地减少旅客检票进站的走行距离。

图 2-12 特、大型高速客运站外观效果图示例

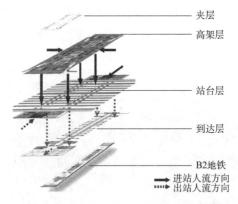

图 2-13 特、大型高速客运站站房与站线的关系图

2. 中、小型高速客运站的站线和站房布置

中、小型高速客运站站房与站线的关系如图 2-14~图 2-17 所示。高速客运站房在线路站台一侧,旅客进站检票后需要通过高架或地道进入中间站台。

图 2-14 中型高速客运站外观效果图示例

图 2-15 小型高速客运站外观效果图示例

图 2-16　小型高速客运站候车室效果图示例　　　图 2-17　小型高速客运站站台效果图示例

这种布局包括高架轨道、一层候车、一层进出站。进出站方式：上进下出或下进下出，即有些中型高速客运站采取高架进站通道，地下出站通道；小型高速客运站大部分采取的是下进下出。其优点是进站人流与出站人流不干扰。其缺点是旅客检票进站后上站台步行距离长；出站人流在站前广场与进站人流、换乘人流互相干扰；各种交通方式之间换乘距离长等。

（二）高速客运站主要设备设施

高速客运站为旅客提供的服务设备主要包括票务服务设备、乘降引导服务设备、候车服务设备、信息服务设备以及为特需旅客提供的服务设备等。

1. 票务服务设备

票务服务设备是旅客旅行购票、取票或检票的主要设备设施，主要有人工计算机售票设备、自助售取票及打印电子客票报销凭证设备等。设备的正常使用及非正常情况设备故障如何应急处置是客运票务工作中非常重要的一部分，因此，售票工作人员应能够掌握高速客运站票务服务设备的主要构成、设置及简单故障的处理技巧等业务。

人工计算机售票设备主要由 PC 机（包括主机、显示器、键盘、鼠标等）、旅客显示器、窗口制票机和安全账号管理器（Security Account Manager，SAM）加密设备（安全模块）组成，PC 机与窗口制票机之间采用串口、并口或 USB 口进行通信，PC 机与 SAM 加密设备之间采用串口进行通信，PC 机通过以太网接口与客票系统连接。图 2-18 所示为窗口售票系统组成图。

目前，大部分车站都设置自动售票机（图 2-19）及电子客票信息单、报销凭证打印机（图 2-20），向旅客提供更加便捷的票务服务。

2. 乘降服务设备设施

乘降服务的自助性和便捷性决定了高速客运站乘降通道的独立性和乘降引导标识的全面性、系统性。所谓乘降通道的独立性，即客运站要为高速铁路旅客提供专用的活动通道，保证旅客流线的顺畅便捷，避免与其他旅客流线交叉干扰；而乘降引导标识的全面性和系统性，即要求保证旅客能在站内随时清楚自己的方位和去向方位。

（1）乘降通道设备

乘降通道主要指旅客在客运站乘车过程中所经过的各种活动路线和场所，突出了"以旅客为本"的设计思想。乘降通道主要包括旅客进站、站内通行、检票上车、下车出站的通道。

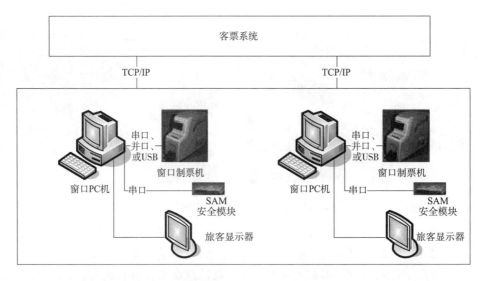

图 2-18　窗口售票系统组成图

图 2-19　自助售(取)票机

图 2-20　电子票报销凭证打印机

①进站通道：进站通道一般应与市内其他交通工具有良好的衔接，设有良好的导向标识引导旅客顺利进站。进站通道设有实名验票验证和安检作业设备设施。

②站内通道：站内通道起到分配进站客流的站内平面和竖向交通枢纽的作用，同时兼有问讯、办理票务及各种服务、临时聚集等候等功能。站内通道要求宽敞明亮、视线通透，使旅客在心理上克服焦虑感，为旅客提供便捷、优质的服务。

③检票通道：高速铁路客票种类多，可采用自动检票和人工检票相结合的方式完成检票过程。对于持磁质车票的旅客可通过自动检票通道进站上车，客运人员只在旅客有疑问时提供帮助，充分发挥了旅客的自主性；对于持纸质车票的旅客需要客运员检票后方可进站上车。图 2-21、图 2-22 所示为某高铁站的自动检票口及检票闸机。

④站台通道：高速客运站的跨线设备包括天桥、地道和平过道，跨线设备的配置应根据客运站型和客流大小、客流性质以及站台、站房及站前广场的相互位置等因素综合考虑，达到合理的流线组织和不同流线的相互独立。

图 2-21　自助检票口

图 2-22　自助检票闸机

站台空间是客运站最重要、最富有感染力的空间，高速客运站、特大型、大型客运站和一些重要的客运站应采用无站台柱雨棚覆盖，以适应旅客流线的发展趋势，体现"以人为本"的原则。同时，各站台雨棚应设置站名牌、×站台牌号、时钟、照明、扩音器等设备。图 2-23 所示为检票后通往站台的无障碍通道。

⑤出站通道：旅客出站通道是客运站内人流最集中、方向最复杂的位置，客运站应该在出站检票口设足够面积的旅客缓冲区域，加强旅客的通过性和导向性，如图 2-24 所示。

图 2-23　站台无障碍通道

图 2-24　出站导向标识

3. 导向信息设备

导向信息设备主要是指辅助乘降服务的引导标识。引导标识是定向信号媒体牌，用于指示客运站服务和交通方式，并使客运站的信号指示一致，包括标识说明图、平面布置图、综合导向标识、导向标识、指示标识、流程标识和非流程标识等。

①标识说明图：标示出某场所使用的全部图形标识，并在其旁边给出中英文含义的一种综合标识图。图 2-25 所示为某站综合标识服务图。

②平面布置图：提供在某区域中的服务或服务设施所处地点的鸟瞰图。图 2-26 所示为上海虹桥高铁站到达层平面示意图。

图 2-25　车站综合标识服务图

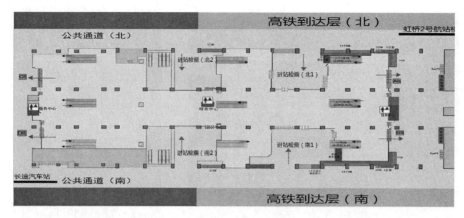

图 2-26　上海虹桥高铁站到达层平面示意图

③综合导向标识：引导人们选择不同方向的服务或服务设施的导向标识，它由多个符号与多个箭头组成。图 2-27 所示为综合导向标识。

a)　　　　　　　　　　　　　　b)

图 2-27　综合导向标识

4. 候车服务设备

候车服务设备主要指高速客运站为向旅客提供旅行生活服务、旅行业务办理服务及综合旅行服务等配备的设备。具体包括：

(1)候车室应配备适量座椅，摆放整齐，不影响旅客通行。

(2)候车室应设有饮水处，配备电开水器，有加热、保温等标识，水质符合国家标准要求；可开启式箱盖的电开水器加锁，箱盖与箱体无间隙。

(3)候车室应设有卫生间，厕位适量；有通风换气和洗手池、干手器等盥洗设备，正常使用，作用良好；厕位间设置挂钩。

(4)候车室电梯应正常启用，作用良好；安全标识醒目，遇故障、维修时有停止使用等提示，操作人员持证上岗(仅操作停止、启动、调整方向的除外)。

(5)省会城市所在地高铁特大、大型车站为商务座旅客设置独立的贵宾候车区，其他车站提供候车区域。

(6)候车室检票口设自动检票通道和人工检票通道，配备自动检票机；已检票区域与候车区有围栏,封闭良好。

四、旅客列车车次及时刻表

(一)旅客列车车次

车次是铁路运输列车最基本的标识码。列车车次见表1-2。为方便运输组织,铁路对列车运行规定了上下行方向,车次的编排尾数与列车运行方向相关,上行方向列车车次尾数为双数,下行方向列车车次尾数为单数。

(1)上行方向。列车沿该方向前行,将逐渐靠近北京的方向或从支线到干线运行称为上行。

(2)下行方向。列车沿该方向前行,将逐渐远离北京的方向或从干线到支线运行称为下行。

(二)旅客列车时刻表

旅客列车运行时刻信息是车站组织作业必不可少的一项业务信息,一般当每次列车运行图调整完成后都要公布每趟列车的运行时刻表。客运站要根据列车运行时刻表信息组织候车、检票进站、出站等工作。

图2-28所示为某个阶段的普速列车和高速动车组列车的时刻表示例。

广州	始发站	烟台		北京南	始发站	福州
烟台	终到站	广州		福州	终到站	北京南
快速 K1160/1	车站	快速 K1162/59		高速 G27	车站	高速 G28
13:21 27	郯城	21 16:18		09:45	北京南	-- 17:53
14:06 12	临沂东	38 15:32		↓	天津南	17 17:15
15:19 26	沂南	15:00 14:56		↓	沧州西	52 16:45
15:50 52	沂水	41 14:34		10:59 11:05	德州东	↑
16:02 08	莒县	24 14:22		11:29 33	济南西	16:00 15:56
16:45 53	五莲	55 13:52		13:53 58	合肥南	33 13:29
17:17 27	诸城	28 13:21		14:46 48	泾县	40 12:38
18:21 31	胶州	35 12:34		15:18 21	黄山北	09 12:05
18:49 55	蓝村	18 12:07		16:01 03	上饶	23 11:20
↓	莱西	17 11:14		16:32 34	武夷山东	50 10:47
19:52 55	莱阳	56 10:53		17:33	福州	09:52
↓	徐家店	29 10:26				
20:31 35	桃村	11 10:08				
21:27	烟台	09:23				

a)普速列车时刻表示例　　　　b)高速动车组列车时刻表示例

图2-28　某个阶段的普速列车和高速动车组列车的时刻表示例

五、旅客列车编组表

旅客列车编组信息是车站组织旅客候车、乘降作业的重要依据。在实行新列车运行图时,旅客列车编组表由各铁路局集团公司根据本次列车客流情况、列车类型、列车重量、速度及车站到发线有效长度等因素确定,由国铁集团批准并公布执行。例如,动车组列车停靠站台时车厢位置标记都是按照列车编组表来设置,以此来决定候车、检票口及站台乘车位置等。车厢停靠位置标记,不同的颜色代表不同的车型,站台工作人员需要熟悉每趟列车车型才能准确做好乘降组织工作。

旅客列车编组表规定了该次列车编挂的车种、辆数、顺序及车底周转图等内容。

(一)普速列车编组表

普速列车的编组根据列车等级以及运行区段长短编挂的车厢有所不同,一般短途列车只编挂软硬座车厢,不编挂卧铺车厢和餐车。中、长途列车选择编挂软硬卧车厢和餐车,具体每种车厢的编挂辆数根据列车运行里程的长短而定。列车车辆在编挂时一般一个车种的车厢编挂在一起,长途列车卧铺和座车之间用餐车隔离,行李车一般都挂在列车的一端。图 2-29 所示为 K1192/K1191 次列车编组表。

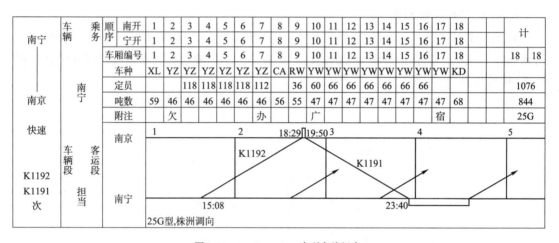

图 2-29 K1192/K1191 次列车编组表

注:1. 图中车种字母含义:KD-空调发电车;YZ-硬座车;CA-餐车;RW-软卧车;YW-硬卧车;XL-行李车。
    2. 附注中:办-列车长办公席;广-广播室所在车厢;宿-宿营车。

(1)列车发到站、车次栏

列车的发站先填下行发站,后填下行到站。对改变运行方向的列车,先填担当乘务工作的铁路局集团公司的始发站。

车次一律先填下行,后填上行,当一对列车有 4 个及其以上车次时,车次的填写和列车的发到站相对应。

(2)担当乘务栏

担当乘务的车辆、客运(列车)段,如名称相同,可只填写一个。

(3)车底编组栏

列车中车厢顺序号的编写,凡北京站和上海站始发的各次特、快速列车车厢顺序号均小号在前,大号在后(北京、上海间以北京为准)。非北京站和上海站到发的各次特、快速列车车厢顺序号,均以担当局始发站发车方向为准,小号在前、大号在后。但对途中某个站由于车场进站关系必须掉头运行的列车,为便于确认,须在编组顺序项注明发站。如图 2-29 所示,列车在株洲调向,因途中掉了一次头,因此列车在配属站和折返站始发时都是 1 号车厢在前。

(4) 车底周转图栏

车底周转图,表示需用车底组数和始发、终到时刻,并由此计算车底在始发站和终到站的停留时间。车底途中调向还标注了调向的车站名称。

（二）动车组列车编组表

动车组列车的编组表和普速列车编组表大致相同,不同的是车种标记。图2-30所示为G10/G11次列车编组表。

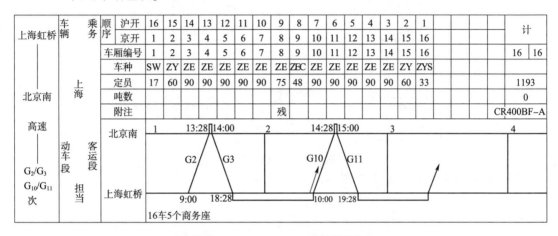

图2-30　G_2/G_3/G10/G11次列车编组表

注:1. 图中车种字母含义:SW-商务车;ZEC-二等座/餐车合造车;ZYS-一等座/商务座合造车。

2. 附注中的"残"-本车厢设有残疾人座椅和卫生间。

3. 其他栏目和事项含义同普速列车编组表。

任务2　客运站流线组织

任务2内容导图如图2-31所示。

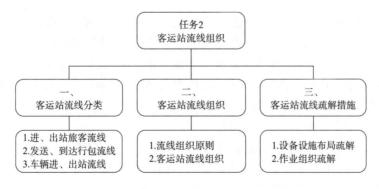

图2-31　任务2内容导图

在客运站内,旅客、行包、车辆的流动路线简称为流线。流线组织是否合理,不但影响客运站的作业效率和能力,同时也直接关系到客运设备的运用及旅客服务质量。

一、客运站流线分类

流线按流动方向不同,可分为进站和出站两大流线;流线按性质不同,可分为旅客流线(简称"客流")、行包流线(简称"货流")、车辆流线(简称"车流")。

发送旅客流线的主要流程,如图2-32所示。

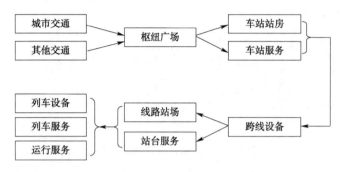

图2-32 发送旅客流线

到达旅客流线的主要流程,如图2-33所示。

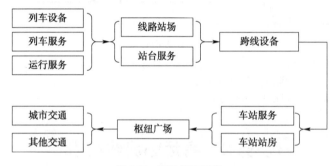

图2-33 到达旅客流线

1.进、出站旅客流线

(1)进站旅客流线

车站的进站客流在检票前比较分散,不同旅客在不同时间内进站办理各种旅行手续,并在不同地点候车。进站旅客流线按旅客类型不同又可分为不同的流线。

①普通旅客流线。普通旅客流线是进站客流中的主要流线,人数最多,候车时间较长。多数客流进站的流程:广场→问讯→购票(已购票的略)→托运行李(无行李的略)→实名验证→安检→候车→检票→跨线设备(基本站台的略)→站台上车。已预购客票的旅客和不托运行李的旅客,不完全按照上述流程进行。

②特殊旅客流线。特殊旅客包括母婴及老、幼、病、残、孕旅客,其流程顺序与普通旅客相同,考虑其特殊性,在中型以上客运站站房均另设母婴候车室和专门检票口,保证他们优先、就近进站上车。此外,对团体旅客,在大的客运站也应另设候车室,最好与普通旅客流线分开以免延长进站时间。

③贵宾流线。在贵宾来往频繁的客运站,为保证贵宾的安全和便利,应设贵宾室。除设

专用通道连通基本站台外,还应设置汽车直接驶入基本站台上车的通道。他们的进、出站流线应与普通旅客流线分开。在个别情况下,为举行仪式,贵宾室要连通站房大厅。

④换乘或中转旅客流线。换乘是指购买了联程票的旅客在接续站换乘列车的活动。中转是指购买了通票的旅客在中转站办理签票手续继续乘车的活动。换乘旅客已经有下一行程的车票,不需要办理签票手续,中转旅客还需要办理中转签票手续。根据换乘时间的长短,有的旅客在候车室休息,随普通旅客再次检票进站,有的不出站在相应的站台上即可换乘列车。

在进站旅客流线中,如旅客事先已购买了预售票或事先托运好行李,就可以在临开车前进入候车室或直接进站上车。这样则可以简化旅客进站手续,减少客流交叉,减少站内旅客最高聚集人数。因此,扩大预售车票和办理行包接取、送达业务,将有利于客运站的客运组织工作。

(2)出站旅客流线

出站旅客流线的特点是客流集中、密度大、走行速度快。在平面布置上应考虑通畅便利,使出站旅客迅速出站,并在站前广场迅速疏散。

出站旅客流线比进站旅客流线简单,旅客办理手续少,使用站房时间短。一般情况下,普通、中转旅客均在一个出站口出站。

2. 发送、到达行包流线

(1)发送行包流线

目前只有普速站有行包作业,高铁站办理快运作业。

发送行包的作业流程:托运→过磅→制票→保管→搬运→装车。这条流线应与到达行包流线分开。

中转行包流线,根据中转车次衔接情况、中转作业量的大小和有无中转行包库房情况的不同,有时行包到达后暂存放在站台上并在相应的站台上直接换装,在某些情况下则需预先搬运至发送仓库或中转行包仓库,再按发送行包处理。

行包托运处要接近售票房和候车室,与停车场要有方便的通道联系。大型客运站应设置专门的行包地道,将旅客流线与行包流线完全分开。

(2)到达行包流线

到达行包的作业流程:卸车→搬运→保管→提取。这条流线应尽可能与发送行包流线分开。行包提取处应靠近旅客出口,大型客运站应设置专用行包地道。

3. 车辆进、出站流线

车辆流线是指站前广场上的公共交通车辆流线,出租汽车、小汽车流线,行包、快运专用车辆流线及非机动车辆流线,等等。在站前广场上应合理组织各种车辆的交通流程,妥善规划各种车辆停靠位置和场所,使各种车辆流线交叉干扰最少,使旅客、行包、车辆迅速、安全地疏散。

二、客运站流线组织

铁路车站客运工作要达到安全、有序控制的目标,需要根据各种客流流线的特点和规律,合理地进行客流组织。

1. 流线组织原则

客运站客流组织应遵循以下两个基本原则：

(1)各种流线避免互相交叉干扰。即尽量将到、发客流分开,将长途与短途客流分开,将客流与货流、车流分开,将到达行包流线与发送行包流线分开。在职工较多的车站,还应考虑将职工出入口与旅客出入口分开。

(2)最大限度地缩短旅客走行距离,避免流线迂回。首先,应缩短多数旅客的进站流线,尽可能把站房入口与检票入口之间的距离缩短;其次,要给其他活动流程不同的旅客创造灵活条件,以便他们都能按照自己的流程以较短的路线进站。

2. 客运站流线组织

客运站流线组织与车站设备设施的布置密切相关,普速客运站和高速客运站有一定的区别。大部分普速客运站的流线组织在一个平面进行,而大部分高速客运站的流线组织不在一个平面。

(1)进站乘车流线组织

旅客进站乘车流线组织应从其他交通工具与车站的接驳处开始,至旅客上车为止。

进站乘车流线组织作业流程如下：

①旅客乘坐其他交通工具到达车站。

②通过车站提示标识引导旅客到售票大厅购票。一般高速客运站都安装有自动售票机,可向旅客提供自动售票服务。若是提前购得电子客票的旅客则无须此流程。

③通过车站提示标识,引导旅客至进站口。

④办理实名制验证,对旅客、所持车票和票面所载的有效身份证件原件进行查验。票、证、人不一致(含成人持儿童票的情形)或无法出示有效身份证件原件的旅客,不得进站乘车。无法出示有效身份证件原件的旅客,可到车站铁路公安制证口办理乘坐旅客列车临时身份证明。

⑤利用安全检查仪器对旅客及携带品进行安全检查。

⑥引导客流进入车站候车大厅。

⑦开车前一定时间,通过综合信息提示设备引导旅客至相应候车大厅或检票口。开车前通过电子显示屏广播等途径告知旅客到相应检票口排队检票。

⑧通过人工手段进行集中检票,或通过自动检票闸机对持有磁介质车票及电子客票的旅客进行自助检票。

⑨组织客流通过天桥、地道等跨线设备到相应站台候车。提示旅客出示车票,核对车票信息,并按站台车厢号码提示标识候车。

⑩组织旅客上车。

(2)下车出站流线组织

出站旅客流线的特点是客流集中、密度大、走行速度快。出站旅客流线比进站旅客流线简单,旅客办理手续少,使用站房时间短。在平面布置上应考虑通畅便利,使出站旅客迅速出站,并在站前广场迅速疏散。

高速客运站出站流线与现有的普速客运站出站流线最大区别是,高速铁路出站流线的组织通常通过集散大厅(一般为地下),将各站台的客流聚集汇总,然后分散组织到轨道交通、常规公交、出租车、私家车等交通方式上。

下车出站流线组织作业流程如下:

①提示下车的旅客通过地道、天桥等跨线设备离开站台到集散大厅,至各个出站口出站。

②出站通道终端设置人工检票口或自动检票闸机,对旅客车票进行查验,持电子客票和磁介质车票的旅客可通过自动检票闸机自助出站。

③疏导旅客离开车站,并向旅客提供换乘轨道交通、公交车及出租车等交通方式的换乘信息。

(3)换乘客流组织

旅客换乘通常有同站换乘和同城站换乘。同城站换乘与出站流线组织一样。同站换乘分为出站换乘和站内换乘。

出站换乘是目前最广泛的一种换乘组织形式。对于接续时间长的中转换乘旅客,需要按照"先出站,再进站"的流程完成中转换乘。这种换乘方式相当于将换乘旅客的流线分为出站和进站流线分别组织,无须专门进行组织。对于接续时间短的中转换乘旅客,客运站将专门组织换乘,即站内换乘。这种换乘方式主要在高速客运站进行,旅客由站台通过楼梯或反向电梯到达候车厅,再由候车厅进入另一检票通道,到达另一站台,这种换乘方式也称便捷换乘。这种组织形式方便,但需要车站空间布局和设备方面的配合。当旅客换乘时间较短时,车站可组织站台转乘,这种转乘方式是指利用楼梯、自动扶梯或地下通道到达下一趟车次站台。

换乘客流组织作业流程如下:

①下车的旅客通过地道、天桥等跨线设备离开站台。

②接续时间短的旅客,按照车站的安排,由特定流线进行站内换乘;接续时间长的旅客由出站口出站再进站候车。图2-34所示为高速客运站换乘组织引导标识,持联程票需要换乘的旅客可通过引导标识由检票进站通道逆向进入候车室继续下一段检票进站流程。

a)

b)

图2-34 高速客运站换乘组织引导标识

③换乘其他交通方式的旅客,根据出站口导向标识换乘轨道交通、公交、出租车等交通方式离开本车站。图2-35所示为出站口换乘导向信息标识。

图 2-35　出站口换乘导向信息标识

三、客运站流线疏解措施

首先，客运站流线疏解主要依靠设备设施的合理布局；其次，客运站流线疏解主要依靠车站流线组织作业计划和引导措施。

1. 设备设施布局疏解

依靠设备设施布局疏解的基本方式有以下几种。

（1）在平面上错开流线

在平面上错开流线，即在同一平面上，站房及各种客运设备的布局使各种流线在同一平面左右错开自成系统，以达到疏解的目的。为配合站前广场的车流组织，通常将进站客流安排在站房的右侧，出站客流安排在站房的左侧。这种方式适用于中、小型或单层的客运站。

（2）在空间上错开流线

在空间上错开流线，即进出站流线在空间上错开，进站客流走上层，出站客流走下层，以达到疏解的目的。这种方式适用于大型双层客运站。

（3）在平面和空间上同时错开流线

在平面和空间上同时错开流线，即流线既在平面上错开又在空间上错开。进站客流由站房右侧下层入站，经扶梯上层候车，然后经天桥或高架交通厅（检票厅）检票上车。出站客流经地道由站房左侧下层出站。这种方式不仅流线明显分开，而且流线距离也缩短，适用于大型双层客运站。特大客运站（北京、上海等站）则采用这种方式达到疏解流线的目的。图 2-36 所示为福州南站一层、二层平面疏解通道布置，图 2-37 所示为福州南站立体疏解布局，而福州南站总体为平面和空间综合疏解方式。

2. 作业组织疏解

除设备设施布局疏解流线外，车站还要在作业组织上进行有效疏解，尤其遇到非正常情况时，更需要依靠科学的作业组织对客流进行有效的疏解。具体措施包括：

（1）加强站内宣传工作。采取各种宣传方式如广播、导向标识、大型显示屏等，向旅客公告购票、取票、候车、检票乘车、进出站等信息及注意事项，及时有序疏导旅客。

（2）加强引导标识作用。引导标识包括静态标识和动态标识，当遇到非正常情况时应尽可能通过显示屏等动态显示导向信息，如车站的候车层通过标识导向设置不同类型候车区域，方便各类旅客候车检票，同时减少旅客的走行流线和避免交叉干扰。

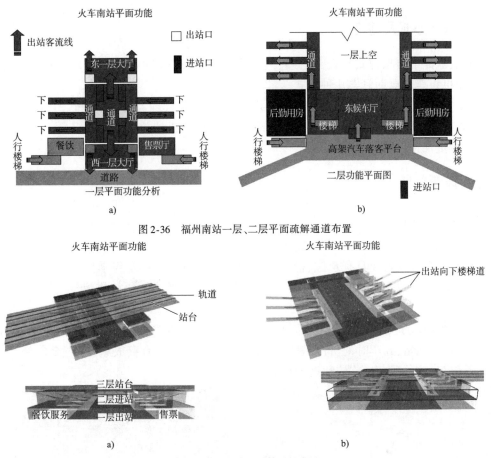

图 2-36 福州南站一层、二层平面疏解通道布置

图 2-37 福州南站立体疏解布局

任务3 售票工作组织

任务 3 内容导图如图 2-38 所示。

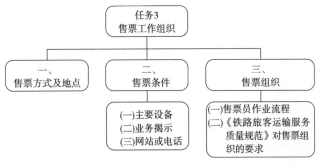

图 2-38 任务 3 内容导图

售票工作是铁路旅客运输最基本的一项工作,随着铁路设备设施不断改进和科技不断发展,售票工作组织模式等也不断改革创新,适应社会需求。

一、售票方式及地点

目前,铁路的售票方式有人工售票、网络售票[12306.cn网站(含PC端和手机App)]、自动售票机售票及电话订票几种方式。

人工售票地点有车站售票处和铁路客票代售点(销售代理人的售票处)。自动售票机大部分放置在车站售票处,随着电子客票的普及,自动售票机的放置地点逐步深入到银行、院校、超市等更加便民的地点。

二、售票条件

(一)主要设备

车站售票窗口配备桌椅、计算机、制票机、居民身份证阅读器、双向对讲器、窗口屏、保险柜、验钞机等售票设备及具有录像、拾音、录音功能的监控设备,发售学生票、残军票的窗口配备学生优惠卡、残疾军人证的识读器,退票、改签窗口配备二维码扫描仪,电子支付窗口配备POS机。

此外,车站售票处还应配备剩余票额信息显示屏(图2-39),及时、正确地显示日期、车次、始发站、终到站、开车时刻、各席别剩余票额等售票信息。有存放票据、现金的处所和设备,具备防潮、防鼠、防盗、监控和报警功能。

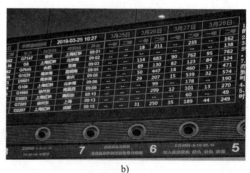

a)　　　　　　　　　　　　　　　　b)

图2-39　剩余票额信息显示屏

配备自动售票机时,自动售票机具备现金、银行卡及电子支付(支付宝等)功能。电子客票推广后,售票处还应配备购票信息单及报销凭证自助打印机,如图2-40所示。

补票处邻近出站检票闸机,配备桌椅、计算机、制票机、保险柜、验钞机、学生优惠卡识读器等售票设备和衡器,有防盗、报警设施;有存放票据、现金的处所和设备,具备防潮、防鼠、防盗、监控和报警功能。

图2-40　购票信息单打印机

(二)业务揭示

售票处应公布中国铁路客户服务中心客户服务电话(区

号+电话号码)、铁路 12306 手机 App 客户端和微信公众号二维码。根据车站客流及最早最晚办理客运业务列车到达时刻合理确定售票时间和停售时间,并在售票处醒目位置公布。

在窗口正上方设置窗口屏,显示窗口号、窗口功能、工作时间或状态等信息。有对外显示屏,同步显示售票员操作的售票信息。

其他业务揭示有旅客须知、实名制购票证件及验证验票等信息。售票处应配备的业务资料有《客规》《铁路客运运价规则》《铁路旅客运输办理细则》《铁路旅客运输管理规则》《客运运价里程表》《旅客票价表》等。

(三)网站或电话

网站售票或电话订票必须公告营业时间,目前铁路售票唯一官方网站为 www.12306.cn,订票电话为 95105105,并且保证营业时间运行正常。

三、售票组织

售票是一项细致的工作,即要有较快的速度,又要保证票款准确,同时还要解答旅客问讯。因此,售票员应有熟练的售票技术和良好的工作态度。随着售票方式的多元化,车站窗口售票组织内容也比较丰富,售票员售票环境如图 2-41 所示。

图 2-41 售票员售票环境

(一)售票员作业流程(相关教学资源 请扫描二维码 26)

1. 班前准备

班前准备包括仪容仪表准备,参加点名会及请领票据、备用金。

2. 对岗接班

(1)售票组织交接。观察窗口客流,对岗交接售票组织变化情况,及时调整售票策略,准点开窗售票。客流较大时可提前开窗。了解客流变化规律,列车运行秩序,重点旅客事项交接等情况。

二维码 26

(2)设备设施交接。设备设施包括客票系统、制票机、POS 机、学生读卡器、身份证识别仪、点钞机、窗口对讲仪、乘意险打印机等窗口配置的相关设备。备品包括印鉴、台账、钥匙、对讲机等售票相关备品。售票员应提前到岗,检查接清窗口设备设施、备品,检查岗位卫生,确保卫生整洁、物品定置摆放、设施能正常使用,并在交接班簿上签字交接,对故障设备及时报当班值班员报修。

3. 班中作业

因售票岗比较多,各岗位班中作业内容不同,以下只列举普通实名制车票发售的班中作业。

(1)开机登录作业流程。

①开机—②装好票卷—③核对票号—④登录、选择班次—⑤登录 POS 机及软 POS,初始化完成后即进入售票界面。

(2)实名制车票发售作业流程。

售票作业流程执行"一问、二输、三收、四制、五核、六交"制度。发售电子客票时根据制票和交付环节时旅客需要而定,如旅客需要提供购票信息单时则对应执行"四制"和"六交"环节。

①一问:问清旅客乘车日期、车次、发到站、席别票种、张数。

②二输:输入旅客乘车日期、输入车次、发到站、席别、票种和张数。

③三收:唱收旅客购票款、银行卡、中铁银通卡和有效身份证件,认真清点、鉴别钱款,输入计算机内。当旅客使用银行卡或云闪付购票时,使用POS机收取票款;当旅客使用支付宝、微信等方式支付时,使用相应的收款设备扫描收款。

④四制:按空格键制票,跳出"证件信息录入窗口",使用二代身份证读卡器,按相应键读取乘车人二代身份证原件的信息,或手工输入有效身份证件类型、号码、姓名,打印车票。如旅客使用银行卡,应按有关规定操作,消费凭条交旅客核对签字后留存一联。如购买电子票的旅客要求提供购票信息单时打印信息单。

⑤五核:核对票面上印刷和机制票号是否一致、票价是否准确、票面字迹是否清晰,旅客身份信息是否正确,当发现票号不一致时,应及时调整,存在问题均禁止售出。电子票时主要核对车票内容是否准确。

⑥六交:将车票、找零款、有效身份证件、中铁银通卡、银行卡及银行卡消费凭条一并唱报递交给旅客。电子票时为购票信息单。

其他售票班中作业还包括通票发售、电子支付业务、各种减价票发售、团体票发售、互联网换票、挂失补作业、中铁银通卡发售、互联网购票信息身份核验、乘意险发售、废票作业、结账等。

(二)《铁路旅客运输服务质量规范》对售票组织的要求

(1)铁路应提供窗口、自动售票机、铁路客票代售点等多种售票渠道,售票网点布局合理,管理规范。

(2)售票窗口和自动售票机设置、开放的数量适应客流量,日常窗口排队人数不宜过多。

(3)车站售票处办理售票、退票、改签、换票、取票、变更到站、挂失补办、中转签证等业务,发售学生票、残军票、乘车证签证等各种车票,支持现金、银行卡等支付方式。

(4)根据车站客流及最早最晚办理客运业务列车到达时刻合理确定售票时间和停售时间,并在售票处醒目位置公布;开窗时间不晚于本站首趟列车开车前30分钟,关窗时间不早于本站最后一趟列车办理客运业务后20分钟。工作时间内暂停售票时设有提示。用餐或交接班时间实行错时暂停售票。

(5)自动售票机及时补充票据、零钞和凭条。发生设备故障等异常状况时应处置及时。

(6)票据、现金妥善保管,票面完整、清晰;票据填写规范,内容准确、无涂改,按规定加盖站名戳和名章。

任务 4　旅客进站工作组织

任务 4 内容导图如图 2-42 所示。

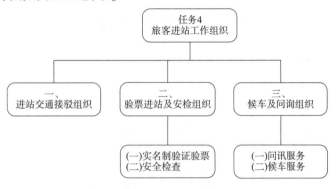

图 2-42　任务 4 内容导图

一、进站交通接驳组织

旅客到达车站的交通方式基本有公交、城轨交通、出租车、社会车辆、私家车等，自行车或步行到达车站的旅客较少。各种交通工具与车站接驳情况与车站类型及整体设计布局有关，普速客运站与高速客运站也有较大区别。一般中、小型车站接驳处在站前广场，与站房连接通道在一个平面；大型车站尤其高速客运站的接驳处在站房下方或上方，与站房呈立体关系。

无论是平面接驳还是立体接驳，都需要科学设计规划进站通道，方便旅客快捷地到达车站站房办理旅行手续和乘车。

进站接驳组织因各种流线交叉干扰较大，因此，除硬件设施组织外，更重要的是借助导向信息标识及人工引导等方式进行有效组织。尤其遇非正常情况时需要车站与地方有关部门进行沟通联系进行联合组织。图 2-43 所示为广州南站公路与铁路进站通道接驳图。

图 2-43　广州南站公路与铁路进站通道接驳图

二、验票进站及安检组织

(一)实名制验证验票

实名制验证验票在旅客进站时办理,普速客运站以人工操作为主,高速客运站具备直接刷二代身份证或电子客票二维码进站的车站可由具备相应功能的自动检票机自动完成。

按照国家有关规定,车站办理实名制验证时,将对旅客、所持车票和票面所载的有效身份证件原件进行查验。票、证、人不一致(含成人持儿童票的情形)或无法出示有效身份证件原件的旅客,不得进站乘车。无法出示有效身份证件原件的旅客,可到车站铁路公安制证口办理乘坐旅客列车临时身份证明。

车站在各候车区入口处设立实名制验证通道,旅客进站乘车的时候,车站客运员和公安人员对旅客所持车票和票面所记载的有效身份证件信息进行查验。旅客应持车票和票面所记载身份信息相符的本人有效身份证件原件进站乘车。持减价优惠(待)票的旅客,需同时核对符合优惠(待)票规定的凭证。票、证、人不一致或无法出示有效身份证件原件的旅客,不得进站乘车,应到车站铁路公安制证口办理临时身份证明或经铁路公安部门核实身份后,方可检票乘车,由此耽误乘车的责任由旅客自负。

图 2-44 所示为车站自助实名验证验票设备。

使用其他证件购买铁路电子客票的旅客,凭购票时所使用的乘车人有效身份证件原件,通过人工通道完成实名制验证、进出站检票手续。持儿童票的旅客乘车时,须凭购票时所使用的本人或同行成人的有效身份证件原件,通过人工通道办理实名制验证、进出站检票手续。图 2-45 所示为人脸身份核验。

图 2-44 自助实名验证验票机

图 2-45 人脸身份核验

(二)安全检查

为了给旅客旅行生活提供便利,旅客可以将旅行中所需要的物品(如提包、背包、行李袋等)携带进入乘坐的列车内,这些随身携带进入列车的物品由旅客自行负责看管。但为了维护站、车的良好秩序,保证运输安全,方便旅客进出站、上下车,必须对旅客携带品的范围有所限制。同时,铁路运输企业要在售票厅、候车室和列车内加强对旅客携带品的宣传,让广大旅客知道携带品的范围及超过范围的处理,以免旅客把违章物品带进站、带上车。

车站还配有危险品检查仪、安全门、手持金属探测器等安全检查设备,对旅客及其携带品、小件寄存物品实施安全检查。图 2-46 所示为某站安全检查作业现场。

图 2-46　安全检查现场

安检系统主要由 X 射线检查系统主机、安检操作台、传输设备等组成。通过 X 射线安全检查设备,对旅客行包进行安全检查,防止旅客携带容易引起爆炸、燃烧、腐蚀、毒害或有放射性的物品及枪支、管制刀具等可能危害公共安全的物品。

三、候车及问讯组织

(一) 问讯服务

车站候车区域应设有问讯处(服务台、遗失物品招领处)(图 2-47),位置适当,标识醒目,配备信息终端和存放服务资料、备品的设备。车站问讯处的基本任务是正确、迅速、主动、热情地解答旅客旅行中提出的各种问题。问讯处应根据客流动态及车站具体情况进行宣传和组织工作,尽可能使旅客在旅行中不发生错误。

当旅客问讯时,工作人员应面向旅客站立(售票员、封闭式问讯处工作人员办理业务时除外),目视旅客,有问必答,回答准确,解释耐心。遇有失误时,工作人员应向旅客表示歉意。对旅客的配合与支持,表示感谢。

图 2-47　南京南车站候车室问讯处

随着人工智能的发展普及,有些车站开发运用智能问讯和导向机器人提供服务。图 2-48 所示为郑州东站候车室的智能机器人,能够提供语音问讯解答和搭载行李导乘上车服务。

(二) 候车服务

候车室是旅客休息和等候乘车的场所,昼夜都有大量的旅客,而且流动性很大,车站必须为旅客创造一个良好的候车环境。候车室一般实行实名制凭票候车的方法,但对那些夜间下车不能回家的旅客也准许他们在候车室休息。较大的车站可按旅客去向设置候车室或按车次、席别、客流性质设置候车室。图 2-49 所示为郑州东站候车室。

候车室工作人员应保证候车室有良好秩序,要主动、热情、诚恳、周到地为旅客服务。候车室服务工作包括以下几个方面：

图 2-48　郑州东站候车室的智能机器人

图 2-49　郑州东站候车室

（1）候车室服务人员应仪容整洁、大方，耐心解答旅客问事，使用文明用语。主动迎送旅客，引导旅客按方向、车次排队候车。引导旅客就座时，坚持"人坐两行，包摆一趟"。为保证旅客安全和保证旅客休息，应及时清理候车室内闲杂人员，保证候车室秩序良好。

（2）了解列车运行情况，及时通告有关列车到、开和检票进站时间。加强安全、卫生及旅行常识的宣传工作。落实作业标准，严格执行预检、停检等制度，组织旅客有秩序的进站、上车，并消灭责任事故。

（3）搞好清洁卫生，除随脏随扫外，还应根据列车开、到时刻，在候车室内旅客较少时进行清扫工作，避免对旅客的干扰。

（4）保持室内空气清新，候车室门窗要定时打开，保持室内空气流通。定期由防疫部门对候车室进行消毒。做好"吸烟危害健康"的宣传，候车室内禁止吸烟，对吸烟旅客以劝诫为主，对个别不听劝阻的旅客进行必要的和适度的罚款。冬季做好采暖，夏季做好降温，为旅客创造良好的候车环境。

（5）旅客至上、优质服务，满足旅客饮水、吃饭、洗脸和文娱活动等要求。

（6）保证候车室内服务设施完好，标识明显，揭示牌内容准确，在醒目位置设立旅客意见簿和投诉簿，公开铁路举报电话，自觉接受旅客监督。

任务5　乘降工作组织

任务5内容导图如图2-50所示。

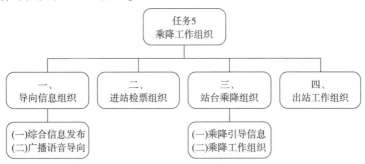

图2-50　任务5内容导图

乘降服务的自助性和便捷性决定了铁路客运站乘降通道的独立性和乘降引导标识的全面性、系统性。所谓乘降通道的独立性，即客运站要为高速铁路旅客提供专用的活动通道，保证旅客流线的顺畅便捷，避免与其他旅客流线交叉干扰；所谓乘降引导标识的全面性和系统性，即要求保证旅客能在站内随时清楚自己的方位和去向方位。

一、导向信息组织

(一) 综合信息发布

信息发布设备主要是指提供旅客在客运站内需要了解的关于列车运行、客票发售等方面的静态和动态信息的设备，其形式有音频、视频、文字、图像、声音等。图2-51所示为南京南站进站综合信息显示大屏。

图2-51　南京南站进站综合信息显示屏

此类设备既包括宣传栏、布告栏、扬声器、扩音机、广播台、广播室等传统的设备，也包括电视、LED显示屏、多媒体终端、计算机、网络及微机室等现代化设备。

(二) 广播语音导向

客运站的广播对客运工作人员起着指挥生产的作用，对旅客起着向导作用。通过广播，可将车站的接发车准备、检票、乘降等工作及时传达给工作人员，以便按照统一的作业过程，有条不紊地完成各项工作。通过广播,将列车的到达、出发时刻及其他有关事项通知候车室、广场和站台上的旅客,以便组织旅客及时进出站和上下车。

广播语音导向组织主要依靠车站的广播系统来完成,良好的设备是广播信息导向的保障。

(1)车站的广播系统

车站的广播系统主要用于语音广播,基本由业务广播和消防广播两部分组成,正常情况下进行业务广播,向站内的旅客提供信息,实时进行业务、宣传、临时、紧急、背景音乐、资讯广播等,让旅客顺利地进站、乘车、出站;在出现火灾等紧急情况时进行消防广播。

(2)车站广播系统的广播方式

车站广播系统的广播方式包括人工广播和自动广播(含半自动),可提供中文普通话、英语等多种语言。常用的广播技术包括:数字化、网络化技术,语音合成技术,环噪补偿技术。

(3)铁路对广播工作的具体要求

铁路对广播工作的具体要求有:

①认真执行党的方针政策,充分发挥广播对旅客的服务、宣传、组织作用。

②广播员应按照列车到开顺序和旅客候车规律编制广播计划,做好安全、服务、卫生和旅行常识的宣传,按时转播中央人民广播电台的新闻,适当播放文娱节目。

③转播时要预先确认,认真监听,严防误转错播。广播员直播时要事先熟悉材料,做到发音准确,音量适宜,语言通俗易懂,并要积极收集资料丰富广播内容。

④广播员应勤与运转室联系,准确掌握列车运行情况,遇有列车晚点及作业变化及时广播通告。

⑤广播员要爱护机械设备,熟悉机械性能,精心使用,严格管理,认真执行操作规程。

二、进站检票组织

车站检票作业可采用自动检票和人工检票相结合的方式,部分采取检票和实名制查验合设的车站,还应对人员身份信息进行核验。对于持磁介质车票的旅客可通过自动检票通道进站上车,对于持纸质车票的旅客需要客运员检票后方可进站上车。

持磁介质车票的旅客可使用自动检票机自助完成检票。每台检票机直接接收客运站检票服务器的检票计划,对于进站或出站检票,根据检票日计划检查磁票的有效性。如果检票通过,则在磁信息中写入检票标识的同时记录检票存根。操作时右手持票,票面朝上、正反两个方向插票,车票经车票入口进入自动检票机,当被检验的车票为有效票时,车票被送到车票出口,供旅客收回,同时警示灯与通过指示灯亮绿灯,旅客收回车票后,闸门打开,通道开启,允许旅客通过;当被检车票的车票为无效票时(包括车票的日期、时间、车次、检票口地点不符合本自动检票机所检的列车车票),车票被退回车票入口,供旅客收回,同时警示灯与通过指示灯亮红灯,闸门关闭,阻止旅客通过。

持电子票进站检票时,检票机通过接收的检票计划对乘车旅客的购票证件进行检验。旅客通过检票机时将购票时的可读实名制证件放在机器的感应区域(图2-52),证件

图2-52 实名制证件放在检票机的感应区域

相符(含刷脸验证)闸机开放予以通行,同时记录检票信息,不相符则不予放行。

在 12306.cn 网站注册用户且通过铁路 12306 手机 App 成功完成人脸身份核验的旅客,购买电子客票后可凭铁路 12306 手机 App 生成的动态二维码,通过车站自动检票闸机办理进、出站检票手续,如图 2-53 所示。

a)   b)

图 2-53 动态二维码验票进站

自动检票闸机、车站手持移动检票终端在识读旅客身份证件时所做的进站、出站记录分别作为铁路旅客运输合同运送期间的起、止凭证。

其他不可机读证件,在人工检票口,由工作人员扫描二维码或手工输入证件号码,并核对证件后进行检票。

三、站台乘降组织（相关教学资源 请扫描二维码27 ）

二维码27

高速铁路车站站台上应设置动车组列车停车位置标。动车组列车在车站办理客运业务时,需固定股道、固定站台、固定停车位置,设置位置由各铁路局集团公司规定。该标识为表面采用反光材料的金属字牌,写有动车组列车停车位置。由于 8 节编组及 16 节编组的动车组列车停车位置不同,且各车型车门位置不统一,因此,应分别进行标记,并通过广播告知客运工作人员及候车旅客。图 2-54 所示为高速客运站站台地标。

图 2-54 高速客运站站台地标

列车进站停车时,司机按动车组列车位置标停车。确定列车停稳并对准停车位置标后开启车门。动车组列车在站台停靠时间短,对乘降组织要求高。站台候车主要依靠设备而一般不需要专门的客运员进行管理。站台上通过设备以不同颜色区分不同线路的列车,以鲜艳的颜色标出候车安全线。在站台地面上设置明显的各种车型门位标记,以便组织旅客提前按车厢位置标识排队,列车停稳后快速上下车。

(一)乘降引导信息

正确引导旅客上、下列车,主要依靠自动化的旅客信息导向系统,图 2-55 所示为站台乘降引导信息。旅客信息导向系统主要从调度系统提取信息与人工录入相结合的方式,在车站加工处理,形成信息源,并通过音频和视频的方式发布给旅客。导向系统主要分为四部分,即站外信息服务、站内信息服务、车上信息服务和网上服务系统。通过这些旅客服务系统,不仅可以帮助旅客了解各次列车的发到时间、始发站、经停站、终点站、列车编组情况、客票发售情况、列车运行(列车正在运行区间、列车正晚点、列车晚点原因等)情况、列车运行信息及候车地点、服务地点、进出站走行路径、城市交通信息等站内服务信息,还可以考虑提供部分服务电脑,为旅客提供相关信息查询,并可直接进行有关操作,如订购车票、订购酒店等。

图 2-55 站台乘降引导信息

(二)乘降工作组织

站台客运员提前到岗,检查引导屏状态和显示内容、站台及股道情况;做好接送列车、旅客宣传、乘降组织、清理站台等工作,文明礼貌地为旅客服务。

(1)用电子设备显示列车停靠站台、开车时刻、车厢方向等有关信息。

(2)候车室放行旅客后,引导旅客安全通过天桥、地道,组织旅客在站台安全线内排队等候上车,及时、正确地引导旅客按票面标明的车厢号候车上车。

(3)做好安全宣传,随时注意旅客动态,防止旅客钻车、扒车及横越股道;加强站台的巡视、检查,重点检查站台、股道内是否有障碍物和闲杂人员,是否有物品侵入限界,电梯、软隔离带、站台面积栏杆有无损坏。

(4)加强宣传,利用电子设备引导旅客安全通过出站通道出站,防止旅客滞留。

(5)列车开车铃响后,及时清理侵入安全线的送行人员和其他人员,防止人员伤亡。列车出站后及时清理并保持站台卫生。图 2-56 所示为南京南站站台秩序和卫生状况。

站台客运员应做到:上岗及时,保证站内无闲杂人员,秩序良好;列车信息显示及时、正确;重点旅客做到送上车,送出站;旅客乘降秩序良好,天桥、地道不对流,达到"四无"(无旅客伤亡事故、无责任晚点、无旅客漏乘误乘、无旅客跨越股道钻爬车底);卫生达到"站台无纸屑、无烟头,股道内无垃圾",符合国铁集团有关卫生标准。

图2-56 南京南站站台秩序和卫生状况

站台客运员应坚守检票口、天桥口、地道口及进站通路交叉地点,按最短、交叉最少的进出站流线组织旅客进出站、上下车;随时做到扶老携幼,督促临时下车到站台间休的旅客及时上车,保证旅客安全。

四、出站工作组织(相关教学资源 请扫描二维码28)

旅客出站工作组织包括:出站检验车票,安全、有序地引导旅客出站,对出站人员的车票、站台票、团体旅客证及其他乘车凭证进行查验;查验时要确认车票的到站、车次、经由、有效期是否正确,电子票引导旅客经自动检票机验证出站;对不符合乘车条件的旅客办理无票、超高、携带品超重、超限、超范围旅客的补票补款和各种违章乘车处理;代收列车交款,严禁无票和站外人员穿行车站等。

二维码28

《铁路旅客运输服务质量规范》对出站工作组织的要求:
(1)出站检票人员提前到岗,检查自动检票机、出站显示屏状态和内容。
(2)引导旅客通过自动检票机和人工检票通道检票出站,具备居民身份证自动识读检票条件的自动检票机正常启用。人工检票口核对车票及其他乘车凭证,对未加剪的车票补剪,秩序良好,防止尾随。
(3)对违章乘车旅客及违章携带品正确处理,票款收付准确。
(4)列车出站后及时清理,站台、通道无滞留人员。
(5)换乘客流大的车站根据需要设置站内换乘流线,配备相应的设备和引导标识。

任务6 客运员作业流程

任务6内容导图如图2-57所示。
客运员作业流程基本包括班前准备、对岗接班、班中作业和对岗交班等环节。客运员作业地点包括进站口、出站口、候车室、站台等,地点不同岗位作业内容也不同。此处主要列举某局某站站台客运员作业流程及内容供参考。

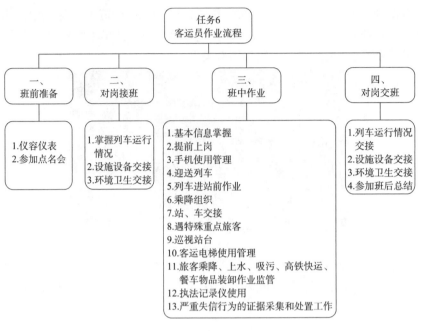

图2-57 任务6内容导图

一、班前准备

1. 仪容仪表

穿着统一制服,按规定佩戴工号牌。仪容整洁,女性可淡妆上岗,工号牌佩戴在左胸口袋上方正中(无口袋的佩戴于相应位置)。

2. 参加点名会

按规定时间到岗参加点名会,听取班计划、接受上级命令、文电和有关要求等;掌握列车运行、临客开行等情况,明确作业关键和重点事项。图2-58所示为点名会现场。

图2-58 点名会现场

二、对岗接班

1. 掌握列车运行情况

严格执行对岗交接制度,掌握列车运行、客流变化及重点事项;对列车运行情况、停靠站台、正晚点清楚,确认交接时旅客乘降秩序良好。

2. 设施设备交接

检查网格区域内动态引导、电梯、照明、站台端门、对讲机等设施设备情况,发生故障及时报修,确认状态良好。交接班时应认真检查执法记录仪设备状态,确保设施设备状态良好;对记录仪时间进行校正,确保录制过程中与北京时间同步;接班后应保证记录仪电量充足,满足班中使用。如遇设施设备故障,及时汇报客服中心。

3. 环境卫生交接

做好各类物品定置摆放,确保网格区域内环境卫生整洁、备品齐全;卫生不达标不接。图 2-59 所示为交接班现场。

图 2-59 交接班现场

三、班中作业

1. 基本信息掌握

站台客运员要掌握每次作业列车基本信息,如到开方向、列车编组、地标颜色、是否加水、有无重点旅客等。

2. 提前上岗

(1)在每一趟列车检票前,客运员要提前上岗巡视站台,正常情况下列车开检前 3 分钟必须上岗,加强对站台的巡视,清理闲杂人员,清除障碍物。

(2)检查站台动态引导系统显示内容是否正确,检查电梯、照明设备设施是否正常,检查站台面、股道内、线路上、接触网有无障碍物等,核对列车停靠站台及其他相关信息,方便旅客安全快速上车,发现设施设备故障及时报修。

3. 手机使用管理

严格落实手机使用管理规定,确保旅客和自身的安全。

4. 迎送列车

(1)在列车检票前上岗,加强对站台的巡视,清理闲杂人员,清除障碍物;检查站台动态引导系统显示内容是否正确,核对列车停靠站台及其他相关信息,方便旅客安全快速上车。图 2-60 所示为站台信息提示。

图 2-60 站台信息提示

(2)在站台迎送列车时,做到足靠安全线,面向列车,目迎目送,应以列车进入站台开始,开出站台为止;做到站立姿势端正。

5. 列车进站前作业

(1)列车开检后,客运员要在站台扶梯下方立岗防护,同时利用小喇叭对站台安全防护、候乘车次、站台、地标颜色进行宣传,妥善做好站台旅客的引导。

(2)待大部分旅客到达站台后或列车进

站前,遇长编组列车时,客运员应立即在本次作业列车站台、电梯或楼梯安全白线处面向列车立岗接车;遇短编组列车时,客运员要移到1号和8号车厢位置安全白线处面向列车立岗接车,组织上车的旅客按车厢位置标识排队等候上车,同时通过对讲机与本站台客运员做好提醒互控;立岗接车时,客运员务必动态关注站台旅客候乘情况,发现人、物侵入安全白线情况,及时吹响口笛进行安全警示。

(3)严格执行首问负责制,耐心解答旅客问讯,态度和蔼。根据本站台客流情况,适时通知综控室加强站台安全广播,防止旅客越过站台安全白线或随车奔跑。

6. 乘降组织

(1)作业步骤:列车停稳后,组织旅客按单门车厢先下后上、双门车厢前下后上的规定有序乘降,做到安全、快速、有序。同一站台有两趟列车同时进行乘降作业时,有宣传,有引导,无误乘。站台一侧邻靠线路有动车组列车通过时,另一侧停止旅客乘降或做好防护。

图2-61 站台接发列车作业

(2)旅客上下完毕后,组织站台上人员退到安全白线内,防止站台上人员侵入安全白线或随车奔跑。高速动车组列车开车时间前30s打响开车铃,铃声时长10s,铃响时巡视站台,无漏乘、误乘。图2-61所示为站台接发列车作业。

(3)终到旅客列车作业完毕后,按要求与列车长办理交接手续,再次确认旅客乘降完毕后,通知信号楼。

(4)遇特殊情况在停检后还需检票放客时,检票人员必须得到站台客运(值班)员的同意。

(5)加强出站旅客组织引导。要加强站台与出站口的联劳协作,站台作业人员要及时将旅客到达情况与出站口进行沟通联系。站台作业人员要根据旅客到达情况,主动做好旅客的引导和分流组织,避免到达旅客集中在一个出站口,造成出站口的拥堵。相关教学资源 请扫描二维码29 。

(6)特别要加强对出站地道上方出站旅客的重点防护,杜绝拥挤滞留;对个别车厢上车旅客较多时,进行分流组织,确保旅客安全和列车正点运行,做到安全、快速、有序,无旅客误乘、漏乘。加强与出站口的联劳协作,及时将旅客到达情况与出站口进行沟通联系。根据旅客到达情况,主动做好旅客两方向出站的引导和分流,避免到达旅客集中在一个出站口,造成出站口的拥堵。

二维码29

(7)引导持有联程车票的换乘旅客,在站台上按便捷换乘标识指引换乘接续列车,并和各岗点做好信息传递和互控。同时,客运员应做好安全巡视检查,发现有人横越股道等异常情况及时汇报信号楼和值班员并妥善处理。

(8)根据旅客乘降组织情况,及时联系检票口确认列车是否停检,关注楼梯、地道上方、站台端头是否有闲杂人员,待旅客乘降组织完毕后,组织站台上人员退到安全线内,防止站台上人员侵入安全线或随车奔跑。

7. 站、车交接

(1) 普速列车在站台中部位置；短编组动车组列车在第4、5号车厢之间；长编组动车组列车在第8、9号车厢之间；重联动车组列车在列车运行方向前组第7、8号车厢之间，加强互控，重点事项及时交接。

(2) 对交接的重点旅客及时安排本站特色服务站客运员做好服务工作。

(3) 对列车拾交的遗失物品应与列车长仔细核对品名、件数、新旧及有无破损等。遇有现金核对金额及币号。核对无误后签字接收，并及时送交至客运值班室由内勤保存登记。图2-62所示为站台站、车交接作业现场。

图2-62 站台站、车交接作业现场

(4) 接到动车组车底席位置换的通知后，对采取系统自动生成席位方式的情况，配合检票口、列车长做好旅客上车引导。对采取人工方式置换的情况，及时通知列车长，告知席位调整情况，优先组织高等级席位旅客上车，其他旅客由列车长安排细微调整。

8. 遇特殊重点旅客（相关教学资源 请扫描二维码30）

协助服务站工作人员做好重点旅客的上、下车服务。对本站特色服务站通知的特殊重点旅客，客运员应做到及时帮助上车，与车站办理好交接。在重点旅客服务单上确认签字。

二维码30

9. 巡视站台

(1) 列车开出后，及时清理站台，做到"车走站台清"，全面做好站台的安全卡控。

(2) 做好站台卫生保洁监管工作，及时通知保洁人员清理站台垃圾。

(3) 对网格区域内静态标识、引导地标巡视，发现破损、过期地标及时汇总，督促静态标识、引导地标保洁卫生工作。

(4) 按照网格化管理的相关要求，加强对进入站台的车辆进行监管，禁止无制动装置、无编号的站台作业车辆进入站台。检查进入站台车辆作业符合"常态制动、使用解锁"的要求，确保在无人工干预情况下处于常态制动状态，禁止侵入安全白线作业。列车开出后，及时清理站台，做到"车走站台清"，旅客遗失物品按规定上交。

(5) 对旅客遗失物品按规定上交到客服中心。督促本岗位区域保洁人员做好卫生，保持环境整洁。

10. 客运电梯使用管理

(1) 做好对电梯开启和停止运行的检查，确保设备正常。

(2) 加强对电梯运行期间的巡视，确认处于正常工作状态。

(3) 加强对乘梯的宣传和引导，及时制止不文明行为。

(4) 加强客运高峰时段的人员组织和防护。

(5) 做好应急情况下的处置，确保现场秩序良好。

(6) 注意事项：

①电梯每日开启时，进行试运行和检查确认，停运后要进行检查，发现安全问题和隐患

及时汇报、跟踪处理。

②电梯运行期间,要加强巡视,确认处于正常工作状态,发现安全问题和隐患及时汇报、跟踪处理。

③客运高峰时段,对客流量大的自动扶梯,在电梯上下端设专人进行值守,疏导客流,引导旅客安全乘梯。

④加强对乘梯的宣传和引导,及时制止在自动扶梯、自动人行道中逆行、攀爬和玩耍打闹等不文明乘电梯行为;及时制止利用自动扶梯搭载手推车、婴儿车、大物件等影响自动扶梯安全运行的物件的行为,引导乘坐垂直电梯。

11. 旅客乘降、上水、吸污、高铁快运、餐车物品装卸作业监管

(1)加强对加水、吸污、高铁快运、餐车物品装卸等的作业监管,与信号楼做好安全联控工作。

(2)作业指导。

①给水吸污安全卡控(卸污作业程序比照给水作业程序执行)。

作业开始前,作业人员上道前必须向监管人员申请,使用用语:"××站台客运员(客运值班员),××次准备进行给水(卸污)作业,作业×人,申请上道,给水员××"。站台客运员(客运值班员)应答:"××次×道准备进行给水(卸污)作业,客运值班员(客运员)明白"。客运员(客运值班员)随即要向信号楼车站值班员申请上道,使用用语:"××场信号楼,××站台××次进行给水(卸污)作业,作业×人,申请上道",在得到信号楼值班员复诵同意后,客运员(客运值班员)方可组织作业人员上道。客运员(客运值班员)在确认作业人员上道完毕后,向车站值班员汇报:"××次给水(卸污)人员,上道完毕"。车站值班员应答:"好"。

作业完毕后,给水(吸污)工长向相应站台客运员汇报:"××站台,××次给水(吸污)作业完毕,盖板锁闭,集合完毕,申请返回站台。"站台客运员回复:"××次给水(吸污)作业完毕,××(客运员)明白",并立即向信号楼汇报:"××场信号楼,××站台××次给水(吸污)作业完毕,申请返回站台,××(客运员)",信号楼复诵上述内容并回复是否允许返回站台后,方可组织发车。站台客运员在得到信号楼允许返回站台答复后,通知给水(卸污)作业人员安全返回站台。作业人员返回站台后,随即向站台客运员汇报:"客运,××道××次给水(卸污)作业人员已安全返回,给水(卸污)员××",站台客运员复诵。

站台客运值班员(客运员)收到动车组(终到动车组除外)给水(卸污)作业完毕的报告后,应通过对讲机通知列车长:"××次列车长,××站给水(卸污)作业完毕"。列车长应答:"××次××站给水(卸污)作业完毕,列车长明白"。

如遇下道作业人员在股道内,在列车进站前要通过对讲机对下道作业人员进行提醒,用语为:"××道加水作业人员,××道列车进站注意安全。"

站台客运员根据现场作业情况确认动车组列车客运作业(包括旅客乘降、上水、吸污、高铁快运、餐车物品装卸等作业)完毕后必须用对讲机通知列车长,呼叫使用频率为457.950(南京直属站3频道),用语为"××次列车长,××站××次客运作业完毕,客运××(姓名)",得到列车长应答后返回车站守候频道。

②终到车底联控作业。

动车组列车终到入库前需办理给水(卸污)作业的,在旅客乘降作业完毕,具备退乘条件时,列车长与站台客运员联控,通过无线对讲设备车站频道通知站台客运员"××站,××次列车终到客运乘务作业完毕,准备退乘",站台客运员(客运值班员)应答"××次列车长,××站收到"。列车长在收到车站工作人员应答后组织退乘。

站台客运员确认终到动车组客运乘务组退乘完毕,收到终到动车组给水(卸污)作业完毕的汇报后,应通过对讲机动车组司机频道通知动车组司机"××次(准备开车的车次)司机,××站作业完毕,请关门"。动车组司机应答:"××次司机明白"。

③动车组车站吸污作业时,吸污作业人员通知站台客运员(客运值班员)吸污车次和吸污股道后,客运员(客运值班员)确认后通知动车组列车长(完成当日乘务运行交路的终到动车组列车除外)。使用用语:"××次列车长,××次××站进行吸污作业,客运员(客运值班员)××",列车长回复确认。

12. 执法记录仪使用

与列车,或与旅客间"人、物或事"交接;接发车、上水、网格化巡视作业;处置旅客投诉、人员伤亡、失信行为取证;设备设施故障和各类应急突发事件;等等。在上述情况下须开启使用,并做好音视频数据的留存。

对涉及站车安全、站车交接分歧、旅客纠纷、旅客失信行为、旅客伤害或关系旅客和工作人员权益等情况的音视频记录应在下班后,及时复制备份到相关专用的存储设备,单独文件夹保存。具体要求如下:

(1)对涉及站车安全、站车交接分歧、旅客投诉的,音视频内容保存期限一般应不少于180天。

(2)对涉及旅客失信行为、旅客伤害或关系旅客和工作人员权益的,音视频内容保存期限一般应不少于3年。

(3)对涉及疑难复杂事件,可能引发涉法信访案件等的,保存期限为永久。

13. 严重失信行为的证据采集和处置工作

证据包括:失信人本人书面证明;音视频记录;2名以上旅客证人证言。

①使用客运记录详细记录失信人的姓名、有效身份证件类型及号码、住址、联系方式、乘车日期、车次、区间、失信行为、处理情况等信息,并由站、车工作人员和失信人本人签字。旅客拒绝签字时应当注明。失信旅客身份信息记录要做到记载完整、字迹端正、清晰可辨。

②采用音视频记录仪、视频监控系统记录处置全过程。不具备音视频记录条件时应收集2名旅客以上的证人证言。

③站、车工作人员在处置时,应通过口头或书面形式明确告知旅客处置依据和纳入铁路旅客信用信息管理,采取限制购票措施。

四、对岗交班

1. 列车运行情况交接

严格执行对岗交接制度,掌握列车运行、客流变化及重点事项。列车运行情况,停靠站台,正晚点清楚,确认交接时旅客乘降秩序良好。

2. 设施设备交接

检查本岗位动态引导、电梯、照明、站台端门、对讲机等设施设备情况,发生故障及时报修,确认状态良好。如遇设施设备故障,及时汇报客服中心。

3. 环境卫生交接

做好各类物品定置摆放,确保作业区域环境卫生整洁、备品齐全。交班时做到环境整洁。

4. 参加班后总结

向班组长汇报当班工作情况,听取班组长对工作的总结。参加分析会,分析原因,落实整改措施。

复习思考题

1. 中国铁路高速规划网中的"八纵"和"八横"分别指哪些线路?
2. 普速客运站内包含哪些用房?
3. 高速客运站主要设备设施有哪些?
4. 铁路旅客列车车次有哪些?
5. 铁路客运站的流线有哪些?
6. 铁路客运站流线的组织原则有哪些?
7. 铁路客运站流线的疏解措施有哪些?
8. 客运员的作业流程有哪些环节?

项目 3　铁路客运乘务工作组织

项目内容

客运乘务工作是铁路旅客运输工作中很重要的一个环节,旅客通过铁路旅行的大部分时间都在旅客列车上渡过,因此,铁路客运乘务工作组织直接影响铁路旅客运输的服务质量。本项目主要内容包含乘务工作基础知识、乘务计划的编制、乘务作业、列车员作业流程。以上内容以四个任务形式呈现,图 3-1 所示为项目 3 内容导图。

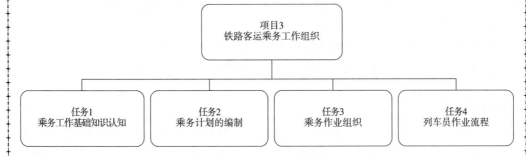

图 3-1　项目 3 内容导图

教学目标

1. 掌握乘务工作基础知识。
2. 了解乘务交路组织内容。
3. 掌握乘务作业组织内容。
4. 掌握列车员作业程序及标准。

教学建议

课时建议:本项目建议不少于 6 个课时。

授课过程建议:本项目的重难点在乘务计划的编制部分,该部分内容主要围绕乘务员乘务排班计划的来龙去脉教学。乘务作业和列车员作业流程部分因篇幅所限没有配置过多插图,建议教师可上网搜集相关图片或结合相关作业视频教学效果会更好一些。

任务 1　乘务工作基础知识认知

任务 1 内容导图如图 3-2 所示。

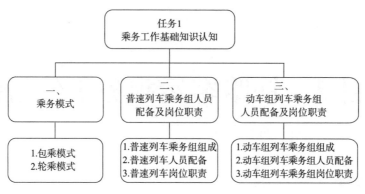

图 3-2　任务 1 内容导图

一、乘务模式

为保证旅客列车服务质量,做好安全运输,旅客列车乘务组实行固定班组制度。大部分乘务单位[又称"客运(列车)段"]对执行乘务工作的乘务组实行出退勤制度,列车乘务工作实行岗位责任制。

旅客列车的乘务组织模式基本有两种:以车底交路为基础的包乘制和以担当区段为基础的轮乘制。目前,普速列车乘务大部分都采用包乘模式,动车组列车乘务大部分采用轮乘模式。

1. 包乘模式

包乘模式是以车底交路为基础编制乘务计划,将乘务组和客车车底固定起来,两个乘务组包乘一组客车底,各负其责。包乘模式适用于长途旅客列车。所以,实际上包乘模式是乘务组包车底、乘务员包车厢。

包乘模式的优点:乘务员容易熟悉车内各种设备的情况和掌握其使用性能,便于加强备品和用具的管理,有利于熟悉和掌握沿线停车站的技术设备和客流情况,为保证旅客安全乘降创造良好条件,便于乘务组班次安排和合理分配工作、休息时间。

包乘模式的缺点:长途旅客列车需挂乘务员休息车,浪费运能,同时乘务工时一般不易保证。

2. 轮乘模式

轮乘模式是在有较大运行密度旅客列车,并且列车车底种类及编组形式也基本相同的运行区段,为使能够较为紧凑地组织完成乘务交路和班次,使得乘务员(组)按照固定出乘顺序,分别轮流值乘乘务任务的制度,并且可以彼此嵌套运用,不固定某一乘务组值乘某一列车。

轮乘模式是以担当区段为基础编制乘务计划,乘务组不包车底,乘务员不包车厢,而是按出乘顺序,轮流担当客车车底的乘务工作。轮乘模式的优点是不需要乘务员休息车,从而有利于扩大运能,节省乘务员。轮乘模式的缺点是不利于熟悉和掌握沿线停车站的技术设备和客流情况,不利于有效处理非正常情况,且增加了乘务员之间的交接手续。

列车乘务(包乘、轮乘)模式的确定,应有利于服务质量的提高、车辆设备的保养及劳动力合理使用。我国普速列车大都实行包乘模式,工时不足时,采取乘务员套跑短途列车或长途列车底套跑短途列车的方法进行弥补。

二、普速列车乘务组人员配备及岗位职责

1. 普速列车乘务组组成

普速列车乘务组一般由客运、车辆、公安乘警组成,通常称"三乘一体"。列车的乘务工作由列车长统一领导,车辆、公安乘警按照各自的职责规定,配合列车长共同做好乘务工作。图3-3所示为普速列车乘务班组列队出乘现场。

2. 普速列车人员配备

普速列车乘务组人员配备有列车长、列车值班员、广播员、列车员等岗位人员,长途列车编挂餐车提供餐饮服务时还配有餐车长、餐服人员、售货员等,编挂行李车时还配有行李员岗位。

每个乘务单位根据实际情况配备乘务组人员数量,配备的基本依据是乘务员的乘务工时要满足国家法定工作时间的基本要求。乘

图3-3　普速列车乘务班组列队出乘现场

务组内乘务员的数额采用按工作岗位查定,另考虑预备率。

列车乘务员每趟车出乘工时按列车实际运行时间,另加出勤、退勤、双班作业、库内清扫、看车时间等实际工作时间计算,月工时按照国家规定的年工作时间平均到每月来计算,由于乘务模式不一,铁路客流阶段性波动较大,旺季(如暑运和春运等)客流高峰期乘务员工作量相对较大,淡季客流较小,工作量较小,可以适当安排调休。

3. 普速列车岗位职责

客运(列车)段根据具体情况,制定各次列车的作业过程,并建立以岗位责任制为中心的各项管理制度,"三乘"各负其责。

(1)乘务组的主要职责

①使车内经常保持整齐清洁、设备良好、温度适宜、照明充足。

②通告站名,组织旅客安全乘降,及时妥善安排旅客座席、铺位。

③对老、幼、病、残、孕等重点旅客做到重点照顾。

④维护车内秩序,保证安全、正点。

⑤做好饮食供应工作。

乘务员在本段出乘时,要按规定时间由列车长带队到派班室报到,听取派班员传达有关事项。列车长应摘抄有关电报、命令、指示。到达折返站或由折返站出乘时,列车长必须向当地客运(列车)段派班室报告乘务工作,接受任务。每次乘务终了,列车长应召开班组会议,总结并向派班室汇报往返乘务工作情况,提出书面乘务报告。

列车长每次出乘前应编制趟计划,趟计划在乘务报告中显示,其主要内容包括如下:

①本次乘务工作中的重点工作安排。

②对贯彻上级规章、命令、指示、通知的具体措施。

③上次乘务工作中的优缺点及改进措施。

④针对接车所发现的问题,应采取的措施。

⑤其他需要报告的事项。

(2)检车乘务组的主要职责

检车乘务组的主要职责是负责客运车辆从始发站到终点站的运行安全,到站时检查车辆走行部分,列车运行中经常巡视,检查车内通风、给水、取暖、照明、门窗等各项设备的技术状态,对发生的故障及时处理。

(3)乘警组主要职责

乘警组主要职责是协助客运乘务组维护列车秩序,调解旅客纠纷,做好旅客安全保卫工作。

三、动车组列车乘务组人员配备及岗位职责

1.动车组列车乘务组组成

动车组列车乘务组由客运乘务员、随车机械师、司机、公安乘警、随车保洁和餐服人员组成,简称"六乘人员"。列车上保洁、餐饮由社会专业公司承担时,其员工视同列车乘务组成员。列车乘务组人员应当各司其职,在为旅客服务的基础上,接受列车长统一领导。图3-4所示为动车组列车客运乘务班组列队出乘现场。

图3-4　动车组列车乘务组列队出乘现场

2.动车组列车乘务组人员配备

客运乘务组根据交路实际需要采用轮乘制或包乘制。客运乘务组由1名列车长和2名列车员组成,动车组重联时,按两个乘务组配备。编组16辆的动车组按1名列车长和4名列车员配备。对以上运行时间较长的动车组列车可适当增加客运乘务员。动车组司机,实行单司机值乘制;客车检车员(随车机械师),按每组1人配备;列车乘警,图定运行时间在5小时(含)以内的不配乘警,超过5小时的每组配1人,对不配乘警的列车乘务组须配备专职安全员或兼职安全员。

国铁集团对动车组列车客运乘务员的基本要求有:

(1)身体健康,五官端正,持有效健康证明。

(2)具备大专及以上文化程度,保洁人员可适当调整要求。

(3)持有效上岗证,经过岗前安全、技术业务培训合格。从事餐饮服务的人员有卫生知识培训合格证明;广播员有一定编写水平,经过广播业务、技术培训合格。

(4)列车长从事列车乘务工作满2年;列车值班员从事列车乘务工作满1年。列车长及商务座、软卧列车员能够使用简单英语。

(5)熟练使用本岗位相关设备设施,熟知本岗位业务知识和职责,掌握担当列车沿途停站和时刻,以及上水、吸污、垃圾投放等作业情况;熟悉本岗位相关应急处置流程,具备应对突发事件能力。

3. 动车组列车乘务组岗位职责

动车组列车乘务组工作按照"统一管理、分工负责、各司其职、相互协作"的原则，实行列车长领导下各工种分工负责制，实现列车长负责制的乘务一体化作业管理。各铁路局集团公司的岗位职责规定不尽相同，以下以某铁路局集团公司"六乘一体化"管理规定为示例进行岗位职责的描述。列车乘务工作由列车长组织协调，全面负责列车安全、服务、经营、管理工作，组织、协调列车"六乘人员"履行岗位职责，联劳协作，共同确保列车运输秩序、服务质量、餐饮卫生、服务备品、设备设施、应急处置及治安状况良好。

乘务组要建立趟计划乘务例会制度。由列车长带头组织随车机械师、乘警（安全员）、餐饮、保洁领班运行途中适时召开一次趟计划乘务工作协调会，告知本趟计划乘务工作重点，协调沟通相关信息，确保现场工作有序地开展。列车长全面掌握动车组列车车内人员及作业状态，实行各工种分工负责制。"六乘人员"应在列车长的领导下，按照各岗位作业标准、作业流程、严格执标，做好安全、服务工作，确保作业达标。库内热备班组要严格执行热备作业要求，达到热备车启用质量标准。

动车组车底出库上线，列车长、乘警（安全员）、保洁组长（餐车领班或指派一名保洁人员）按照各自职责分工分别做好旅客列车上部设施的检查、问题填记和故障跟踪销号以及列车出库质量的验收。客运乘务员、保洁组长负责全列卫生质量、消耗品配置情况的检查验收，客运乘务员负责服务设施、客运备品、广播及显示屏信息更新情况的检查，发现问题及时反馈处置。

（1）客运乘务员的主要职责

客运乘务组承担服务旅客、处理票务、检查列车保洁、餐饮工作质量等工作。当发生影响旅客安全问题时，客运乘务组应当立即采取有效的措施，保护旅客安全。

（2）随车机械师的主要职责

随车机械师应按技术作业过程的规定检查动车组；在列车运行途中，随车机械师应监控动车组设备技术状态，确保车辆设备设施作用良好，正常使用；空调达到规定的温度范围；做好车内巡视，运行途中发生车辆设备设施问题及时检修，无法修复的在上部服务设施记录单注明，对列车长在乘务多功能信息系统中设备故障反馈进行确认，抓好跟踪、问题上报。CRH2型动车组列车机械师根据司机通知负责动车组车门开关。

（3）随车保洁人员的主要职责

按岗位作业流程及要求进行随车保洁作业，负责列车运行中、折返站的卫生清扫、垃圾收集，保证列车卫生质量；对始发、途中、折返检查发现的列车卫生质量、消耗品配置、备品工具定位情况发现的不达标项进行补强整改，途中加强对厕所、洗脸间等重点部位卫生保洁，按照作业项填记"清扫作业及检查记录单"，随时保持车厢环境卫生整洁；逢用餐时间，随车保洁人员在做好分管车厢卫生后可协助餐车做好餐车卫生清洁工作；特殊情况下，完成列车长布置的临时性任务。

（4）餐服人员的主要职责

餐服人员负责餐饮商品的安全及供应，满足旅客及工作人员的餐饮需求。餐服人员负责餐吧车区域内卫生保持，负责检查餐吧车餐饮设备作用和安全管理，规范作业流程，结合运用车型配置符合规定数量、规格、功率的厨房电器设备，规范人员操作，餐车营业证照齐全。餐服人员严格执行食品安全管理规定，规范销售行为，明码标价，不捆绑销售商品，提供发票;掌握餐食、商品、VIP旅客赠品的销售使用情况,保证正常供应,规范操作流程;保持餐车美观整洁,根据各车型统一餐车商品定位摆放,不堵塞通道;售货车内外清洁、定位放置,制动性能良好,有防撞胶条。

（5）公安乘警（辅警、安全员）的职责

公安乘警（辅警、安全员）在列车长的领导下开展工作,履行岗位职责;负责动车组司机室安全,负责维护车内秩序,会同列车长组织列车上危险品检查工作。

公安乘警（辅警、安全员）应加强车厢巡查,遇影响列车秩序和治安事件时,及时到达现场,进行处置。列车未配备公安乘警的,列车长应组织安全员共同处置,并视情况向前方站所属公安处指挥中心报告,通知前方沿途停车站派出所出警处理。图3-5所示为公安乘警作业中。

图3-5 公安乘警作业中

（6）动车组司机的主要职责

动车组司机执行规章制度,服从调度指挥,履行岗位职责。当动车组在区间被迫停车时,指挥随车机械师、列车长处理有关行车、列车防护和事故救援等工作;当动车组发生故障时,按照规定的程序独立处理或指挥随车机械师共同处理。

任务2　乘务计划的编制

任务2内容导图如图3-6所示。

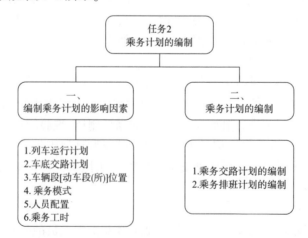

图3-6　任务2内容导图

铁路客运乘务计划主要是指乘务单位[又称"客运（列车）段"]如何在列车车底交路计划的基础上对客运乘务班组的值乘交路进行科学、合理的安排,形成乘务计划。各乘务班组按照分配的交路担当乘务,以保证乘务单位担当的所有车次都能正常开行。乘务计划编制既是铁路乘务部门组织、管理工作的重要环节,也是客运乘务组织的核心问题之一。

一、编制乘务计划的影响因素

编制乘务计划的影响因素主要有列车运行计划、车底交路计划、车辆段[动车段(所)]位置、乘务模式、人员配置、乘务工时、出退乘地点和交接作业流程等。

1. 列车运行计划

列车运行计划是乘务计划编制的基本依据。其中,列车运行线的数量、运行区段、列车等级、沿途停站时分等内容直接影响到乘务计划的编制。此外,因为列车运行计划会对列车接续方案产生一定的影响,而列车的接续情况和接续时间的长短将直接影响到乘务员(组)的换乘时间长短、是否需用便乘以及便乘次数。所以,列车运行计划的编制结果会对编制乘务计划有着深远的影响。

2. 车底交路计划

车底,即编组好的车列(含动车组),车底交路计划是铁路运输组织计划中的一部分,是运输计划部门根据铁路局集团公司下达的列车运行计划、车辆(含动车组)检修修程的有关规定,以及检修基地布局、线路、设备等情况,结合不同时期的客运市场需求而编制的车辆(含动车组)运用计划。车底交路计划能够有效地组织车辆(含动车组)运营,实现车辆(含动车组)的合理周转,是列车运行计划的重要保证。

车底交路计划是乘务计划编制的重要依据。铁路的列车运行计划一定要以一定数量的车底来完成,而车底交路计划则是完成这些运行计划所需要的车底接续的基本保障。列车运行计划和车底周转情况是相辅相成的,一定数量的车底是完成列车运行计划的基本保障,良好的列车运行计划可以适当节省车底的运用数量。

图 3-7 所示为动车组列车交路计划示例,交路段 1 和交路段 2 分别是两个动车组列车交路计划,共同完成 G1001~G1010 次列车的运行任务。

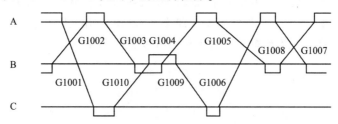

图 3-7　动车组列车交路计划示例

车底的周转接续方案作为车底交路计划中的一个关键问题,其不仅影响着车底的运用数量,也对减少乘务人员(组)的换乘次数,以及乘务员连续值乘同一车底等方面有着重要的作用。因此,良好的车底交路计划作为乘务计划编制的另一个重要基础数据,对提高乘务计划的编制质量具有深远的影响。乘务交路计划和车底交路计划之间应不断优化,使这两个运用计划的编制结果具有更好的协调性。

图 3-8 所示为动车组列车编组表,表中车底周转图即为该动车组的交路。

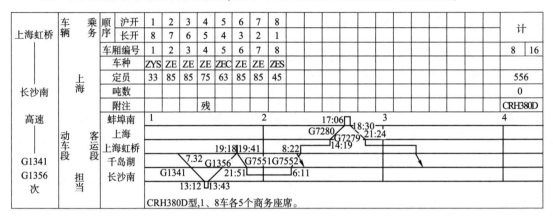

图 3-8 动车组列车编组表

 拓展链接

车底周转图相关知识解读

1. 车底周转图的编制步骤

(1) 按照该车次在列车运行图中的始发时刻,第一天从配属站始发开始,根据列车运行线,按其途中运行时间(天数),将车底在途时间斜线画至列车折返站。

(2) 按照车底在折返站停留时间,由折返站出发时间,将车底返回时在途的时间斜线画至原配属站。

(3) 根据车底在配属站规定停留时间线,至可以再次出发时为止,即可构成车底周转图。

2. 车底需要数图解法

根据车底周转图直接查得需要的车底数,如图 3-9 所示。在图 3-9a)上可从客车车底周转图上的箭头直接查得,5 个箭头即需要 5 组车底;在图 3-9b)上任意时刻截取线与列车运行图和车底停留线的交点数为车底的需要数,5 个交点即需要 5 组车底。

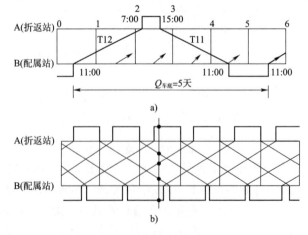

图 3-9 车底需要数图解示例

3. 经济合理地使用客车车底的方法举例

（1）组织长途列车合短途列车的车底套用，如图3-10所示。其中，图3-10a)为长途列车车底周转图，图3-10b)为短途列车车底周转图，合并后产生图3-10c)，即长短途车底套用周转图。

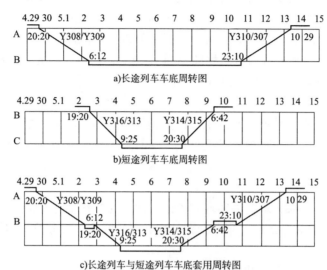

图3-10 长短途车底套用周转图

（2）组织短途列车与长途列车拉通运行，并适当改变一些到发时刻，图3-11所示的A-B段和B-C段原来分别用车底运行本段某车次列车，共需要7组车底，如果将A-B和B-C段拉通安排车底，适当调整运行时间，则只需要6组车底，比分段节省一组车底。

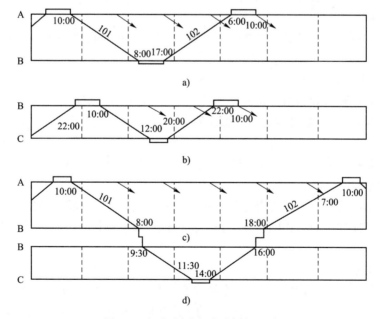

图3-11 短途列车与长途列车拉通运行

（3）其他方法（略）。

3. 车辆段[动车段(所)]位置

车辆段[动车段(所)]既是车底检修、有关设备设施储存的场地,也是车底交路计划中车底始发和最后返回的地点。

由于车底是乘务员完成乘务任务的地点,因此,在乘务计划的编制阶段就应该要考虑到车辆段[动车段(所)]的地点。若车辆段[动车段(所)]的设置不合理,则将导致动车的无效走行距离增加、乘务员运输组织费用提高,同时不利用车底的养护。此外,由于车辆段[动车段(所)]的大小将对乘务员的运用数量、出乘地点产生影响。因此,在乘务计划的编制阶段也要综合考虑车辆段[动车段(所)]的位置。

4. 乘务模式

乘务模式是影响乘务计划编制的重要因素,基本模式包括以车底交路为基础的包乘模式和以担当区段为基础的轮乘模式。良好的乘务计划应充分考虑乘务模式,以达到最大化地节省人力成本的目的。

5. 人员配置

乘务计划最终需要乘务班组去实现乘务任务,因此,乘务计划不仅直接影响乘务班组及人员的需求数量,而且乘务班组的乘务交路计划必须要服从于乘务单位整体的排班要求,受以下条件约束:

(1)在任何一个时刻,某一班组只能担当一个交路。

(2)在任何一个时刻,任意交路都有乘务班组担当。

(3)乘务员月度乘务总工时应接近客运段规定的月度乘务总工时。

(4)乘务班组担当任意交路,交路中不同接续车次间隔休息时长不同,最短时长应符合乘务单位规定的乘务区段休息时长。

6. 乘务工时

乘务交路中所涉及的"时间"主要包括出勤时间、退勤时间、值乘时间、换乘时间和便乘时间。

(1)出勤时间和退勤时间

出勤时间和退勤时间是指开始值乘前,以及在值乘工作结束后乘务员(组)需要完成一些准备工作的时长,其主要目的是为了保证乘务交路完成的质量。

(2)值乘时间

值乘时间是指乘务员(组)在担当乘务任务的工作时长。

(3)换乘时间

换乘时间是指乘务员在担当乘务任务的过程中,可能因为所值乘的乘务交路段中包含的值乘区段所配属列车的不相同而发生换乘,在换乘阶段,乘务员(组)需要一些时间来完成工作交接。

(4)便乘时间

便乘时间是指当乘务交路段开始的车站或者结束的车站与乘务员(组)所配属的车站不是同一车站时,乘务员(组)将通过搭乘"便车"的形式到相关车站担当值乘任务,或者在值乘任务结束后通过搭乘"便车"的形式返回所配属的车站,该阶段乘务员不进行任何乘务工作,其主要目的是为了确保乘务交路计划的可实施性。图3-12所示为乘务交路各时间关系示意图。

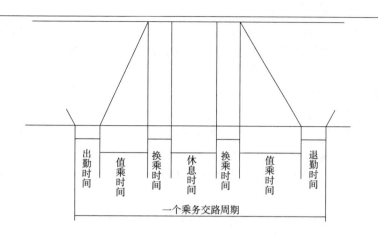

图 3-12 乘务交路各时间关系示意图

二、乘务计划的编制

乘务计划包括乘务交路计划和乘务排班计划。乘务交路计划通过旅客列车乘务交路图体现,是乘务员的日工作计划,是乘务计划的核心内容,也是编制乘务排班计划的基础。乘务交路计划在给定的列车运行图及车底交路下确定完成某一天的列车运行图任务所需要的乘务交路数量。乘务排班计划是基于乘务交路计划对乘务员在较长周期内的工作进行安排,对每个乘务周期乘务员担当乘务交路的顺序进行安排,以满足乘务员的月度工作时间约束和其他针对乘务周期内乘务时间的约束。

一般情况下,乘务计划是根据既定的列车运行计划、车底交路计划、乘务模式等条件,考虑优化目标[如总的乘务时间成本最小、需求的乘务员(组)数量最小、乘务员(组)工作强度的均衡性等]对乘务员(组)在某一时期内的出乘时间、退乘时间、出乘地点、退乘地点、担当车次的时间和地点,以及休息时间和地点等给予相应的具体安排,以确保列车运行计划的完成。

编制乘务计划的阶段可以分为乘务交路计划与乘务排班计划两个阶段,这就是一般描述乘务计划的编制过程。

1. 乘务交路计划的编制

乘务交路计划的编制原则:

(1)最大限度地满足时间的接续性。

(2)最大限度地满足乘务工作时间的约束性。

(3)最大限度地满足乘务地点的接续性。

(4)最大限度地满足乘务区段完全覆盖性。

(5)最大限度地满足最大连续作业时间原则。

编制乘务交路计划的基本方法和步骤:

(1)乘务区段划分。作为乘务计划的基础数据,列车运行计划和车底交路计划按照乘务配属站和折返站进行划分,以此得到乘务员能够值乘的最小区段,即值乘区段。

(2)乘务片段组合。由于乘务片段是乘务员完成值乘任务的最小工作单元。因此,按照乘务员规定的各相关时间标准对其进行进一步的组合优化。

(3)乘务交路方案选择。由于乘务交路的数量直接决定于所需乘务员的数量,所以乘务交路问题的实质是在可行乘务交路方案中选择以最少的乘务交路覆盖全部的乘务区段,即全部列出运行线均要有乘务员值乘。

2.乘务排班计划的编制

对乘务交路进行不同的组合后即可生成较为可行的乘务排班计划。乘务排班计划的类型决定了乘务员在周期内执行的乘务排班方案特点,在乘务员所执行的排班方案不同的情况下,乘务排班计划的编制可以通过生成可行乘务排班方案,然后根据各项评价指标择优的方法来实现。而该方案要满足周期内乘务员所需的培训及休息等各项时间标准。

由于各个乘务交路的完成时间各有区别,所以组合产生的可行乘务排班方案中的工作人员的值乘时间也不完全相同。因此,应该根据国家相关劳动时间规定,尽可能使得各计划中的各个方案的值乘时间趋于均衡,从而确保乘务员(组)在各个周期内拥有比较均衡的工作强度并且符合实际要求。图3-13所示为动车组列车乘务计划编制流程图。

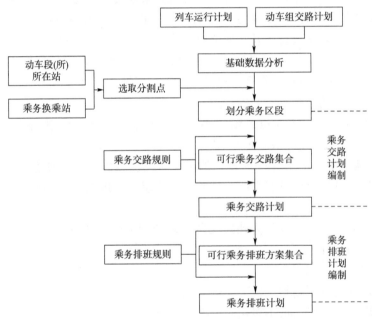

图3-13 动车组列车乘务计划编制流程图

各班组中乘务员担当乘务交路计划时,乘务工时应尽可能均衡,符合月度乘务总工时的规定和国家相关劳动法规,既不能超工时劳动,也不能欠工时劳动。随着高速铁路新线的不断开通运营,列车运行图面临经常性的调整,列车运行图调整直接影响乘务交路计划的编制工作,凭经验手工编制已经不能满足高效编制的需求,因此,铁路不断开发自动或半自动编制的系统,如客管系统中有"车底交路计划""乘务交路计划""实际乘务交路""乘务交路调整"等。图3-14所示为某乘务单位针对某些列车车次运行车底交路计划情况编制的排班计划表。

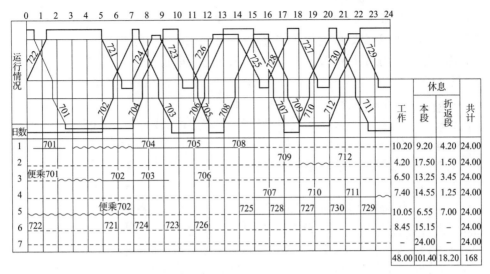

图 3-14 乘务排班计划表示例

任务 3　乘务作业组织

任务 3 内容导图如图 3-15 所示。

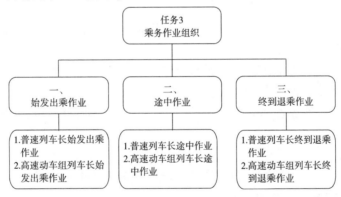

图 3-15　任务 3 内容导图

乘务作业组织主要包括始发出乘作业组织、途中作业组织和终到退乘作业组织。目前，普速列车和动车组列车都按照岗位分工制定作业组织流程和要求，由于普速列车乘务组和动车组列车乘务组岗位设置及设备设施有较大区别，各岗位的作业组织流程有一定的差异。下面分别以某乘务单位普速列车和高速动车组列车列车长岗位作业组织为例，列举乘务作业组织流程及要求。

一、始发出乘作业

1. 普速列车长始发出乘作业

（1）入库接车

①整理着装。例如，整理制帽、肩章、臂章、领带、纽扣、胸卡、制服、皮鞋、袜子等。

②检查人容。检查乘务员的人容着装达到标准。
③列队入库。组织列队,前后设防护,执行"一停、二看、三通过"。
④集体登车。使用乘降梯,设置专人防护,依次登乘车底。

(2)集合传达
①集合点名。将全体乘务员集中到指定车厢点名。
②传达任务。传达上级指示命令、重点任务,本趟工作计划、安全预想。
③试问业务。抽查乘务员本趟的重点业务。
④组织上岗。安排乘务岗位,组织及时到岗。

(3)接车检查
①设备检查。了解各车厢、各岗点安全设备、重点部位、服务设施、备品的情况,对存在的问题及时妥善处理,填记"三乘"检查记录,并追踪修复情况。
②协调处理。发现设备问题、异常情况,协调相关人员及时解决,对不能修复危及行车安全和服务质量的重点问题立即汇报派班员及相关部门领导。
③库内巡检。检查各工种出库质量标准的落实。
④整理签阅。填写乘务报告、"防火台账"等资料,检查广播计划的编制情况,及时签阅。
⑤交接签认。鉴定全列卫生,与保洁组长交接签认考核。

(4)准备进站
①整理人容。清洗补妆、整理着装。
②车动检查。车底顶送时,检查乘务员执行推拉车底作业情况,进站时,在车门口立岗。

(5)派班点名
①摘抄命令。到派班室报到,听取派班员传达上级重点要求、命令、本趟工作重点,摘抄有关命令指示及核对出乘人员名单。
②请领票据。到票据室领取票据、补票机,核对程序,确认补票机、电池、站车无限交互机等设备作用良好。

(6)站台作业
①了解客流。与车站值班员联系,了解当趟计划客流及重点旅客情况,做好乘降组织,与车站值班员签认"乘车人数通知单"。
②定位引导。车站检票时,规定位置立岗组织引导旅客均衡乘车。
③安排重点。对重点旅客,妥善安排,遇有各级领导检查,做好接待、安排。
④铃响查看。查看乘务员铃响作业执行及外挂设备摘取情况。

(7)始发作业
①召开会议。召开"三乘"会议,传达当趟工作重点,记录签认。
②巡检车厢。逐车厢巡查安全制度、始发作业的落实情况,听取乘务员车内情况(重点)汇报,对行李车、邮政车、发电车等特种车重点检查,填记巡检记录。
③三品查堵。与乘警长、安全员共同组织休班乘务员进行车内危险品检查工作。
④核对铺位。核对铺位,复检车票,并夹剪确认,检查公免票使用,确认证件齐全、签认,票据加锁,组织及时发售空余卧铺。

2. 高速动车组列车长始发出乘作业

(1) 出乘准备

列车长提前 2 小时到派班室报到,摘抄命令及相关内容,听取派班员对重点工作的布置;确认当日担当乘务情况,核实乘务名单,核实当趟考勤情况;请领站、车无线交互系统、GSM-R 手持终端、移动补票机和票据;在乘务日志上填写本趟重点工作要求安全预想;做到按时出乘,命令指示记录准确、无遗漏,乘务任务明确,有重点。

检查通信设备、补票设备使用状态,召开出乘会,检查乘务员仪容仪表、着装、上岗证和健康证、备品情况,布置乘务趟计划和安全预想。

趟计划主要内容包括:

①本次乘务工作中的重点工作安排。
②贯彻上级规章、命令、指示、通知的具体措施。
③上次乘务工作中的优缺点及改进措施。
④针对接车所发现的问题,应采取措施。
⑤结合趟计划重点内容对乘务员进行试问,针对业务学习计划进行业务抽试。
⑥做到通信设备、补票设备状态良好,电量充足。
⑦命令传达准确,乘务任务布置清楚,值乘人员精神饱满。
⑧着装及仪容标准符合要求。
⑨对讲机佩戴位置统一。

(2) 出乘接车

乘务员全体佩戴制帽,统一右手拉箱,右肩背包,列车长走在乘务员的前面,列纵队进站台接车。在站台列车中间车厢相应位置,列车长分别向餐服人员和保洁人员传达命令、文件及重点工作安排,检查健康证、上岗证携带情况。组织餐服人员和保洁人员,面向站台或线路方向,以列车长、餐服长、保洁组长为第一位,三队横向一字排开,乘务箱、包统一放置于每人右侧,以立岗迎客的标准站姿迎接车底进站。

列车进站时面带微笑行注目礼,列车停稳后,乘务员接车或与对班进行交接。列车长电台通知本务司机乘务班组到岗,打开全列车门,组织集体等车。在餐吧车车门处与终到班组列车长进行交接。与司机、随车机械师、乘警核对对讲机频道。检查列车整备情况,组织客运、餐饮、保洁乘务员按分工区域,对服务设备、车厢卫生、书刊清洁袋摆放等进行检查并办理交接。检查内容包括如下:

①检查安全锤、灭火器。
②对列车出库后的卫生间洗面间、通过台、车内地面、小桌、窗台、滑道卫生进行鉴定、打分。
③监督检查外车皮卫生质量,发现问题及时与保洁领班联系。
④由列车长督促保洁人员对车内卫生进行弥补。
⑤检查保洁人员是否按规定时间出乘、持用有效健康证和上岗证、携带清洁用具、仪容着装、乘务标识佩戴是否整齐规范。
⑥检查餐服人员按规定时间出乘、仪容着装、佩戴符号、持有效证件情况。
⑦检查餐吧车商品摆放及移动售货车商品摆放。

做到列队整齐,行动一致;认真负责、组织有序;按时接车;交接清楚、签字确认、检查全面,做到知位置、知数量、知状态,消除隐患;商品摆放美观、整齐、入柜放置。移动售货车商品放置平稳、美观、整齐;清洁用具、备品等隐蔽存放。

二、途中作业

1. 普速列车长途中作业

(1) 巡视车厢

①全列巡视。各站到站前、开车后巡视车厢,了解重点旅客的安排及下车情况,检查首问首诉负责制落实情况,追踪解决。

②交班巡视。交班前,检查各工种交班卫生作业及资料填记情况。

③重点巡视。针对性地检查安全、路风、留言簿、特种车及相关岗点作业情况。

④入夜巡视。入夜前,检查各工种入夜作业的落实,核对清查铺位,走访重点旅客。

⑤夜间巡视。检查各工种夜间值岗及作业的落实。

(2) 组织客流

①到站组织。到站及时下车,与站方办理交接事宜,均衡组织旅客安全乘降。

②预留组织。提前到预留车厢,组织旅客安全乘降,防止旅客对流。

③重点组织。遇有特殊任务,妥善安排,周到服务,确保安全。

④待避组织。停车超过30分钟的车站(区间),及时和上级领导联系,将情况通知各乘务员,做好旅客安抚工作。

⑤超员组织。准确掌握客流情况,及时拍发超员电报,深入车厢疏导客流、行包,维护车内秩序。

(3) 检查餐售

①售货检查。检查价目表、品种、保质期,并在销货单签字。

②供餐检查。检查餐前准备、餐中秩序、饭菜质量、工作标准。

③消毒卫生。检查供餐前后、大站前餐具及容器消毒、卫生恢复情况。

④餐后小结。参加餐车小结会,了解经营收入,提出建议要求。

⑤乘务用餐。同乘务员集体用餐,检查乘务用餐管理规定的落实,监督乘务饭菜质量。

(4) 查验车票

①全列查票。按规定区段查验车票,打印标记。

②入夜核查。入夜前,检查票据更换情况,复检车票,核对铺位。

③票款检查。随时检查票据加锁、票款管理、资料填写,掌握收入情况。

(5) 应急处置

①突发事件。遇有各类突发事件,立即到场、组织实施;必要时启动应急预案。

②晚点处置。列车晚点,坚持广播致歉,走访、安抚旅客,协调解决重点事宜。

(6) 车长交接

①办理交接。与对班列车长办理全面交接。

②撤班休息。回宿营车按铺休息。

③接班作业。接班后组织传达,及时深入车厢,了解车内情况,组织乘务员作业。

2. 高速动车组列车长途中作业

（1）开车后作业

巡视车厢，检查行李摆放情况，提醒旅客将大件行李及铁器、锐器等不适宜放在行李架上的物品放在指定位置并自行看管；做好重点旅客服务工作；查验车票、解答旅客问讯，检查保洁、商务座、餐吧人员作业质量。

做到行李物品摆放平稳，通道保持畅通；核对空余座位，处理违章；态度和蔼，执行规章熟练准确，减少对旅客干扰；卫生随时清理，质量达标；了解并掌握商务座、特等座、一等座旅客需求，开展重点服务。

（2）运行中作业

检查途中保洁作业情况，督促保洁人员在规定的时间内完成作业内容，督促保洁人员对车内的卫生和垃圾随时进行清理；随时检查卫生间及洗面间的卫生情况，保证列车卫生质量，并根据查出的卫生问题及时提醒保洁人员和乘务员进行快速恢复和弥补；督促保洁人员对卫生间、洗面间、通过台、车厢内卫生随时进行整理；做到卫生质量达标，巡视有记录，保持全程卫生质量。

检查和掌握餐饮供应情况。核对售货品种和价目表，检查食品包装、生产日期等信息；检查餐吧服务人员工作标准、服务规范、着装、用语、售卖、唱收唱付，了解旅客对饮食供应的满意程度；检查餐吧工作人员落实作业程序、电器设备使用安全状态；供餐时间检查餐吧车卫生清理和保持情况；巡视和检查商务座、特等座、一等座旅客服务落实情况，掌握商务座、特等座、一等座旅客动态情况；做到落实每趟乘务检查制度，把住食品卫生关，做好旅客的食品供应工作和卫生保持工作。

列车长每一小时巡视车厢一次，掌握车内旅客动态，处理服务过程中的各类问题，为重点旅客提供相应服务；做到耐心解答旅客问讯，处理旅客问讯时适宜灵活机动，解释到位，汇报内容准确。

（3）中途停车作业

按规定时间提前通告站名，提醒下车旅客。当列车停车时，及时观察各车厢旅客下车情况；遇有车门故障时，及时组织旅客从其他车门下车。与车站办理交接。观察旅客乘降情况，及时通告列车关门。做到通告语言规范、音调适宜；宣传到位，防止旅客越站；通告及时，用于规范；交接清楚，掌握重点，重要事项有签字。

三、终到退乘作业

1. 普速列车长终到退乘作业

（1）站前作业

①卫生检查。检查各车厢终到前的卫生，达到终到"三不带"（不带垃圾、不带污水、不带粪便）。

②联系保洁。结合列车卫生情况，联系保洁人员确定重点保洁项目。

（2）站停作业

①下车组织。检查各车厢乘务员车门口旅客下车组织的落实情况。

②办理交接。与站方值班员办理交接事宜。

③统计遗失。统计各车厢乘务员上交的遗失物品,编制客运记录交站。
④防火检查。对座席铺下、暖罩四周、厕所门后等阴暗部位进行检查。
(3)集合退乘
①定点集合。组织乘务员在站台指定位置集合,对本趟的工作进行点评和小结。
②列队出站。依次列队到宿营车取乘务包,走规定路线退乘。
(4)终到汇报
①押送三款。协同公安乘警与列车办公席、餐车长、售货员共同到指定地点交三项收入的款额,达到准确无误。票据及电子补票机等备品及时入柜加锁。
②派班汇报。到派班室向派班员汇报本趟的工作重点、突发事件、各种数据及相关事宜。
③车队汇报。向车队领导汇报本趟的工作重点、突发事件、各种数据及相关事宜,及时上报设备问题等重要内容。
(5)入库交车
①门窗检查。检查全列车门、车窗锁闭情况。
②安全检查。检查电暖器罩、茶炉室、翻板下。
③停止作业。车底顶送时,停止作业,定岗坐稳。
④库内看车。按要求落实库内看车制度。
⑤交车退勤。交接完毕后,在行李车处集合,对本趟的工作进行点评和小结。使用乘降梯,设专人防护,集体下车,列队出库,前后防护,执行"一站,二看,三确认,四通过"制度。

2. 高速动车组列车长终到退乘作业

(1)终到前作业
①列车到站前,掌握车内旅客终到情况,对有特殊需求的旅客需与车站提前联系。
②全面巡查乘务员、保洁人员、餐饮人员工作状态。
③进行全面卫生恢复,检查车内卫生、备品的定型定位、消耗品的补充和缺失情况。
④核对补票、收款情况,了解并掌握餐车经营情况,到站前按规定时间进行终到站前通告。
⑤做到保证旅客和动车组列车的安全正常运行,落实终到卫生质量标准,票款相符。
(2)终到后作业
①列车到站后,向旅客道别,协助重点旅客下车。
②旅客下车完毕,迅速巡视车厢,检查有无旅客遗失物品等,发现问题及时处理。
③列车长在餐吧车位置与车站客运值班员办理重点旅客、遗失物品等业务交接。
④做到言行规范,帮助重点旅客主动热情;动作迅速,检查仔细;发现问题,按规章处理;交接清楚,手续完备,迅速准确。
(3)退乘作业
①旅客下车后,检查卫生间内外、洗面间上下、通过台前后、电茶炉周围、自端端门玻璃卫生。
②检查列车到站折返保洁对车内地面清扫的洁净度、门边、滑道、列车外皮擦拭的卫生质量。对保洁验收中检查出的问题,要求保洁人员当场弥补,达到要求后方可签认合格,对

质量差、问题重复发生,或保洁人员不听指挥,不及时整改问题的,签注不合格。做到保洁情况清楚,鉴定结果准确。

③通知司机关闭车门。

④召开退乘会,列车长根据乘务任务完成情况总结乘务员在服务、卫生及联劳协作方面存在的共性和个性问题,填写"乘务日志",车长带队在前、办公席背包中间、乘警后面护送、右侧提拉乘务箱、走固定线路,统一列队带领乘务组退乘。做到讲评全面,记录翔实;按规定对乘务员、餐服、保洁进行考核;着装整齐,精神面貌良好,列队退乘。

⑤向派班室报告一趟工作情况,按规定交接票务、设备。做到设备状况、数量交接清楚,手续完备。

任务4　列车员作业流程

任务4内容导图如图3-16所示。

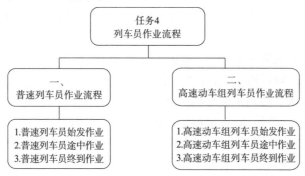

图3-16　任务4内容导图

一、普速列车员作业流程

1. 普速列车员始发作业

（1）始发前准备作业

①备品交接。库内接车后首先检查车内备品是否齐全,发现丢失应立即向列车长报告、补齐。

②安全检查。对车内阴暗角落进行全面检查,锅炉房、茶炉室、清洁柜、备品柜重点部位等应确认锁闭。检查灭火器等安全设备是否齐全、定位、未过期。

③卫生清理。做好车厢的卫生清理及卧具整备工作。

④整理车容。调整车窗、窗帘、纱帘,做到位置统一、规范。

⑤备品定位。乘务室内定位摆放规定的业务资料台账,清扫工具隐蔽摆放;卧车铺小桌布,暖瓶满水定位。

⑥车动检查。检查四门是否锁闭,防止敞门运行;检查厕所、锅炉室、茶炉室等是否锁闭。

⑦检查仪容。检查着装,整理人容及个人卫生。

⑧立岗迎站。进站前在风挡车门处面向站台方向立岗。

⑨开门立岗。听到广播放行通知后,统一打开车门,悬挂活动顺号牌,擦手把杆、黄线,检查车梯是否有杂物;高站台按规定放置安全渡板,悬挂安全警示带;面向旅客放行方向立正姿势在车门口迎接旅客,遇高站台不得背向站在两车连接处。

⑩乘降组织。旅客上车做好车门验票工作,扶老携幼,组织旅客按顺序上车;车内乘务员做好引导旅客工作,安排座位、铺位,帮助安排旅客行李。

⑪安全宣传。做好禁带"三品"的宣传查堵工作,将危险品卡在车厢下;开车前5分钟做好通告,提示送人旅客及时下车。

⑫铃响上车。铃响摘取活动顺号牌、警示带,站线,铃止三步蹬车,放脚踏板或收取渡板,站稳扶好。

(2)开车后作业

①立岗送站。车动关门加锁,面向站台行注目礼至出站台。

②车门检查。列车出站台四门检查瞭望,落实自检、互检制度,确保车门上锁下别。

③开启厕所。列车出市区后打开厕所。

④调整行李。先通告后整理,衣帽钩上帽下衣,行李架物品大不压小,重不压轻,稳妥牢固。

⑤核对车票。做好旅客去向登记,防止旅客上错车、下错站;对重点旅客做到"三知三有"("三知"即知位置、知到站、知困难;"三有"即有登记、有服务、有交接)。

⑥供水作业。送水应做到不接杯不倒、档子里不倒、过道岔不倒。

⑦卫生清扫。扫地、墩擦通道,地面干净无垃圾,作业到位。

⑧查危作业。按规定时间宣传介绍危险品带上车的危害,重点区段、重点检查旅客有无携带危险品,一经发现按规定处理。

2. 普速列车员途中作业

(1)运行中作业

①巡视车厢。车动关门加锁,面向站台立岗,出站台四门检查瞭望;出站开厕所,通告前方停车站及时刻;整理衣帽钩、行李架物品。

②卫生清扫。按《铁路旅客服务质量规范》中规定保持车内卫生,做到随脏随扫,垃圾装袋,按规定冲刷厕所;擦抹茶桌、窗台、洗脸间等。

③安全宣传。宣传安全旅行常识,劝阻不向车窗外抛扔废弃物,车厢内禁止吸烟,采暖期间应按时检查独暖水位、炉温、火势,锅炉室清洁无杂物,离人加锁;遇有较大隧道、桥梁时,应锁闭厕所,加强巡视,确保安全。

④服务旅客。解答旅客问讯,为重点旅客做好重点服务,协助列车长核对车票。

(2)中途停车作业

①安全宣传。停稳开门,脚踏板卡簧入槽,高站台放置安全渡板,悬挂警示带,擦手把杆,做好禁带"三品"的宣传查堵工作,防止危险品上车。

②组织乘降。验票上车,扶老携幼,防止旅客上错车。

③投放垃圾。在指定的投放站投放垃圾,扎口放在风雨棚立柱下;无风雨棚立柱时,放在安全白线以外,不外溢、不洒落。

④铃响上车。铃响摘警示带,站线,铃止蹬车,放脚踏板或收取渡板,车动锁闭车门,面向站台行注目礼至出站台。

3. 普速列车员终到作业

(1)全面清扫。提前1小时进行终到作业,卧车到站前提前发车票,收回卧铺牌(电子客票不需要换票);按《铁路旅客服务质量规范》中规定做到车内整洁干净,无污水、无粪便,垃圾装袋到站处理。

(2)组织乘降。向旅客作告别宣传,进站提前到岗,试开车门,面向站台行注目礼进站,停稳开门,擦手把杆、活动顺号牌,帮助重点旅客下车。

(3)车内巡视。迅速检查车厢,查看有无旅客遗失物品,按规定处理;将使用后的卧具分别包好,放在指定位置;定置、定位存放工具、备品。

(4)物品交接。整理资料、台账,与接车班组或看车人员办理交接;绿皮车采暖期办理独暖锅炉交接手续。

(5)列队退乘。在指定地点集合,听取列车长工作总结,列队到派班室点名退乘。

二、高速动车组列车员作业流程

1. 高速动车组列车员始发作业

(1)始发前准备作业

①提前2小时到派班室报到,参加出乘任务布置会,接受列车长布置趟重点工作。参加业务学习,接受列车长业务抽考。检查对讲机、补票机、站车无线交互系统等设备性能。整理制帽、胸卡、头饰、皮鞋、制服及乘务箱、车门钥匙等。做到通信、补票设备状态良好,电量充足;接受命令传达准确,乘务任务布置清楚,值乘人员精神饱满;着装及仪容标准符合要求;对讲机佩戴位置统一。

②列车到达前15分钟列队由列车长带领到站台接车。在列车长中部车厢列队接车,与对班班组办理交接。

③做到准时接车,交接程序认真仔细,无遗漏,备品充足存放整齐;设备检查做到知位置、知数量、知状态。

④乘务员在车门内迎接旅客上车。引导旅客就座,妥善安放行李,解答旅客问讯,妥善安排重点旅客,发现问题及时处理。及时劝告送客人员下车,不能处理时向列车长报告。提示并帮助旅客将大件行李安放在大件行李处。向列车长报告分管车厢旅客上下情况。列车起动时面带微笑目视站台行注目礼,向站台工作人员点头致意。

(2)开车后作业

①列车出站检查车门关闭状态,按分工巡视车厢。广播致欢迎词,介绍列车设备设施、服务及沿途简况。检查行李摆放情况,提醒并协助旅客将大件行李及铁器、锐器等不适宜放在行李架上的物品放在大件行李存放处。安排重点旅客。做到行李摆放平稳,通道保持畅通,主动引导。

②根据列车长提供售票信息,对分管车厢从小号车厢起,核对空余座位,发现乘车条件不符的人员,通知列车长处理。做到核对空余座位仔细,执行规章熟练准确,减少对旅客的干扰。

③对车内卫生情况随时进行清理。及时检查卫生间及洗面间的洁净程度、消耗品的使用情况,保证列车卫生质量和消耗品的使用。为重点旅客提供服务。做到随时清理,督促保洁员进行卫生作业,保持全程卫生质量。

2. 高速动车组列车员途中作业

(1) 运行中作业

巡视车厢,随时解答旅客问讯,向旅客介绍设施设备使用方法,适时对旅客进行安全提示、禁烟宣传。用餐时间协助餐服人员做好供应。遇有旅客点餐时要及时通知餐服人员。做到运用规范用语,姿态举止得体,耐心解答旅客问讯。妥善处理,汇报准确及时。对旅客送餐需求信息反馈及时、积极配合。

(2) 中途停车作业

提前5分钟通告站名,提醒下车旅客。协助重点旅客做好下车准备。列车停车时按照始发立岗,及时观察左右车厢旅客下车情况,遇有车门故障时,及时通知列车长并组织旅客其他车门下车。观察旅客乘降情况,及时通知列车长。做到通知语言规范、音调适宜。对重点旅客需求做到心中有数。宣传到位,防止旅客越站。通告及时,用语规范。

3. 高速动车组列车员终到作业

(1) 终到前作业

终到站前按规定时间广播宣传,提醒旅客做好下车准备。巡视车厢,唤醒休息的旅客。检查督促保洁人员全面恢复车厢卫生。协助重点旅客乘降。按照规定位置出场,列车进站面带微笑行注目礼。做到按时播放,内容准确,使用普通话,音量适宜。对重点旅客需求做到心中有数。

(2) 终到后作业

①列车到站后,向旅客道别;做到言行规范,主动热情。

②按照车厢分工,从上到下,按照行李架、窗台、座位、书报袋、座席下、盥洗室、卫生间的顺序迅速检查有无旅客遗失品;做到发现问题及时通知列车长。

(3) 退乘作业

旅客下车后,整理服务备品,办理交接。做到交接清楚,手续完备,迅速准确。

复习思考题

1. 我国铁路客运的乘务模式有哪些?
2. 乘务工作中客运乘务组的主要职责有哪些?
3. 动车组列车乘务组由哪些人员组成?
4. 编制乘务计划的影响因素有哪些?
5. 乘务作业流程包括哪些环节?
6. 列车员作业流程有哪些主要环节?

项目4 铁路客运站、车交接

项目内容

当铁路旅客运输工作中出现非正常情况需要铁路客运站、车共同协作处理时,站、车之间需要办理交接手续,常用的记录载体为铁路电报和客运记录。因此,铁路客运站、车交接工作是铁路旅客运输工作组织中很重要的一项工作。本项目主要内容包括:编写客运记录,拍发铁路电报,站、车交接业务办理。以上内容以三个任务形式呈现,图4-1所示为项目4内容导图。

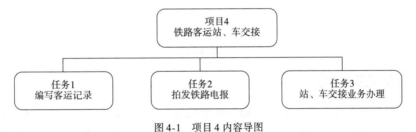

图4-1 项目4内容导图

教学目标

1. 掌握拍发铁路电报技能。
2. 掌握编写客运记录技能。
3. 掌握特殊旅客交接内容。
4. 掌握特殊物品交接内容。

教学建议

课时建议:本项目课时可按照实际情况灵活分配。建议课时为4课时。

授课过程建议:目前客运记录和电报拍发大部分都通过系统来实现,本项目主要介绍客运记录编制和电报拍发的理论知识内容,篇幅所限,题例以二维码形式体现,师生可扫描二维码进行查看。教师也可参考其他专业书籍中的题例拓展练习。

任务1 编写客运记录

任务1内容导图如图4-2所示。

客运记录是铁路旅客列车办理站、车交接的基本凭证之一,一般情况办理站、车交接时由交的一方提前编写好,待交接手续完成经交接双方确认后在客运记录上分别签字,交接手续完成。目前,部分客运记录通过客运管理信息系统在终端设备上操作编写完成,形成电子客运记录由系统自动传输签收,不用手写交接纸质客运记录。无论是纸质还是电子客运记录,其编写格式及编写要求都是一致的。客运记录编写题例 请扫描二维码31 。

二维码31

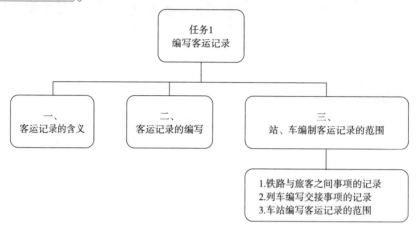

图4-2　任务1内容导图

一、客运记录的含义

客运记录是指在旅客、行包运输过程中因特殊情况,承运人与旅客、托运人、收货人之间需记载的某种事项或车站与列车之间办理业务交接的文字凭证。客运记录不能作为乘车凭证,更不能代替车票乘车。

二、客运记录的编写

客运记录作为铁路统一的交接凭证,应按统一的格式和要求进行编写和签认,其基本要求如下:

(1)据实填写,事项齐全。编写的客运记录应内容准确、具体、详细、齐全、完整,如实反映情况,不得虚构、假想、臆测。当涉及旅客车票时,应有发到站、票号;当涉及行李、包裹票时,除应有发到站、票号外,还应有旅客、发(收)货人姓名、单位、物品品名、数量、重量等,不得漏项。

(2)简要写明记录事由,即为什么要编写此记录,如移交遗失物品等。

(3)记录第一行应明确写出抬头,即交接时接收方的官方称谓,如××站等。

(4)记录内容应精炼、层次清楚、叙事完整、目的明确;语言简练、书写清楚,不得潦草,不写自造简化字。

(5)记录词句应本着"实事求是"的原则,做到具体、准确,不应凭猜想、可能评断,或者似是而非、含糊不清。

(6)涉及数据、名称、单位、姓名、性别、年龄、发到站、座别时间、伤势状态、程度等应尽可能准确。

(7)涉及退票款内容应记录原票种类、发到站、票号、座别、铺别、后补票号及应退票价

(票号字头应抄全)。

(8)涉及移交车票时应记录票种票号。

(9)涉及移交物品时应记录名称、数量、款额、证件名称。

(10)记录内容要符合铁路的规章制度,词句不应出现命令、质问、强制性以及不尊重站方的语句。

(11)移交旅客遗失物品(包括外宾物品)时,在能判明旅客下车站时应注明旅客的下车站。

(12)移交人员附带材料、人民币、证件、档案材料时,一定要在记录上注明。

(13)凡是手工填写交接的记录一定要接受人签字。

(14)客运记录应有顺序编号,加盖编制人名章。客运记录一式两份,一份交接收人,另一份由接收人签字后自己留存。对留存的应装订成册,妥善保管,以备存查。客运记录保管期限为1年。

三、站、车编制客运记录的范围

1. 铁路与旅客之间事项的记录

铁路与旅客之间因某些事项需编制客运记录的情况包括:

(1)挂失补办车票后需退票时。

(2)卧铺车票席位发售重号,列车无能力安排铺位导致旅客到站退差时。

(3)因车辆故障中途甩车、线路中断等,应退还旅客票价或票价差额时。

(4)因空调故障,应退还旅客票款或票价差额时。

(5)发现误售误购车票,需由正当到站退还旅客票价差额时。

2. 列车编写交接事项的记录

列车编制客运记录交车站客运工作人员,需车站客运工作人员签认,由车站协助办理的范围如下:

(1)旅客误乘列车或坐过站,交前方停车站免费送回时。

(2)对无票乘车、违章乘车、拒绝按章补票的人员,责令其下车,移交县市所在地车站或三等以上车站处理(旅客的到站近于上述移交站时,应交其到站处理)时。

(3)旅客携带品超重、超大或携带妨碍公共卫生的物品、动物以及能够损坏或污染车辆的物品,无钱或拒绝补交运费,移交车站处理时。

(4)发现旅客携带国家禁止或限制运输的物品、危险品,移交最近前方停车站或有关车站处理时。

(5)旅客在列车上发生急病或因病死亡,移交县、市所在地或三等及以上车站处理时。

(6)因意外伤害(包括区间坠车),导致旅客伤亡移交有关车站处理时。

(7)当旅客因纠纷发生伤害,将受伤者、死亡者移交有关车站处理时。

(8)列车发现无人护送的精神病患者,移交到站或中转站处理时。

(9)发现违章使用各种乘车证,移交车站或转交有关部门处理时。

(10)发现车站多收票款或运费,转交车站退款时。

(11)发现列车装载的行李、包裹品名不符,但不属于有意取巧或伪报一般品名者,以及发现实际重量与票面记载的重量不符,移交到站补收运费时。

(12)发现列车装载的行李、包裹中有政府限制运输的物品或危险品而伪报其他品名,移交到站或前方停车站处理时。

(13)伪报品名的行李、包裹损坏其他旅客的行李、包裹时,应分别编制客运记录说明情况,并应分别附在伪报品名的被损坏的行李、包裹票上,移交有关到站处理。

(14)列车接到发站行李、包裹变更运输(包括行李误运)电报时,应编制客运记录,连同行李、包裹和运输报单,交前方营业站转运;或变更后新到站(需中转的,交前方中转站继续转运),旅客在列车上要求变更时,同样办理。

(15)列车内发现旅客因误售误购车票而误运行李时,其托运的行李在本列车装运,应编制客运记录,交前方营业站或中转站向正当到站转运。

(16)发现无票装运的行李、包裹交到站按章补收运费时。

(17)行李、包裹在运输途中发生事故,移交到站处理时。

(18)其他与车站办理的交接事项。

3.车站编写客运记录的范围

当有以下情形之一时,由车站编写客运记录:

(1)发生误售误购车票,在中途站、原票到站应退还票价时。

(2)将旅客遗失物品向查找站转送时。

(3)旅客在车站发生意外伤害时。

(4)车站向铁路局集团公司收入部门寄送因违章乘车所查扣的铁路乘车票证时。

(5)行李、包裹票货分离,需补送行李、包裹或票据时。

(6)行李、包裹票货分离,部分按时到达交付,部分逾期时。

(7)行李、包裹装运后,旅客或托运人要求运回发站取消托运时。

(8)行包所在站接到行包变更运输的电报时。

(9)车站发现伪报品名的行李、包裹损坏其他行李、包裹时。

(10)在中途站、原票到站处理因误售误购车票而误运的行李时。

(11)线路中断,列车停止运行后,鲜活包裹在途中被阻,托运人要求被阻站处理时。

(12)在发站或中途站,行李、包裹发生事故或需要说明物品现状时。

(13)行李未到,办理转运手续后,逾期到达时。

(14)其他情况需要时编写。

任务2　拍发铁路电报

任务2内容导图如图4-3所示。

铁路电报是铁路部门之间处理紧急公务的通信工具,目前铁路列车电报大部分通过电子形式拍发。列车拍发纸质电报时一般需要用铁路客运站、车交接的方式交由有电报所的车站代为拍发,列车不能直接拍发纸质电报。电报拍发题例 请扫描二维码32 。

二维码32

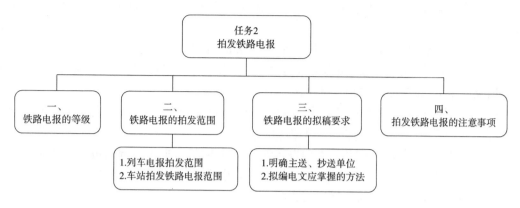

图 4-3 任务 2 内容导图

一、铁路电报的等级

铁路电报的等级按电报的性质和急缓程度分为以下六种：

(1) 特急电报(T)。特急电报是指非常紧急的命令、指示,处理重大事故、大事故、人身伤亡事故、重大灾害及敌情的电报。

(2) 急报(J)。急报是指紧急命令、指示,时间紧迫的会议通知、列车改点、变更到站和收货人、车辆甩挂、超限货物运行及行车设备施工、停用、开通、限速的电报、国际公务电报及其他时间紧迫的电报。

(3) 限时电报(X)。限时电报是指限定时间到达的电报。根据需要与可能,由用户与电报所商定,在附注栏内填记送交收电单位的时间,如限时 8:30,应写"XS8:30"。

(4) 列车电报(L)。列车电报是指处理列车业务,必须在列车到达以前或在列车到达当时送交用户的电报。

(5) 银行汇款电报(K)。银行汇款电报是指银行办理铁路汇款业务,按急报处理。

(6) 普通电报(P)。普通电报是指上述五类电报以外的电报。

二、铁路电报的拍发范围

1. 列车电报拍发范围

当旅客列车遇有下列情形时,列车长应拍发电报：

(1) 列车需要临时吸污处理时。

(2) 列车超员,通知有关部门和前方停车站采取控制客流措施时。

(3) 列车行包满载,通知前方有关停车营业站停止装运行包时。

(4) 遇有特殊情况,列车途中发生餐料不足,通知前方列车(客运)段补充餐料时。

(5) 餐车电冰箱发生故障,通知前方列车(客运)段或车站协助加冰时。

(6) 列车在中途站因车辆发生故障甩车或空调车发生故障不能修复,通知前方各停车站并汇报有关上级部门时。

(7) 列车广播设备中途发生故障,通知前方广播工区派员前来处理时。

(8) 专运等列车在中途站临时需要补充物料,通知前方列车段或客运段补充时。

(9)列车运行中因发生意外伤害,招致旅客重伤或死亡,应向有关部门拍发事故速报时。

(10)列车发生或发现重大行包事故后,向有关部门拍发事故速报时。

(11)站、车之间办理行李、包裹交接时,接收方未按规定签收,但双方对装卸的件数、包装等情况产生异议,向当事站拍发电报声明时。

(12)列车内发生运输收入现金或客票票据丢失、被盗和短少等事故,向铁路局集团公司收入部门和公安部门报案,通知有关单位协助查扣时。

(13)列车发生爆炸、火灾及重大刑事案件等突发事件,须向上级部门报告处理时。

(14)列车上发生旅客食物中毒,向所属铁路局集团公司或前方铁路疾控所报告时。

(15)遇其他紧急情况,需要迅速报告时。

2. 车站拍发铁路电报范围

当车站遇有下列情形时,应拍发电报:

(1)线路中断列车停止运行后,向上级汇报时。

(2)因发生意外伤害,招致旅客重伤或死亡时。

(3)发生票货分离、票货不符,需查找下落时。

(4)发生票货分离、顶件运输,需声明纠正时。

(5)行李、包裹装运后,托运人要求变更到站时。

(6)行李、包裹装运后,托运人要求运回发站取消托运时。

(7)中途站发现行李、包裹中有国家禁止或限制运输的物品和危险品时。

(8)到站发现伪报一般货物品名时。

(9)到站发现重量不符,补收运费差额后,发电报通知发站和主管铁路局集团公司收入部门时。

(10)到站发现重量不符,退还运费差额后,发电报通知发站和主管收入部门时。

(11)站、车对装卸的行李、包裹,因故未办理交接手续时。

(12)到站查询逾期未到的行李、包裹时。

(13)车站对查询逾期行李、包裹电报的复电。

(14)其他需要拍发电报事项。

三、铁路电报的拟稿要求

1. 明确主送、抄送单位

(1)主送单位。主送单位是指具体的受理单位或主办单位(不论单位大小,主要受理单位排列最前位),列车长必须清楚担当沿线铁路局集团公司、车务段的管辖区段。例如,北京铁路局集团公司与郑州铁路局集团公司分界站是安阳,属郑州铁路局集团公司。又如,武汉铁路局集团公司与广州铁路局集团公司的分界在蒲圻站,蒲圻站属武汉铁路局集团公司。

(2)抄送单位。抄送单位是指知晓、协助办理、督促、备案、仲裁的单位(一般先上级、后下级,依次排列,担当段排列最后)。

2. 拟编电文应掌握的方法

(1)电文应以报告、汇报的形式写出,禁止使用命令、指责、指示、质问的语句。

(2)电文的语句应本着"实事求是"的原则,做到具体准确,不应凭猜想,似是而非,含糊不清。电文的数据、百分比、术语名称、尺寸、病情、伤势、姓名、性别、单位、年龄、时间、区间、站名应尽可能准确。

(3)电文的语句,不应出现自我推断的语言,特别是关系到事件的性质、责任时,更不可妄下结论,让收电单位及领导去判断。

(4)发收报单位名称应准确,不应出现错误或根本不存在某一单位的现象。

(5)电文叙述要简练,层次、顺序清楚,目的明确。

(6)对出现突发情况,由于时间紧张、情况复杂、条件限制,一时无法做到完全准确,应在电文中声明"详情正在调查,特此报告"字样。

(7)涉及公安乘警、乘检人员事件,列车长应召集乘务一体会议,对拟出电文商议,尽力取得一致意见,将看法不一致的语句修改为事件客观状况,并由各部门乘务负责人共同签字再发。

四、拍发铁路电报的注意事项

拍发铁路电报时需要注意的事项如下:

(1)拍发铁路电报必须使用铁路电报纸或在指定的系统使用终端设备上拍发,如目前使用的客运管理信息系统终端设备。

(2)编拟电报稿应使用规定的文字、符号、记号(汉字及标点符号,汉语拼音字母,阿拉伯数字,规定有电报符号的记号和能用标准电码本译成四码的记号和字母),收电单位明确,电文通顺,文字力求简练,标点符号完整,字体清晰,并在原稿上填写拟稿人姓名和电话号码。

(3)电报稿左上角应有收、抄报单位,右下角有发报单位本部门电报编号、日期,并应加盖公章、名章或签字。

(4)列车拍发电报一般交有电报所的车站代发。

(5)拍发电报应盖章、签字留存。

(6)电报反映情况要真实。

任务3 站、车交接业务办理

任务3内容导图如图4-4所示。

站、车交接是指车站与列车发生相互交接旅客或物品时,应履行的手续和办理的作业。列车在车站停靠时,站台客运值班员(客运员)应在规定的位置与列车长办理业务交接。

在办理站、车交接作业时,由交方出具客运记录(通过交互系统编制的电子客运记录除外),记明事件的经过、交办的内容及应证明的情况等。接方应核实情况后,在客运记录上签章(一份返给交方,一份自己留用)后接收。

站、车交接作业由车站客运值班员(客运员)与列车长共同完成。

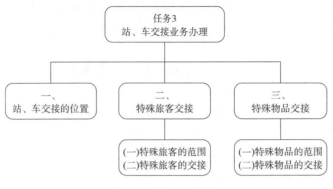

图 4-4　任务 3 内容导图

一、站、车交接的位置

旅客列车到站前,客运值班员应提前到达站、车交接地点,列车长待列车停稳后在指定车厢下车,与客运值班员办理站、车交接。

普速列车站、车交接的位置一般在列车的中部站台位置。

动车组列车办理站、车交接位置,短编组动车组列车一般在第4、5号车厢之间;长编组动车组列车一般在第8、9号车厢之间;重联动车组列车一般在列车运行方向前组第7、8位车厢之间。

二、特殊旅客交接

(一)特殊旅客的范围

铁路作为旅客运输合同的承运人,实行站、车一体化运输,旅客无论在车站还是列车,遇特殊情况都需要站、车共同协作处理。

铁路作为国民大众化交通工具,应适应各类旅客的旅行需求。铁路站、车的设备设施及服务提供能够满足普通旅客自助完成旅行流程,对需要特殊照顾的旅客站、车要共同做好交接,确保服务的连续性。

需要站、车共同完成交接的特殊旅客包括:

(1)特殊重点旅客。重点旅客是指老、幼、病、残、孕旅客。特殊重点旅客是指依靠辅助器具才能行动等需特殊照顾的重点旅客。

(2)误售误购车票的旅客。

(3)突发疾病的旅客。

(4)精神病旅客。

(5)其他特殊情况需要办理交接的旅客。

(二)特殊旅客的交接

1. 特殊重点旅客

对重点旅客要做到全面服务,重点照顾。做到"三知三有"("三知"是指知座席、知到站、知困难,"三有"是指有登记、有服务、有交接),为有需求的特殊重点旅客联系到站提供担架、轮椅等辅助器具,及时办理站、车交接。

承运人对重点旅客要进行重点照顾,协助旅客办理进出站、候车、乘降、行包托运等业务。

(1)交接流程

①进站候车。车站发现重点旅客应引领至重点旅客候车室(区)候车,对需要帮助的特殊重点旅客(需使用担架、轮椅等辅助工具)进行登记,填写"特殊重点旅客服务交接簿"(表4-1),包括旅客乘车日期、姓名、车次、发站、到站、车厢席位、到达日期、类别、服务人、服务内容。

特殊重点旅客服务交接簿　　　　　　　　　　　　　　　　　表4-1

编号:_____

局别:_____铁路局集团公司　　　　　　　填表单位:_____站(客运段)

旅客服务信息									通知到站		签字	
日期	姓名	车次	发站	到站	车厢席位	到达日期	类别	服务人	服务内容	时间	受话人	发站客运值班员	到站客运值班员

制表说明:1.编号由各铁路局集团公司统一编制:8位数字,其中前两位为按电话会议局顺,如哈尔滨为01、沈阳为02等。

2."类别"栏为老、幼、病、残、孕五类。

3."服务人"栏为提供具体服务的车站客运员、列车乘务员姓名。

4."服务内容"栏,车站指优先售票、优先进站、送车、接站,列车指安排餐车就座、优先补票(安排席位),须注明是否提供轮椅、担架等辅助器具。

5.签字栏由车站客运值班员、列车长签名。

6.本表供站、车交接使用。发站填写,一式三份,发站交接时,一份自存,二份交列车;到站交接时,一份列车保存,一份到站保存。列车填写时,一式二份,一份自存,一份交到站。站车均应按编号顺序装订保存。原始表格保留一年。

②检票进站。重点旅客应做到"三个优先",即优先购票、优先进站、优先检票上车。

列车到站前,重点旅客候车室客运员要提前检票,送重点旅客到达站台,交予客运值班员,客运值班员签字,列车进站,客运值班员与列车长在指定位置办理交接,做好交接并签字。

③开车后。发站客运值班员电话通知到站客运值班员做好接车准备,通知内容包括旅客到站时间、车次、车厢座席等。

④到达出站。旅客到站,列车长与到站客运值班员在指定位置办理交接。到站客运值班员负责送重点旅客出站。

高速动车组列车对车站移交或车内发现的重点旅客要进行重点照顾,解决重点旅客的旅途困难,到站时与车站办理交接。

到达站要按照高速动车组列车移交的重点旅客,认真及时地做好旅客出站、救助等协助工作,对处理情况做好记录。

(2)注意事项

①"特殊重点旅客服务交接簿"一式三份,填记要完整,字迹要清晰。

②遇有行动不便、无人护送、重病等需要车站安排人员接车的重点旅客,列车长应明确提出重点旅客需要帮助的内容,由车站提前做好接车准备。辅助器具(如轮椅、担架)使用前要做好安全检查,保证正常使用。

2. 误售误购车票的旅客

站、车对因站名相似或口音不同发生误售误购车票的旅客应积极主动处理。

当车站发现旅客误售误购时,客运员应立即报告客运值班员,客运值班员应编制客运记录,安排旅客返回正当到站,并与列车长办理站、车交接。

当列车发现误售误购车票的旅客时,列车员应及时报告列车长。列车长应编制客运记录,与前方停车站客运值班员办理站、车交接。

(1)交接流程

①发现误售误购车票旅客,应主动问讯,了解情况。

②编制客运记录,办理站、车交接。

③根据旅客正当到站,安排旅客乘坐就近列车,免费送回。

④应告知旅客不得自行中途下车。如旅客中途下车,对往返乘车的免费区间,按返程所乘列车等级分别核收往返区间的票价,核收一次手续费。

(2)注意事项

①在交接过程中,客运值班员要进一步向旅客核实情况,确保信息准确无误。

②对旅客悉心照顾,做好服务工作。

3. 突发疾病的旅客

突发疾病是指旅客旅行时,在站、车内突发疾病,客运员应积极采取救助措施。当旅客发生急病时,应积极采取抢救措施,按照有关规定办理并做好站、车交接工作。

(1)交接流程

①当旅客在列车上发生急病时,列车员要立即向列车长报告,列车长采取必要措施组织抢救。

②在抢救病人的同时,列车员要尽快了解旅客姓名、单位、住址、同行人、联系人等,列车长和乘警要仔细了解旅客发病的原因和过程,记录有关情况,同时寻找旅客携带品。

③列车长编制客运记录,做好旁证材料的收集工作。

④对于病情严重的旅客,移交车站时,应通过客运调度员通知接收站,提前做好各项准备工作,确保列车正点和及时抢救旅客。

⑤办理站、车交接。车站接到通知后,要积极做好准备,及时联系就近医院救护车提前到站台准备抢救;车站在接收发生急病的旅客后,应迅速与列车办理交接手续,组织立即送医院抢救。

(2)注意事项

①客运记录要求实事求是,文字表述清楚、明确,有利于进一步抢救处理。

②列车在向车站移交急症病人时,由于时间紧迫,未能编制客运记录的,可以下车办理交接手续,客运记录补填时间不能超过3天。

③列车运行中遇有旅客因病必须临时停车抢救时,列车长通过司机向列车调度员报告情况请求临时停车。客运员不下车参与处理。

4. 精神病旅客

《铁路旅客运输管理规则》中规定车站发现有人护送的精神病旅客，应通知列车长，并协助护送人员防止发生意外。列车对有人护送的精神病旅客，列车员应向护送人员介绍安全注意事项，并予以协助。

5. 其他特殊情况需要办理交接的旅客

（1）换乘旅客

当列车遇特殊情况需组织旅客换乘热备车底时，热备车底的乘务员、随车备品和服务用品同步配置到位。车站与列车要密切配合，做好宣传解释，共同组织旅客换乘，及时通报调整计划，组织旅客调整席位，按规定做好站、车交接工作。

（2）线路中断变径旅客

遇线路中断等特殊情况，铁路需临时组织旅客变更径路时，列车要做好宣传解释工作，组织不同径路的旅客下车，按规定做好站、车交接工作。车站要妥善安排列车移交旅客办理后续乘车事宜。

（3）中转换乘的商务座旅客

商务座旅客由专门的客运服务专员负责，提供个性化服务。商务座旅客需要中转换乘时，由车站的客运服务专员与列车客运服务专员在商务座车门口进行站、车交接。

三、特殊物品交接

（一）特殊物品的范围

旅客列车运行时，列车上的物品主要有旅客携带品、行李和包裹。在正常情况下，旅客携带品都是旅客随身携带进站上车、下车出站，行李、包裹运输由专门的行包运输人员按照正常程序组织装卸，无须办理特殊的站、车交接。

（1）易燃易爆危险物品。当列车运行过程中发现旅客的携带物品中夹带易燃、易爆等危险品时，如果不移交车站，继续留在列车上会严重危及其他旅客生命和财产安全，因此需要及时移交车站，妥善办理站、车交接。

（2）旅客遗失物品。旅客在车站候车、上车的过程中，经常有旅客将随身携带品遗失在候车室或车站其他地方。在列车运行到到站下车时也经常有旅客将随身携带物品遗失在列车上。车站对本站发现或列车移交的旅客遗失物品进行转运时，也需要按规定办理好站、车交接工作。

（3）行李或包裹。行李、包裹运输过程中如遇特殊情况时也需要办理站、车交接工作。具体有以下几种情况：

①发现列车装载的行李、包裹品名不符，但不属于有意取巧或伪报一般品名者，以及发现实际重量与票面记载的重量不符，移交到站补收运费时。

②发现列车装载的行李、包裹中有政府限制运输的物品或危险品而伪报其他品名，移交到站或前方停车站处理时。

③伪报品名的行李、包裹损坏其他旅客的行李、包裹时，应分别编制客运记录说明情况，并应分别附在伪报品名的被损坏的行李、包裹票上，移交有关到站处理。

④列车接到发站行李、包裹变更运输（包括行李误运）电报时，应编制客运记录，连同行

李、包裹和运输报单,交前方营业站转运;或变更后新到站(需中转的,交由前方中转站继续转运),旅客在列车上要求变更时,同样办理。

⑤列车内发现旅客因误售误购车票而误运行李时,其托运的行李在本列车装运,应编制客运记录,交前方营业站或中转站向正当到站转运。

⑥发现无票装运的行李、包裹交到站按章补收运费时。

⑦行李、包裹在运输途中发生事故,移交到站处理时。

(二)特殊物品的交接

1. 易燃易爆危险品的交接

列车上发现旅客随身携带物品中有易燃易爆危险品时,列车员应立即报告列车长,列车长及时到场并通知公安乘警,易燃易爆危险品的处理由公安乘警负责,确保安全。

(1)交接流程

①在列车上查获的危险品,由列车工作人员妥善保管。

②公安乘警按公安站、车交接程序,向前方停车站派出所移交。

(2)注意事项

①鞭炮、发令纸、摔炮、拉炮等易爆物品应立即浸湿处理。

②不可倒置、捣装、脚踢、手捏等。

③雷管、炸药、导火索、子弹等交由公安乘警处理。

2. 旅客遗失物品

当站、车上发现旅客遗失物品时,承运人应千方百计地将旅客遗失物品归还原主,并严格旅客遗失物品的转交保管和交接制度。对于车站和列车发现的旅客遗失物品,应做好站、车交接。如旅客已经下车,应编制客运记录,移交下车站;不能判明时,移交列车终点站。

(1)交接流程

①发现旅客遗失物品,应填写客运记录。

②动车组列车长与客运值班员办理站、车交接。

(2)注意事项

①客运记录应对遗失物品名称、件数、外观颜色等详细记载。

②交接时应逐一核对,确认无误。

③遗失物品向查找站转送时,应内附清单,物品加封。

④对危险品、国家禁止或限制运输的物品、机要文件、鲜活易腐物品和食品不办理转送。

❓ 复习思考题

1. 铁路客运记录的含义是什么?
2. 铁路电报是什么?
3. 站、车交接的位置在哪里?
4. 站、车交接的特殊旅客有哪些?
5. 站、车交接的特殊物品有哪些?

项目 5　铁路客运营销工作组织

 项目内容

　　铁路旅客运输的基础是旅客乘车的需求,即客流的需求,旅客列车的开行、票额组织等都需要围绕客流的需求来进行,因此客运营销工作是铁路旅客运输工作很重要的一项内容。本项目主要内容包括铁路客运营销基础知识、铁路车站客运营销组织管理、铁路客运营销决策系统运用、节假日运输及新老兵运输、铁路旅客运输其他服务工作等,以上内容以五个任务形式呈现,图5-1 所示为项目5 内容导图。

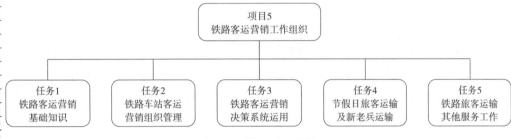

图 5-1　项目 5 内容导图

 教学目标

1. 了解旅客列车运行方案设计。
2. 掌握旅客列车票额组织。
3. 了解营销决策工作组织。
4. 了解节假日运输及新老兵运输。
5. 了解行李运输组织。
6. 了解高速铁路快运作业组织。

 教学建议

　　课时建议:本项目课时可根据实际情况灵活掌握。建议课时为 8 课时。
　　授课过程建议:本项目立足铁路客运营销工作,在内容安排上围绕与营销工作密切相关的铁路旅客运输计划、车站客运营销工作组织、营销系统及其他服务等内容展开。以上内容均以客运营销为主线进行教学。因节假日和新老兵运输比较特殊,无法在其他项目体现,所以放在本项目,不作为本项目重点任务。

任务1　铁路客运营销基础知识

任务1内容导图如图5-2所示。

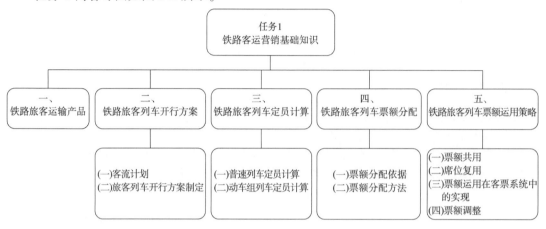

图5-2　任务1内容导图

铁路客运营销的核心是旅客旅行的需求,旅客的基本需求是位移,因此,围绕旅客位移开展的一系列工作中,凡是能够直接影响客流变化的因素都可纳入营销工作的范畴。客运营销工作的基础知识范围较广,由于本教材主要学习铁路旅客运输组织,因此只列举部分与营销工作相关的内容。

一、铁路旅客运输产品

铁路旅客运输产品是由旅客的需求决定的,根据旅客需求层次可以将产品进行归类,如核心需求是位移,那么位移就是核心产品,依此类推,与位移相伴相生的列车开行方案、列车种类及等级供应、列车席位供应、旅行手续办理服务供应、旅行环境服务供应、旅行生活服务供应、旅行信息服务等都可视为铁路旅客运输产品。图5-3所示为铁路旅客运输产品层次示意图。产品的设计供应直接影响旅客需求的满足度,从而会影响客流的吸引度及客流的变化。

首先,旅客列车开行方案的提供,不仅决定了列车的速度等级以及旅客在途时间的长短,而且是铁路旅客运输产品的重中之重。如开行普速列车中的等级由低到高有普客(普通慢车)、普通快车、快速列车("K"字头)、特快列车("T"字头)、直达特快列车("Z"字头),动车组列车有时速200~250km的"D"字头列车、时速250km以上的城际动车组列车("C"字头)和高速动车组列车("G"字头)。列车开行方案的优劣在很大程度上都会影响铁路旅客运输的整体营销水平。

其次,列车种类和等级。列车开行方案同时决定了铁路提供的列车装备种类和席位等级,如列车有非空调列车、空调列车、动车组列车之分,每种列车又有各种车厢席位之分。

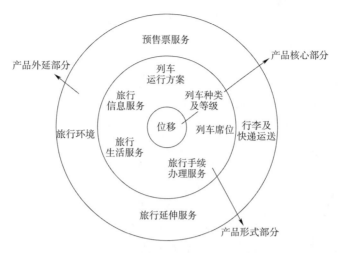

图 5-3 铁路旅客运输产品层次示意图

综上所述,铁路运输企业应顺应社会发展变化,不断推出符合各层次旅客需求的产品,提供差异化营销服务。

二、铁路旅客列车开行方案

铁路旅客列车开行方案是客运营销工作的基本体现,也是铁路旅客运输提供的主要产品之一。铁路旅客列车开行方案需要在充分的客流调查和预测基础上进行设计,好的开行方案可以有效地吸引客流,保持较高的上座率,使列车开行的经济效益和社会效益均达到最大化。

(一)客流计划

客流计划是指在全路范围内对每条线路的客流进行调查与统计的基础上,预测计划期内客流的变化,推算出计划期内客流密度,将计划期内客流密度与现行铁路旅客列车开行方案的运输能力进行比较,为进一步优化列车开行方案提供参考依据。因此,做好客流计划的基础是要有可靠的客流调查数据及统计资料和科学的客流预测方法,只有高质量的客流计划才能制订出优质的列车开行方案,提高旅客运输的计划性和管理的科学性,更好地做好营销工作。

1.客流的形成及分类

(1)客流的形成和要素

旅客选用一定的运输方式,在一定的时间和空间范围内发生位移时形成客流,客流具有以下几个方面的要素:流量、流向、流时、流程和旅行目的。其中,流量决定列车运输能力(列车开行数量及定员配置);流向决定列车开行的方向;流时决定列车开行的时间;流程决定列车开行区段的长短;旅行目的决定其他服务的提供。

(2)客流的分类

按旅客的旅行距离,客流可分为长途客流、中途客流和短途客流。

按行业职业,客流可分为工业客流、农业客流、商务客流、学生客流、军人客流等。

按照乘车线路区段管辖范围,客流可分为直通客流和管内客流。其中,直通客流,即旅客旅行的线路区段跨及两个及以上铁路局集团公司范围;管内客流,即旅客旅行的线路区段在一个铁路局集团公司范围之内。

2. 客流调查

客流调查的主要内容是了解影响客流变化的主要因素在计划期内对客流的影响程度,从而尽可能准确地掌握客流的变化规律,推算出计划期内客流的流量、流向、流时、流程等要素,为编制客流计划提供可靠的依据。客流调查是编制客流计划的基础。

(1)客流调查的范围

客流调查一般以车站为主,在车站吸引范围内进行。吸引范围包括直接吸引范围和间接吸引范围。其中,直接吸引范围是指车站所在地及其附近地区被车站直接吸引的城市和居民点的总区域,需根据地形、地貌条件,旅客由各经济点、工业点、居民地至乘车站的距离、旅费、在途时间、方便程度等因素进行具体分析,确定吸引区的范围。图 5-4 所示实体粗线线条围成的区域为 D 站的直接吸引范围。间接吸引范围是指车站直接吸引范围以外,由其他交通运输工具的联系而被间接吸引的较远地区城市和居民点总体区域,按最短通路原则划定。

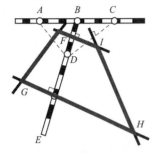

图 5-4 直接吸引范围

(2)客流调查种类及内容

客流调查按照调查规模和时间可分为专题调查、日常调查、节假日调查和综合调查。

①专题调查。专题调查是指针对客流有关的某些问题进行的专项调研。根据目的不同,其调查内容、方法、形式都会有所不同。例如,针对某一时期、某一列车或某车站的客运量调查,针对某个大型活动的客流调查,针对某列车客流下降原因的调查等。

②日常调查。日常调查的目的是在车站有关客运计划人员与旅客在购票、候车、乘车过程的接触中,对客流变化的各项因素进行调查了解。日常调查的内容一般包括旅客的旅行目的、到达地点、旅客职业、旅客单位性质及乘车旅行人数情况等,以便随时掌握客流变化原因(如气候)等情况,分析客流增减趋势、数量变化和持续时间等。

③节假日调查。节假日调查的目的是为了安排好节假日旅客运输方案以及做好各项组织工作,其中包括制订节假日期间临时旅客列车开行方案,编制节日旅客运输计划和售票、服务组织等工作。节假日调查主要是针对春节、国庆节、五一劳动节、元旦、端午、中秋、清明等法定节日和学校暑假期间的客流调查。其中,法定节日主要是旅游流、管内和市郊客流增长较大,一般在节日运输前 1 个月左右进行。春节、暑期运输的客流调查应在春节、暑期运输前 3~4 个月内进行。节假日调查的主要内容包括:

a. 重点工矿企业、政府机关团体的休假制度,社会经济活动及外地人员乘坐火车的流量流向。

b. 学生客流重点调查本地区大、中专学校数量,在校学生和外地学生数量,乘坐火车的流量、流向,放假和开学日期,等等。

c. 民工流重点调查产生地的农业人口数量、乡镇企业发展情况和剩余劳动力数量及外出劳动力分布地区和数量;吸引区用工部门、劳务市场已经或预计接纳的用工数量;中转站应建立健全民工客运的流量、流向资料台账,加强分析和预测。

d. 其他交通运输工具与铁路衔接运能、运量的变化情况。

调查的方法可采取登门调查、函调和召集会议等方式。调查的资料汇总编制出节假日客流调查统计表见表 5-1。

××铁路局集团公司××站 工矿、企业机关、学校 节假日客流调查统计表　　　表 5-1

所属部门：		单位名称：　　　　局（公司）			
地址：		区（县）	路	巷(弄)	号
联系人科室：		姓名：		电话：	
全厂(校)人数：		人其中职工(教职工)　　人(学生)		人　享受探亲假职工（师生）　人	
发薪日期：		日,厂(校)休日星期		春节假期自　月　日至　月　日止（包括调休）	
×年春节在××乘坐交通工具	乘火车往××方向　　人,往××方向　　人,往××方向　　人,小计　　人				
	乘长途汽车往××方向　　人,往××方向　　人,往××方向　　人,小计　　人				
	乘轮船往××方向　　人,往××方向　　人,小计划　　人				
	乘火车至××站转乘海轮往××方向　　人,往××方向　　人,小计　　人				
	现有临时工使用到××年×月底的	往××方向　　人　小计　　人			
		往××方向　　人			
时间等方面的意见、对铁路客运服务工作和车次要求					

填表单位：　　　填表人科室：　　　姓名：　　　电话：
说明：该表请协助详细填写后于×月×日前寄(送)铁路××站。

④综合调查。综合调查在每次进行列车运行图大规模调整之前规定时间内进行,是在专题调查、日常调查、节假日调查基础上进行的综合分析汇总。综合调查涉及所有影响运输需求和运输供给的各类因素及其发展状况,其目的是了解客流变化对客运整体工作的客观要求,包括列车开行方案、设备设施的改造、各项服务的改进及日常客运工作的组织等。

影响客流变化的主要因素包括铁路内部因素和铁路外部因素。其中,铁路内部因素包括列车的旅行速度、列车开行密度、车票价格、服务质量、车站位置等;铁路外部因素包括社会经济发展水平、居民消费水平、人口数量和城市发展程度、其他运输方式的供给水平、车站与市区交通状况、消费者偏好等。

综合调查的主要内容包括：

a.吸引地区的一般情况。地区的自然条件(位置、地形、气候等);行政区域的划分;城市、农村人口的分布和增长情况;工矿企业、机关、学校的分布和发展情况;工矿企业生产水平及与外地供销上的联系;农业生产和劳动力的安排及有组织的或自发的劳动力外出情况;文教、卫生事业的发展和名胜古迹、旅游点、医院、疗养院的分布。

b.直接影响客流的各项因素。吸引地区的总人数;工矿企业、机关、学校等单位的人员及家属人数;休假制度及利用铁路旅行的情况;疗养、休养处所的开放时间、床位及其周转时间;吸引范围内名胜古迹、游览胜地及历年各月的旅游人数;历年特殊客流及大批人员运输情况(应分出主要到发区段)。

c.各种交通运输工具的分工情况。吸引范围内现有交通运输方式的运输能力,历年的运量及比例,客流在时间上的变化情况以及今后的发展;各种交通运输工具的运行线路,与铁路旅客列车运行时间配合情况。

d.铁路旅客运输资料。按运输类别的旅客发送、中转及到达人数,使用铁路乘车证人数,客流旬、月、季度的波动情况及原因;历年客流变化及到达各区段的客流量;分直通、管内和市郊的旅客列车对数、运行区段、时间及平时和客运量最大时的运能与运量的适应情况;其他与编制客流计划、组织旅客运输有关的资料。

调查内容分科目制表并按客流分析说明汇编成车站年度客流资料见表5-2。

××站吸引地区客流综合调查　　　　表5-2

编号	吸引地区名称(省、市、县、区)	本年度内高校、中专师生人数				本年度内企业在职人数				本年度内农业人口、主要农副产品		
		高校中专(所)	在学(职)人数	计划招生人数	师生来源	现有人数	计划增长人数	计划内的临时工人数	生产资料主要来源	农业人口	社办企业人数	主要农副产品	供销范围

综合调查准备阶段需要了解调查范围的历史客流量、线路沿线经济发展水平、其他交通方式分担情况。新建铁路线还要了解沿线诱导旅客选择铁路或导致旅客选择其他交通方式的因素。

有组织的客流毕竟只是客流的一小部分,不仅要对计划期内旅客运输量做出总的推断,还需要根据发展趋势和客运量与其他因素的相关联系进行统计分析,并运用科学的方法进行全面预测。

3.客流统计和预测

铁路专门的统计部门按照铁路旅客运输统计规则的要求,统计某个阶段直通、管内客流的各项数据,结合客流调查资料,为准确预测客流提供可靠的资料依据。目前,我国铁路客运统计方法以电子统计为主,个别使用人工统计。

直通客流统计层级:站段数据—铁路局集团公司数据—国铁集团数据,由下至上汇总。

管内客流及市郊客流统计层级:站段数据—铁路局集团公司数据。

站段数据统计以车站为主,列车为辅。车站的数据大部分由客票发售预订系统自动生成,主要有车站发送旅客数据、售票数据、退票数据等。列车数据主要依靠每次旅客列车实际运输生成的列车旅客密度表(请扫描二维码33)。

铁路局集团公司管内各站段数据通过统计渠道汇总生成铁路局集团公司的客流数据,全路18个铁路局集团公司数据通过统计渠道汇总生成全路的客流数据。

二维码33

客流统计分析的其他内容参见本项目营销决策系统部分。

除要准确掌握计划期内客流的发展变化数据外,还需要有科学的客流预测方法。客流预测方法有定性预测和定量预测两种。定性预测方法主要是通过社会调查、结合人们的经验加以综合分析比较对未来的客流做出直接判断和预测,这种方法易受预测人员经验知识等方面的局限,带有一定的主观性,但容易操作。定性预测中运输市场调查法就是其中的一种,通过一定时期的资料积累和周到、细致的调查工作,可以掌握吸引区内运量变化的大体趋势,运输市场调查法能够得出比较符合实际的预测结果,其操作方法简便灵活。定量预测的方法有乘车系数法、回归分析法和指数平滑法等。

4. 客流计划的编制

铁路客运业务及营销统计分析资料具有信息全面、反馈及时、针对性强等优势,有利于适应瞬息万变的市场形势,增强竞争力。所以,铁路客运业务及营销统计分析资料在客流计划编制时越来越重要。

通过客流调查,结合旅客运输精密统计报告资料和铁路客运业务及营销统计分析资料的综合分析,既可以了解吸引地区客流产生与变化的一般规律,也可以为编制客流计划提供一定的原始资料。

客流计划以直通客流图、管内客流图和市郊客流图的形式体现(客流图具体内容可扫描二维码33查阅)。各铁路局集团公司将管内各客流区段的直通客流密度和管内客流密度一起汇总在全国铁路区段客流密度图上,结合客流调查和预测数据,即可编制全部的客流计划。客流计划的表现形式主要是客流计划表(请扫描二维码34),表中分别列明干线、支线分区段客流密度与现行列车运行图旅客列车能力比较项,为下一步调整列车开行方案提供可靠的依据。

二维码34

(二)旅客列车开行方案制定

1. 旅客列车开行方案的概念

旅客列车开行方案是指以客流计划为基础,以客流性质、特点和规律为依据,以运输市场为导向,科学合理地安排旅客列车运行区段、开行种类、开行对数以及停站方案等内容,实现从客流到列车流的组织方案。其中,旅客列车运行区段决定了列车的始发站、终到站及经由线路,开行种类决定了旅客列车不同等级或性质,开行对数决定了行车量的大小,停站方案决定了列车的停站次序。

2. 旅客列车开行方案的种类

旅客列车开行方案按照列车运行的线路,可以分为普速列车开行方案和高速列车开行方案两种。高速列车开行方案是目前我国铁路旅客列车开行方案的重要组成部分。

旅客列车开行方案按照列车开行的区域范围,可以分为直通旅客列车开行方案、管内旅客列车开行方案和市郊旅客列车开行方案。

3. 旅客列车开行方案的影响因素

影响旅客列车开行方案的因素包括：

(1) 客流量及客流性质。客流量及客流性质反映了旅客的出行需求,是编制列车开行方案的基础,体现了"按流开车"的基本原则。铁路部门需要研究旅客需求和出行选择行为,深刻了解客运量产生条件和时空分布特征,掌握旅客安全性、经济性、快速性、舒适性和准时性等方面的要求,同时考虑不同区域的旅客需求层次和客流规模差别引起的客流分布特点,合理设计列车开行方案,铺画列车运行图及进行日常运营调整,宏观上满足客运市场的需求,微观上满足旅客的需求。

(2) 车站能力及区间通过能力。车站能力主要包括车站的发车和接车能力,其主要受车站到发线数量及车站整备所(亦称"客技站",动车整备为"动车所")能力的限制。区间通过能力是指在采用一定的机车车辆和一定的行车组织方法条件下,区间的各种固定设备在单位时间内(通常指一天 0 时至 24 时)所能通过的最多列车数或对数。区间通过能力的大小主要取决于区间正线数、区间长度、线路状况、牵引动力、信号及联锁闭塞设备等条件。

(3) 列车编组及定员。列车编组内容主要根据列车起讫点城市的旅客经济水平、需求层次、旅客列车在途时间长短以及节假日客流波动、车站情况等因素共同决定。短途列车因其密度高、服务频率高等特点采用短编组较多,长途列车为充分利用区间能力大多采用长编组。

(4) 列车客座利用率。列车客座利用率是指列车完成的旅客周转量与客座公里总数之比,是反映列车载客能力利用程度的指标,客座利用率越高代表铁路部门的客票收益越高。客座利用率与列车运行线路、运行距离、平均旅行速度、运行时间、停站次数和列车定员等因素密切相关。

(5) 铁路部门的收益。铁路部门的收益主要跟运营收入和运营支出相关。铁路旅客运营收入主要包括客票收入和其他附加收入,运营支出包括变动成本(如列车里程费用、停站费用等,包含折旧、能耗、材料、维修、人工成本等)和固定成本。

(6) 旅客出行成本。旅客出行成本主要有旅行费用和旅行时间,不同性质的旅客对旅行成本的界定不同,时间价值高的旅客首要考虑旅行时间,收入低的旅客首要考虑旅行费用。

(7) 地区经济发展水平。地区经济发展水平高,人口流动频繁,如珠三角、长三角等经济发达地区,客流量大,列车开行密度高。

(8) 政治及地理位置。

4. 旅客列车开行方案的编制原则及步骤

(1) 旅客列车开行方案的编制原则。旅客列车开行方案的编制的基本原则有按流开车、保证安全、方便快捷和经济效益最大化等。

(2) 旅客列车开行方案的编制步骤。根据客流计划提供的资料,结合列车编组、速度、客座利用率及区间能力等方面的影响因素,分析确定列车的开行数量、区间及经由线路等,现有列车运行图如何调整,新开行列车如何设计开行方案。

下面主要介绍新开行列车开行方案的编制步骤:

第一步 确定列车运行区段。列车运行区段的始发站和终到站确定原则：客流大量产生、消失和变化较大的地点；旅客列车运行线路网络中较为重要的运输节点；政治、经济地位较高的地点；具备列车整备作业条件以及牵引机车折返作业等条件。高速铁路列车主要输送高速铁路上大、中城市间的本线客流和一些跨线客流，起讫点在高速铁路或其相邻普速铁路上的大城市。直通快车主要解决普速大、中城市间的旅客运输，起讫点应定在大中城市。管内列车输送沿线变动客流，起讫点也需要考虑定在管内大中城市。市郊列车的起讫点主要定在大城市与郊区客流密集区段地点，满足城郊职工通勤、通学、购物等需要。

第二步 确定列车开行数量。列车开行数量原则是先直通后管内，先长途后短途。无论直通管内还是长途短途，每条线路上列车开行方案提供的运输能力需要与客流区段上的客流密度相适应。绝大部分列车的开行是每日开行，但根据客流具体情况也可以组织隔日开行、三天开行两趟等多种灵活的开行方案。铁路部门针对客流波动情况采取灵活的开行方案。

第三步 确定列车运行径路。在选择列车运行径路时，既要保证运行径路能够覆盖大量客流，又要尽可能减少列车虚糜。确定列车径路的基本原则：列车运行径路必须与客流方向一致；列车径路尽可能覆盖路网客流，尤其是一些等级较低或位于线路端点但客流较大的车站；列车径路选择尽可能满足客流合并的需要，尽可能连通同方向客流以直达方式运输，并尽可能减少列车虚糜；列车运行径路应与客流中转换乘相匹配，尽可能满足客流便捷换乘；尽可能减少列车运行时间。

第四步 确定列车种类。列车的开行种类主要依据客流的需求确定，列车种类尽可能与消费群体等级及数量相匹配。一般路网节点及区域大城市之间考虑开行高等级列车，高等级列车未覆盖到的群体及区域节点开行其他等级列车。

第五步 列车停站方案的确定。列车停站方案确定的基本原则是按需停车。列车停站方案主要包括停站地点、时间和次数。停站地点选择应为旅客尽可能多地提供直达服务，同时也要考虑为换乘的旅客提供方便，为了保证列车在沿途车站停站的均衡性，前、后行列车一般不重复设置停站。高速铁路列车速度较高，列车停站方案与列车等级及种类关系密切，有一站直达列车、大站停车列车、择站停列车和站站停列车。

第六步 确定列车开行时间。列车开行时间的选择既要考虑始发、终到旅客的时间要求，也要考虑沿途停车站旅客的时间要求。各等级列车开行时间原则是先国际后国内、先直通后管内、先快车后慢车、先高等级后低等级、开车时间尽可能均衡等。

第七步 铺画列车运行图。列车运行图是列车开行方案的最终体现形式，与列车运行图相伴相生的有旅客列车编组表、时刻表等，用于指导基层站段组织旅客运输作业。

第八步 旅客列车开行方案的优化。对于既有的旅客列车在客流计划的基础上需要进一步优化方案的，本着以下原则进行优化：提高列车运行速度的原则；发、到时间适当的原则；适度增加行车密度；合理确定列车超员率；编组及定员经济合理性原则；停站合理原则。

高速铁路列车开行方案基于客流数据的动态变化可不断进行更新优化，不断提高运输服务与客流需求的精确匹配程度，提高高速铁路旅客运输的效率。

旅客列车开行方案确定后，接下来就是日常的旅客运输工作组织。与旅客列车开行方案关系密切的是运输能力的高效利用,运输能力的基本指标是列车定员,即列车席位种类及数量的供应,在定员一定的条件下,如何提高能力利用率是列车票额分配及运用、客运营销工作要解决的问题。

三、铁路旅客列车定员计算

(一)普速列车定员计算

(1)硬座。

①标记定员。标记定员是指各硬座车厢标记定员的总和。其计算公式为

$$A_{标记} = \sum a_{标记} \tag{5-1}$$

式中:$A_{标记}$——列车硬座标记定员;

$a_{标记}$——硬座车厢标记定员。例如,代用客车,定员采用换算;棚车代用客车时,每吨按1.5人;软卧车代用软座车时,每一下铺按3人;硬卧车代用硬座车时,每一下铺按4人。

②实际定员。实际定员是指总标记定员减10个座位(办公席等占用。新型车标记定员不包含办公席在内时,其实际定员即标记定员)。其计算公式为

$$A_{实际} = A_{标记} - 10 \tag{5-2}$$

③超成定员。超成定员是指实际定员与本次列车规定超员人数之和。其计算公式为

$$A_{超} = A_{实际}(1 + 本次列车各车厢规定超员人数) \tag{5-3}$$

(2)软座和软、硬卧定员均按标记定员计算(宿营车除外)。

(3)保证安全、正点和服务质量的前提下,允许旅客列车硬座车厢超员运输。
普速列车各车厢规定超员人数见表5-3。

普速旅客列车规定超员人数　　　　　　表5-3

车　种	车　型	超员人数	车　种	车　型	超员人数
非空硬座车	22型、25B型	200-本车厢实际定员	空调硬座车	25G型、25K型、25T型	180-本实际定员
双层硬座		200-本实际定员	硬卧代硬座	25T除外	160-本车厢实际定员

(二)动车组列车定员计算

动车组列车的标记定员即实际定员,列车定员即每节车厢的定员之和。时速200km~250km动车组列车商务、特等、一等座不超员,CRH2C型动车组及CRH380A型列车6号车厢不超员,其他二等座超员不大于15%。时速300km及以上动车组列车不得超员。

四、铁路旅客列车票额分配

铁路旅客列车票额分配计划,是旅客运输计划的重要组成部分,也是营销组织工作的重

要依据,其实质是保障运输能力与客流的合理匹配,即在运输能力相对短缺的情况下,票额分配计划的制订与实施有利于运输能力的公平分配、组织均衡运输、缓和供求矛盾。合理的票额分配可以减少甚至消除部分列车和区段的虚糜状况,提高列车的客座利用率,保证乘车环境的安全性与舒适性,从而提高旅客运输总体服务水平和市场竞争力。

(一)票额分配依据

票额分配是指在编制新列车运行图后或者客票销售过程中,根据旅客列车输送能力(分车次、分席别、分区段的席位能力)和历史客流统计资料与售票实际销售情况,完成对各次列车各席别的分配,为各路径设置合理的票额数量,满足不同地域旅客的出行需求,以提高客座利用率和客票收益。票额分配的核心是定义运能匹配的各席位车票的乘车站、终到站和运行区段,一般始发站分配大量票额,沿途车站适当分配。

票额分配的依据资料包括:

(1)指定月份的管内和直通客流统计资料。

(2)列车的旅客密度表资料,应分别整理软卧、硬卧和硬座数字,并分析列车虚糜和超员情况。

(3)主要站分别车次、区段的上车人数和分车次的下车人数。

(4)既有动车组列车每次调整列车运行图时,票额分配主要依据以往开行期间列车旅客密度表情况,结合对列车运行区段客流影响因素的调查、分析和预测进行预分。

(5)新开行列车票额分配依据客流调查及预测资料。

直通旅客列车票额分配计划由列车担当局根据客流和列车停站情况与始发站和相关局协商确定,并上报国铁集团备案。管内旅客列车票额分配计划由铁路局集团公司组织编制。

(二)票额分配方法

(1)普速列车硬座票额分配

①硬座票额的分配数量以列车硬座实际定员为基础,按各等级列车规定的超员率分配。

②直通列车票额按列车限售区段分配,首先保证始发站至终到站或限售区段以远长途客流的需要,硬座限售站近于卧铺的限售站。实行票额共用、复用的列车不进行限售区段限制。

③硬座票额分配后,全程实行席位复用。

(2)普速列车软、硬卧铺和软座票额分配

软、硬卧铺票额,首先考虑列车始发站长途旅客的需要,同时根据列车沿途车站客流情况适当兼顾中途站。对途中省、市、自治区,铁路局集团公司所在地和较大城市所在地站,适当分配一定数量的票额。

①软、硬卧铺,软座票额的分配数量为软、硬卧车和软座车的标记定员。

②根据长、短途列车合理分工的运输组织原则,首先满足始发长途客流的需要,中间站凡有同方向、同终到站的始发快车时,所经过的列车根据沿途客流情况分配少量票额。

③软、硬卧铺和软座票额分配后,全程实行席位复用。

(3)普速列车票额分配表示例

普速列车票额分配后将各站的票额分配情况汇总到票额分配表中,见表5-4。

Z282/3次普速列车票额分配方案

表5-4

Z282/3次（杭州—包头）列车票额分配方案

担当：包头　　运行区间：杭州—包头

杭开机次：

车号	1	2	3	4	5	6	7	8	9	10	11	12	13	14	15	16	17	18	计
车种	XL	YW	YW	YW	YW	YW	YW	YW	YW	YW	YW	YW	YW	RW	CA	YZ	YZ	YZ	
定员（上）		宿		66		66	66	66	66	66	66	66	57	36		106	118	118	1095
定员（下）			66		66								残广			残办			单层
附注	发车时刻	到达时刻																	

席别分配

席别	软卧		硬卧			软座	硬座		
	车位	数量	车位	铺号	组号	车位	车位	座号	组号
	14	4	13	1~16	1~9		16	1~118	8~106
	14	4	7~12	29~32	1~22		17~18	1~118	1~118
		12	4	17~28	17~22				
			6		1~8				
			5		17~22				
		4	5	33~36	1				
			5		2~3				
			3		1~22				
			4		1~10				
			5		4~16				
			4		11~16				
			6		9~20				
			6		21~22				
合计		36		513	717			335	

各站票额分配

站名	数量
杭州	
海宁	
嘉兴	
上海南	
苏州	
无锡	
常州	
镇江	
南京	
蚌埠	
徐州	
兖州	

注：1. 预留YW13车18～19组下，YZ18车117～118座残疾人席位。
2. YZ16车1～7座办公席。

(4) 动车组列车票额分配

动车组列车票额全部由列车始发局集中管理、票额共用、席位自动预分。票额预分由客票发售和预订系统来实现。

(5) 票额分配在客票系统中的实现

① 基于票额分配计划的售票业务的实现。

票额分配计划的实施主要依托客票系统来实现,客票系统发售车票时按照票额分配方案定义每个列车席位的发到站,因此会出现同一日期、同一发站、同一列车、同一到站、同一席位的车票数额发售完后就买不到车票,但如果换一个到站就有可能买到车票的现象。

客票票库使用计算机模拟列车的席位,一个席位占用一条记录,具体内容包括日期、席别、售票站、车次、始发站、发售策略、席位、终到站、状态("未售""占用""售出")。一般情况下,按照票额分配计划每天生成一次票库(席位为"未售"状态),通过配置参数可以决定每天生成票库的时间和生成哪天的票库。

当客流发生变化或者需要更换车辆时,就会导致票库的变化,需要客运调度发布调度命令。各种调度命令都有相应的处理程序,如果生效日期已经生成票库,则立即执行相应的调度命令处理程序,或者等待生成票库后,再自动执行处理程序。

② 票额智能预分的实现。

动车组列车票额分配通过客票系统的智能预分来实现。票额智能预分是指旅客列车票额总量一定的情况下,在车票预售期之前或进入预售期后,按照预测的客流进行席位的区段分解。

票额智能预分将旅客列车票额的静态分配变成了适应动态客流需求的动态分配,以稳住旅客列车沿途站的常态客流,应对突发客流,吸引淡季客流,提高铁路旅客列车全程客座利用率。票额智能预分模型的核心是列车OD(始发终到)客流预测模型、票额分配原则和预分算法。

票额预分能最大限度地提高票额的利用率、确保列车的整体效益、保证始发站的长途效益和充分挖掘旅客列车中间站的短途效益。

③ 票额分配计划管理功能的实现。

票额分配计划管理功能主要围绕票库的管理,包括生成票库的票额分配计划编制、票库生成、票库调整、票额调度、票额查询及客运统计等功能。

席位管理采用列车始发局全程管理、通过局辅助管理的模式。席位存放采用列车始发局集中存放,根据需求均匀分配到铁路局集团公司的数据中心设备上,由客运部和客票所负责,包括基本计划和临时计划。其中,基本计划是图定列车时刻表的车次,临时计划是临时加开列车的计划。

客票系统既提供票额分配计划的编制、查询与修改功能,也提供根据客流分析辅助编制票额分配计划的功能。根据票额分配计划,票库生成管理功能可以控制票库生成的时间和生成的预售期数,位于后台的工作流程程序根据系统的设定自动完成票库的生成。

客票系统中票库调整一般根据客运调度员下达的调度命令自动调整,或者手动进行调整。票额调度功能实现订票的返票时间、局间票额调度、制定席位复用和票额共用等售票策略。

席位查询功能实现各种统计方式及统计口径的席位查询、余票查询和日志查询等。

客运统计功能实现基于席位发售数据生成各种客运统计报表。

五、铁路旅客列车票额运用策略

票额运用策略有票额共用、席位复用及票额调整等。票额运用策略的主要目的是最大限度地提高席位的售出率和利用率,实现铁路部门客运收益最大化。

(一)票额共用

票额共用是指车站"公用"用途票额允许列车运行径路前方多个车站使用,旅客根据需要选择乘车站购票,并按票面指定乘车站乘车。

票额共用分三种形式:管内票额共用、全程票额共用和指定车次、指定车站票额共用。

(1)管内票额共用是指本铁路局集团公司管内规定的车站,在规定的时间内可发售本次列车的票额。

(2)全程票额共用是指在规定时间内,沿途车站均可发售本次列车的票额。

(3)指定车次、指定车站票额共用是指只能在指定车次、指定车站共用的票额。

(二)席位复用

席位复用是指对客票系统席位售出后,再次生成从售到站至原限售站的新席位,使列车能力再次利用,即一个席位可以全程多个车站多次重复使用。只有是复用站的车站才有席位复用的权利,不是复用站的车站席位不能复用。复用站是指始发和有票额的车站发售至旅客的到站,该站就是复用站。

席位复用分一次复用和全程复用。其中,一次复用是指对席位复用一次后产生的新席位不再复用。全程复用是指对列车运行区间中的剩余区段进行多次复用。

(三)票额运用在客票系统中的实现

席位复用在客票系统中以复用方式的设置来实现,其复用方式分定站复用、下车站复用和全程复用三种。

票额共用根据列车停靠站之间席位的发售特点,采用不同的共用策略,共用策略包括共用日期、共用时间、共用的席别和共用的发售策略等。当列车没有制定指定共用策略时,将采用默认共用策略。当列车在某一特殊时段不需要票额共用时,可设置为共用例外。

(四)票额调整

票额分配计划需要调整时,也需要通过客票系统来实现,调整方式有手工调整和自动调整。

(1)跨局票额调整。需求局与票额所属局协商同意后,票额所属局填写"票额调整通知单"通知需求局。特殊情况下国铁集团可直接以国铁集团"票额调整通知单"由票额所属局和需求局在席位库中扣除、增加席位,并分别填写"票额通知单"下达有关站段。车站接到"票额调整通知单"后应确认校对,并将有关内容人工摘抄到"席位预留通知单"上,做好站、车组织和售票工作。

(2)管内票额调整。管内票额调整由铁路局集团公司通过"票额局内调整"进行操作,客票系统自动通知调入和调出站,并填写"席位预留通知单"。

当直通列车票额集中存放在一个铁路局集团公司时,跨局票额调整、管内票额调整均由国铁集团授权的票额管理局通过"票额局内调整"执行。

(3)剩余票额自动调整。剩余票额自动调整是指客票系统按照设定的条件,将一定数量或比例的剩余有席位票额,自动调往列车运行前方站。

剩余票额自动调整由票额所属局通过"剩余票额自动调整"执行票额调往前方站后,系统自动将调出席位记录在"席位预留通知单"上,并生成调出站至调入站之间的短途套用票额。

票额所在局进行剩余票额自动调整定义后,客票系统自动将定义通知票额调入局客票管理部门,票额调入局客票管理部门应及时将通知传达至相关站计划室。

任务2　铁路车站客运营销组织管理

任务2内容导图如图5-5所示。

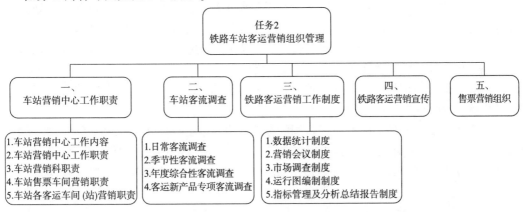

图5-5　任务2内容导图

铁路旅客运输营销工作组织机构由上至下分三层管理:国铁集团客运部客运营销处—铁路局集团公司客运部客运营销处—站段营销中心(科)。国铁集团的客运营销部门负责全路客运营销组织工作,铁路局集团公司营销部门负责本局范围内的营销组织工作,站段营销部门在铁路局集团公司营销部门的领导下负责本站段范围内的营销组织工作。其中,客运站营销组织工作是全路客运营销工作的基础,负责落实本局制订的营销方案,组织开展市场调研、需求分析和客流预测,研究提出运能配置及客票销售的建议方案,开展客运产品宣传推介并具体组织产品销售工作。

一、车站营销中心工作职责

1. 车站营销中心工作内容

车站营销中心工作包括建立营销资料数据库、日常客运营销、季节性客运营销、年度综合性营销分析、客运新产品专项营销。

(1)日常客运营销是指根据旅客日常运输工作进行的市场营销。

(2)季节性客运营销主要是指春运、暑运、元旦、春游、"清明"、"五一"、"端午"、"中秋"、"十一"等节假日运输以及其他阶段性专题市场营销。

(3)年度综合性营销分析是指定期走访有关客户,调查了解客流吸引区范围内的自然、经济、文化、人口、风俗、旅游等情况,了解其他交通运输工具的运能、运量、线路、票价等情况和地区国民经济发展趋势、国民收入变化等情况,建立相关信息档案库。

(4)客运新产品专项营销是指增加新线路、新车站、新品牌、新设备,增开新车型、新车种,推出新政策、新服务等市场营销。

2. 车站营销中心工作职责

(1)加强任务指标管理,实现增运增收目标。围绕车站年度经营目标,对车站年度、月度旅客发送任务指标,进行科学管理与分析,实现对铁路局集团公司旅客发送量任务指标的全面规划、过程管理和控制。

(2)搞好营销策划,客户关系管理,并组织实施。完善与车站所在城市旅游局、统计局、建工局、会展中心、劳务市场、公路、民航等部门沟通联络机制,通过定期走访、电话联系等方式切实做好市场调查与分析工作,收集分析旅客需求和市场变化情况。

(3)配合铁路局集团公司做好列车运行图编制工作。要根据列车运行图编制计划,结合各自实际,研究制订开车建议方案及旅客列车办客停站建议方案,并及时上报。

(4)提前科学研判,做好预测分析,适时做好春运、暑运、国庆等节假日运输期间的客运营销方案,并及时上报节假日运输组织建议方案。

(5)关注运能与市场匹配情况。根据各自实际情况,对客流和运能利用情况进行分析,提出运力配置和售票策略建议方案。

(6)市场监测。密切关注吸引区范围的客流动态,包括天气、大型活动、学生放假等影响客流变化的社会事件,跟踪分析客票预售情况,及时上报对客流变化有较大影响的因素。

(7)建立营销资料数据库。收集人口基础资料、学校资料、大型活动资料三项内容,做好定期上报工作。

3. 车站营销科职责

负责营销组织,组织进行客流调查,制订客流调查方案,形成调查报告;提报列车开停方案,优化运能配置方案,形成客运新产品;加强营销宣传,制订营销宣传方案,扩大营销影响;开展经营活动分析,总结经验,查找不足,提出改进意见。

4. 车站售票车间营销职责

掌握列车售票情况,做好售票情况统计分析,提报扩能建议;掌握动车票额共(复)用策略,积极与上级主管部门联系,做好共用席位的动态调整;按照要求及时查询、接收、处理、传递客调命令;掌握售票信息和策略,指导窗口售票;制定售票激励措施,提高发售车票的主动性;做好相关资料的积累,为车站整体营销工作的推进提供基础数据。

5. 车站各客运车间(站)营销职责

掌握本站"图、流、能、售"情况,建立相应统计分析报表,关注市场动态信息和客流变化,及时向市场营销部汇报,并提出优化运能配置建议。

二、车站客流调查

车站客流调查工作包括日常客流调查、季节性客流调查、年度综合性客流调查和客运新产品专项客流调查。

1. 日常客流调查

日常客流调查的主要内容：车站密切关注吸引区范围的客流动态,随时掌握旅客流量、流向和出行方式的变化。及时收集车站吸引区范围其他交通方式信息,包括长途汽车班次、车型、运价,民航航班、运价,以及长途汽车和民航的运能、上座率等情况,及时掌握影响铁路运输的因素并做好营销数据库的建立。

营销数据库包括：

（1）人口基础资料。对日均客发在 5000 人的车站所在城市的常住人口总量和常住流动人口的变化,相关资料每半年更新一次,三季度更新当年上半年的资料,一季度更新上一年的资料。

（2）学校资料。关注当地主要大专院校生源变化、求学变化和在校生变化,调查寒暑假学生出行量,为下一步研究学生出行规律奠定必要的数据基础。对新学年的学生情况进行调查,相关数据每年 10 月 10 日更新一次。

（3）大型活动资料。大型活动主要包括会展、旅游节、电影节、商务会议等每年规律性活动,一方面为研究大型活动对客流影响奠定基础,另一方面为提前安排运能,适应市场需求做好准备。

注：人口基础资料、学校资料、大型活动资料主要分别统计车站吸引范围内的常住人口和常住流动人口数量。

（4）推行月度客流预测制度。根据车站客流特点、影响客流因素,对下月每日旅客发送量进行预测。

（5）固定对象客流调查。为了解群体的出行方式、出行频率、出行目的等随年龄、收入、职业不同产生的变化,对固定对象（如儿童等）群体长期跟踪调查。

2. 季节性客流调查

季节性客流调查的内容：主要对节假日运输,即春运、暑运、元旦、春游、"清明"、"五一"、"端午"、"中秋"、"十一"等小长假运输的客流市场情况进行调查。季节性客流调查的主要内容包括：当地人口和经济情况；民工、学生、旅游等主要客流的流向、流量；其他交通工具的运力配置和对铁路运输的影响等情况。根据需要也可组织进行其他专题客流调查。做出相应的客流预测表,见表 5-5,一般由售票车间填写。

客 流 预 测 表   表 5-5

单位及节假日	发送总量			直通发送量			管内发送量		
	上年实际	当年预测	同比±（%）	上年实际	当年预测	同比±（%）	上年实际	当年预测	同比±（%）
××站暑期									

3. 年度综合性客流调查

年度综合性客流调查(定期客流调查)每年进行 1～2 次。年度综合性客流调查的主要内容包括：客流吸引区范围内的自然、经济、文化、人口、风俗、旅游等情况；其他交通运输工具的运能、运量、线路、票价等情况和地区国民经济发展趋势、国民收入变化等情况。

4. 客运新产品专项客流调查

客运新产品专项客流调查主要是指对增加的新线进行客流调查，深入到新线沿线以及省内的汽车站、旅行社、大中专院校、施工工地、大型商圈等重点单位，并走访当地交通部门，对当地客流进行深入的调查和了解。

三、铁路客运营销工作制度

铁路客运营销工作的基本制度是建立各种数据统计报表定期上报制度，不仅包括各种定期营销分析会议制度(如季节性营销工作会议、年度营销工作会议等)，还包括市场调查制度、运行图编制制度、运力申报制度、分析总结制度、指标管理制度和营销情况统计分析报告制度等。

1. 数据统计制度

建立营销基础数据统计，包括各自然站运力运能统计、分方向客流统计、市场基础信息统计、市场动态信息统计等，形成营销资料数据库，定期更新，按期上报。

2. 营销会议制度

(1) 季节性营销工作会议。季节性营销工作会议于春运、元旦、"清明"、"五一"、"端午"、"中秋"、"十一"等节假日运输前一个月及节假日运输后次日召开。节假日运输前围绕客流预测、流量流向、运力安排以及营销重点工作进行研究分析；节假日运输后主要对节假日进行工作总结，重点对运输实绩、运能利用情况、主要方向发送统计情况进行分析总结。

(2) 年度营销工作会议。年度营销工作会议每年召开一次，原则上安排在每年一月中旬召开。会议的主要内容是对上年度客运营销进行工作总结、对本年度任务指标进行分析及客运营销重点工作等。

(3) 日常营销资料数据库调查会议。根据统计时间在各项资料上报前 20 天，主要是针对人口、学校、大型活动以及固定客流调查对象的方案落实、汇总上报。营销会议由营销分中心相关成员参加，根据需要可临时增加营销科收入专管员、相关车间(站)人员参加。

3. 市场调查制度

市场调查应根据上级要求或生产需要，组织实施日常市场调查、专项市场调查和动态市场调查，分析客运市场形势和走向，预测客流，提出完善客运产品库、动态调整运力、优化售票策略的合理化建议，形成报告。例如，客运新产品专项营销工作会议，会议针对某些特定旅客列车、新客运产品、新线等不定期召开。

4. 运行图编制制度

根据列车运行图编制计划，各车间(站)应由组织研究，分析现行列车运行图运能运量，提出开车及旅客列车办客停站建议方案；遇基本图或运行图重大调整，由主要分管领导组织研究。主要涉及站段应主动参与列车运行图编制。

5.指标管理及分析总结报告制度

（1）各站段应建立指标管理制度,对年度指标进行预分析,结合运输实际逐月预测,定期提报月度客发预期值,并按铁路局集团公司要求组织开展下一年度经营目标预期分析,分析影响客流因素,提出下一年度的旅客发送量预期值。

（2）各站段应设立客运营销分析总结制度,主要包括专题分析、月度营销工作总结、季节性旅客运输工作小结和年度旅客运输工作小结,突出市场变化和"图、流、能、售"匹配度,总结经验,查找问题,制定措施,提出建议,形成报告按期上报。

（3）建立营销情况统计分析报告制度,主要包括日常客流情况分析、月度营销工作分析、季度经营活动分析、季节性旅客运输、年度旅客运输、新产品专项分析等工作小结,形成报告,报告内容由上期小结、本期影响因素及预期、运能运力调整建议方案三部分组成。

客流分析报告模板示例 请扫描二维码35 。

二维码35

四、铁路客运营销宣传

营销离不开宣传工作,铁路客运营销工作同样需要做好各阶段的营销公共宣传,加大市场推介力度,引导运输消费。宣传途径主要通过官方网站、新闻媒体、社交媒体如公众号等覆盖面广、影响大的宣传渠道,及时向社会公布车站各类营销、票务信息。各相关部门充分利用车站各种自媒体、显示屏等,及时传递车站动态,积极宣传本站与全路其他车站发售往返、异地、联程票等业务,方便旅客购票选择。

此外,车站还应有针对性地做好季节性和客运新产品的专题营销宣传工作。对客运产品及与旅客出行直接相关的信息必须通过新闻媒体、广告传媒、站、车揭示等宣传手段,努力做到在听觉上有吸引力、在视觉上有冲击力、在内容上有感召力;要不断加大客运产品的推销力度,及时将客运新产品的特点、比较优势等内容进行广泛宣传,做到家喻户晓,广为人知。

五、售票营销组织

售票组织是营销工作的龙头,主要是提高车票发售量,保证运能的充分利用,做到淡季不淡,旺季前延后续,放大效益。

售票工作要积极推广互联网、手机、自助售票、电话订票等多元化售票方式。

售票窗口开设数量、开设时间等是售票营销组织中非常重要的内容。车站应合理设置售票窗口和开窗作业时间,增开短途大站专窗;平时做到短途旅客随到随走;车站要根据客流变化,实行弹性工作时间,满足高峰时段旅客购票需求,开窗设置符合国铁集团服务质量规范要求。

为进一步搞好以售票促营销的工作,车站一般采取客票销售奖励机制,以调动售票员的积极性。售票时大力发售往返、异地、联程票,主动为旅客做行程规划,票额有困难时积极为旅客提供其他可行的售票方案,并在售票的同时积极向旅客推介铁路客运新产品。

为促进营销业绩,很多车站会开展劳动竞赛,通过劳动竞赛提高售票员业务技术水平,做到"一口清""一手精",提高售票速度,同时遵循资源利用效益最大化原则,向旅客推介优质客运产品。

任务3 铁路客运营销决策系统运用

任务3内容导图如图5-6所示。

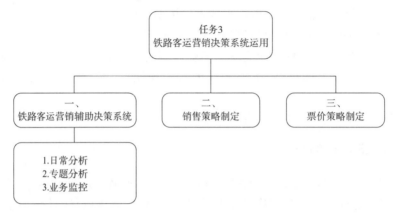

图5-6 任务3内容导图

随着铁路网以及客运产品的不断完善,我国铁路旅客运输能力得到了有效提升。同时,随着客票系统的发展,列车始发集中管理、票额共用、席位自动预分等售票组织策略的逐步运用,业务复杂度加大。为了进一步提高运力调配水平,努力挖潜提效,营销决策部门需要一个信息丰富、手段灵活、智能化的营销系统做支撑,辅助客运管理决策人员及时、准确地做好决策,从而降低铁路旅客运输成本,提高能力利用率和整体效益。

铁路客运营销辅助决策系统是以现代市场营销理念为指导,以运输理论和客运市场信息资源为基础,以先进信息技术和决策分析方法为手段而构建的智能化信息系统,满足铁路各级营销管理人员的业务需要,为客运部门把握市场动态、完善产品设计、优化运能利用、提升社会和经济效益提供决策支持。图5-7所示为局级铁路客运营销辅助决策系统首页界面,包含数据管理、调查预测、分析评价、运营决策和系统管理等模块。

图5-7 局级铁路客运营销辅助决策系统首页界面

一、铁路客运营销辅助决策系统

铁路客运营销辅助决策系统(站段级)主要包含客运基本情况(包括列车停靠站信息,各站运能、运量,售票方式、售票规律等信息)、列车分析(开行列数、列车运能、加挂车统计、客流密度表)、线路分析(区段密度)、实时分析(列车及车站票额预售情况)、预警分析(对运能紧张或虚糜列车进行提示)、共(复)用分析、代售处管理、18 点统计(18 点口径相关数据)、业务监控等九项重要功能,为客运营销与管理提供数据支持。

营销决策系统根据决策需要生成各种报表,主要有日常分析、专题分析和业务监控三大类。图 5-8 所示为营销决策系统业务分析模块结构。

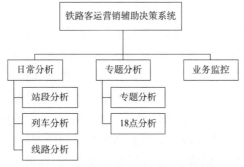

图 5-8 营销决策系统业务分析模块结构

1.日常分析

日常分析中包括站段分析、列车分析和线路分析三部分。图 5-9 所示为营销决策系统日常分析模块结构。

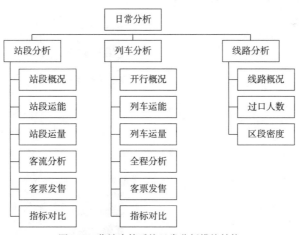

图 5-9 营销决策系统日常分析模块结构

(1)站段分析

站段分析以铁路局集团公司、站段、车站为对象,为用户提供客运基本情况、运能运量、客流、客票销售的统计分析功能,帮助用户了解、掌握辖区的客运情况。

①站段概况。根据上车日期、停靠车务段、停靠站等条件,查看经过此停靠站的各次列车的基本信息;根据上车日期时间段、上车属性和上车站的选择,查看指定上车站的上车人数、发送人数、直通发送、管内发送、中转人数、公免人数、学生人数、孩票人数、退票人数、客

票收入等数据。

②站段运能。根据指定日期段、运能类别、长短途、始发车次、上车属性、始发局、担当局、运行方向、列车类型、列车等级等，查看经过指定上车站的所有列车的运能及其利用情况。

③站段运量。根据指定上车日期段、上车属性、始发车次、上车局、席别、票种、始发局、担当局、运行方向、列车类型、列车等级等条件，查看经过指定上车站或站段的各次列车的发送人数、中转人数、公免人数，分票种、分席别的发送人数情况和收入统计，其中包含预售信息和剩余票额等信息。

④客流分析。根据指定上车日期段、上车属性、下车属性、上车局、下车局、席别、票种、始发局、担当局、列车开行方向、列车类型、列车等级等条件，选择查看经过指定上车站的分车次、分方向、分席别的上下车人数情况统计。

⑤客票发售。根据指定结账日期段、考察角度、席别、售票属性、售票车站、始发局、列车开行方向、列车类型、列车等级等条件，选择查看指定售票站或分车次的按不同售票方式的售票量统计，包括异地票、退票情况统计，车站各次列车售票规律情况统计，等等。

⑥指标对比。根据指定对比查询日期段、上车属性、下车属性、上车局、下车局、席别、票种、始发局、担当局、列车类型、列车等级、始发车次等条件，选择查看客流流向对比分析情况，包括上车站、下车站、上下车人数在不同查询日期段间的对比。

⑦站段使用。根据站段使用需求，制作了站间密度表、客票18点统计、代售点售票情况统计、电订与取票情况分析、分方向预售、学生票售出等报表。

站段分析的各项统计表报在系统中的界面如图5-10所示。

a)

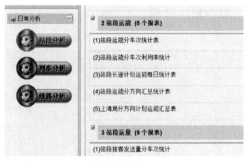

b)

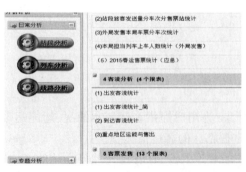

c)

d)

图 5-10

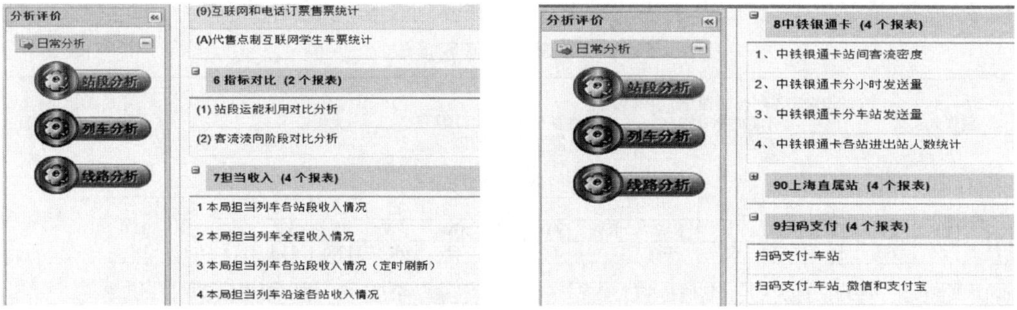

e)　　　　f)

图 5-10　站段分析的各项统计表报

(2)列车分析

以旅客列车为对象,为用户提供列车开行情况、列车能力利用、列车客票销售的统计分析功能,帮助用户了解和掌握担当、返程、通过列车的运营情况。

①开行概况。根据指定查询始发日期段、始发属性、列车方向、列车类型、列车等级等条件,选择查看本局列车开行趟数、各次列车开行情况和加挂车统计情况。

②列车运能。根据指定查询始发日期段、运能类别、长短途、始发车次、始发局、担当局、列车方向、列车类型、列车等级等条件,选择查看分车次列车实际运能利用情况统计。车站实际运能利用率分车次统计表见表5-6。

车站实际运能利用率分车次统计表　　表5-6

上车日期:20120603－20120603

上车车站	车次	运行区间	实际运能						上车人数						票额利用率(%)				
			无座	硬座	软座	硬卧	软卧	小计	无座	硬座	软座	硬卧	软卧	小计	硬座	软座	硬卧	软卧	小计
北京南	GX	北京南—上海虹桥			1005			1005			597			597		59.4			59.4
	GX1	北京南—上海虹桥			1005			1005			797			797		79.3			79.3
	GX5	北京南—杭州			1005			1005			358			358		35.6			35.6
	GX9	北京南—杭州			1005			1005			475			475		47.3			47.3
	GX3	北京南—杭州			1005			1005			499			499		49.7			49.7
	京沪高铁　方向				5025			5025			2726			2726		54.2			54.2
XX南 计					5025			5025			2726			2726		54.2			54.2
合计					5025			5025			2726			2726		54.2			54.2

注:1.数据源:本局客票席位汇总数据、基本计划、调度命令和数据管理模块关于能力的维护数据。

2.数据项说明:硬座利用率=([无座人数]+[硬座人数])/([无座能力]+[硬座能力])×100%。

3.可到达终到站票额为长途票额,否则为短途票额。

4.限售站所在局非本局票额为直通票额否则为管内票额。

③列车运量。根据指定查询始发日期段、上车属性、始发车次、上车局、席别、票种、始发局、担当局、列车方向、列车类型、列车等级等条件,选择查看列车发送量统计,包括始发车次、运行区间、车站以及分席别、分票种的上车人数统计、发送、中转、公免人数等。

④全程分析。根据指定查询始发日期段、始发车次、日均或累计、始发局、担当局、列车方向、列车类型、列车等级等条件,查询旅客列车全程利用情况分析,以及旅客列车车内人数

密度表、密度简表与图、梯形密度表等。T202次旅客列车密度表见表5-7。

T202次旅客列车密度表　　　　表5-7

T202次旅客列车密度表(全部席别)(实时数据)
制表人：　　统计时间：2011-02-1416:21:51　　始发日期：20110214　　始发车次：T202　　全程区间：三亚—北京西　　担当企业：XX总公司

车厢号	2	3	4	5	6	7	8	10	11	12	13	15	16	17	A1	
车种	YW	YW	YW	YW	YW	RW	RW	YW	YW	YW	YW	YZ	YZ	YZ	YZ	1100
定员	66	66	66	66	66	36	16	60	60	66	66	118	118	118	112	

全列总票款(元)	平均票款(元)	计划周转量(人公里)	实际周转量(人公里)	按周转量换算席位利用率
573563	359.8	3796100	3309916	87.20%

全列实际定员	软卧	硬卧	硬座	合计
	52	582	466	1100

车次	日	到点	停	序	停靠站	站简称下车数														
T202	14	19:28	0	1	三亚															
T202	14	20:45	2	2	东方	4	东	4												
T202	14	22:41	12	3	海口	3	8	海	11											
T202	15	1:45	2	4	徐闻				徐											
T202	15	3:02	2	5	湛江西				1	湛	1									
T202	15	4:52	6	6	茂名						茂									
T202	15	5:09	3	7	茂名东	1			5			茂	6							
T202	15	7:51	3	8	肇庆	1			1	2	1			肇	5					
T202	15	8:55	5	9	佛山	4	1	1	1						佛	8				
T202	15	9:26	21	10	广州	65	11	170	6	1		5	3	7		广	268			
T202	15	11:57	2	11	韶关东				2				7	12		韶	21			
T202	15	13:33	2	12	郴州							3	3	6		郴	12			
T202	15	16:54	6	13	长沙			4					1	9	4	6	长	24		
T202	15	20:10	6	14	武昌				1			1	3	17		8	武	31		
T202	15	20:36	6	15	**													*		
T202	16	0:56	6	16	郑州	53	6	100	3	1			18			1		郑	182	
T202	16	4:13	2	17	石家庄	28	1	38	2				26		8				石	103
T202	16	6:34	0	18	北京西	147	5	171	2	1	3	3	2	5	400	11	28	123	17	北 918
		上车人数小计				306	32	491	17	6	3	9	9	26	488	15	35	139	18	1594
		车内人数				306	334	814	831	836	839	842	846	864	1084	1078	1101	1216	1203	1203 1021 918
		上座率(车内人数/定员*100%)				27	30	74	75	76	76	76	78	98	98	100	110	109	109	92 83

⑤客票发售。根据指定查询始发日期段、席别、始发车次、上车局、始发局、担当局、列车方向、列车类型、列车等级等条件,选择查看各次列车各站在不同提前预售天数中预售的情况,进而分析各站售票规律。

⑥指标对比。根据指定查询对比日期段、席别、始发车次、上车局、始发局、担当局、列车方向、列车类型、列车等级等条件,查询列车客运指标阶段对比分析和列车全程利用情况阶段对比分析情况。

(3)线路分析

以路网为对象,为用户提供客流分析功能,帮助用户了解和掌握线路、区段、分界口的客流及能力利用情况。

①线路概况。根据指定查询始发日期段、线路等条件,选择分别查看线路概况信息、沿线车站列表、沿线车次列表;查询指定线路各次列车票额利用情况;等等。

②过口人数。根据指定查询上车日期段、过口人数类别、列车经分界口方向、始发车次、分界口、始发局、终到局、担当局、列车等级、列车类型等条件,选择查看分界口各次列车通过人数统计情况。

③区段密度。根据指定查询上车日期段、区段选择、始发局、终到局、担当局、列车等级、列车类型等条件,选择分别查看区段各次列车密度统计和列车各区段密度统计情况。

2. 专题分析

图 5-11 所示为营销决策系统专题分析模块结构。

(1) 实时分析。基于席位发售的实时数据信息，对车站、列车的客票预售情况进行实时分析，反映预售期内的客票销售规律、客流方向的能力紧张程度、列车的均衡运输情况等，辅助业务人员及时调整能力和营销策略。

(2) 预警分析。基于席位发售的实时数据信息，分别对运能紧张列车、运能虚糜列车、沿途站票额预售偏高车次进行实时预警分析，便于业务人员快速发现运营状况不佳的列车。

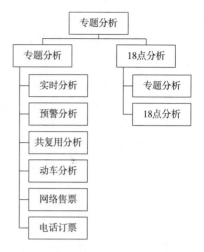

图 5-11　营销决策系统专题分析模块结构

(3) 动车分析。针对动车组列车，查看和分析动车组列车全程上座率。

(4) 共复用分析。基于席位复用、共用的数据信息，分析站段、列车的复用共用策略运用和执行情况。

(5) 代售点分析。对代售点的售票数量和种类进行分析，辅助业务人员掌握代售点的营销状况，便于调整代售点的设置和经营策略。

(6) 18 点分析。根据 18 点统计接口数据，对比分析站段客运指标，掌握站段的任务完成情况。

3. 业务监控

(1) 站段售票。对车站、代售点窗口售票概况和细况进行实时监控，发现异常和违规的售票行为，及时进行纠正和处理。

(2) 列车售票。对重点关注的列车的售票概况进行监控，发现异常和违规的售票行为，及时进行纠正和处理。

(3) 车站运能。对车站各次列车计划运能利用进行监控，及时反映能力紧张或富余的车站、列车，辅助进行票额和营销策略的调整。

(4) 趟车效益。基于一定时期内的列车运营数据，对趟车运营效益进行监控，及时发现效益不佳的列车，提出建议的营销策略，并可进一步分析趟车运行图、站间密度等详细运营状况。

(5) 列车停靠。基于一定时期内的列车运营数据，对列车各停靠站的上下车人数进行监控，提出列车运行图的停站设置优化建议。

(6) 代售调整。基于一定时期内客票销售数据，对代售点的销售情况进行监控，提出代售点设置的合理性建议。

二、销售策略制定

通过研究分析营销系统各种报表以及多种影响客流的因素，制定相应的销售策略。

销售策略制定子系统包括：

(1) 影响因素分析。通过对市场细分、旅客行为、售票渠道、客票种类、席位特征、支付方式、客票预售预定、售票收入、销售人员业绩等影响因素进行分析，为销售策略的制定提供数据基础。

（2）销售策略制定。基于营销影响因素的分析和客运营销相关信息，优化和设计合理有效的销售策略，包括客运产品推广方案制定、销售渠道规划、销售终端分布、奖励机制调整等。

（3）整体效益最大化策略。基于历史销售以及市场预测情况，制定预售期内的客票销售方案，在销售过程中根据市场需求变化和销售情况分线、分车次地对车票用途和运用区间进行实时调整，以达到整体效益最大化。

（4）销售策略修正与调整。通过对实施销售策略前、后销售交易记录的对比分析，利用评价指标对实施的销售策略进行分阶段的定性、定量跟踪分析，根据分析评价结果，进行销售策略综合评价，提出销售策略的修正调整建议。

三、票价策略制定

（1）价格因素分析。使用灵活、多样、高效的分析方法分析得出影响价格的因素，就相关因素对价格的影响程度做出评价。

（2）票价策略制定。在给定利润目标、销售额目标、市场占有率目标、社会效益目标的前提下，制定满足目标要求的车票票价策略建议方案。给定的目标可以是单目标，也可以是组合多目标。

（3）运价决策模拟。在给定列车开行方案条件下，对不同定价策略下客运收益情况的测算进行对比分析和评价，提出既定列车开行方案下的定价策略建议和相同定价策略下开行方案建议。

（4）票价折扣策略制定。在指定运输环境下，制定与评估票价折扣策略。

（5）票价策略模型的调整及模型自适应。以多种、灵活、直观的方式对票价策略进行展现，票价策略中用到的各种数据分析、预测、评价模型能够进行自适应、反馈式学习。

任务4　节假日旅客运输及新老兵运输

任务4内容导图如图5-12所示。

图5-12　任务4内容导图

节假日旅客运输和新老兵运输是铁路旅客运输比较特殊的组成部分，除做好相应的客流调查工作外，还需要有针对性地进行加开旅客列车或加挂车厢以及票额调用等运输组织工作。因其内容与前面的项目章节内容不好合并，特将此两部分内容单独列于此，略做介绍。

一、节假日旅客运输

铁路客流的季节性波动很大，每逢节假日客流突然猛增，因此铁路按照客流的波动特点，需要做好节假日旅客运输组织工作。其中，暑期运输和春节运输是一年当中客流高峰延续时间最长的节日运输。节假日期间,铁路旅客运输组织开行大量临时旅客列车,为了达到科学、合理地开行临客,在确定列车运行数量及区间之前需要做大量的客流调查工作。

节假日客流调查(参见项目5任务1"客流调查")的目的是为了安排好节日旅客运输方案以及做好各项组织工作。其中,包括制定节假日期间临时旅客列车开行方案、编制节假日旅客运输计划和售票服务组织工作等。

节假日旅客运输组织时,售票组织工作主要有增设售票窗口或搭建临时售票处,有些车站还开行临时售票车,将售票车开入大型院校等。旅客乘降工作组织重点主要在旅客流线组织,候车室困难比较大的车站在广场搭建临时候车棚等。遇客流非常大时,有必要时要加大警力来配合客流组织工作,如2007年春运广州站遇客流非常时期还调用部队支援组织客流。

铁路根据节假日客流调查情况,组织开行一定数量的临时旅客列车,临时旅客列车开行方案及票额分配等组织工作参考正常列车,对票额的组织利用,结合客流调查情况会更有针对性。

二、新老兵运输

新老兵,是指依照《中华人民共和国兵役法》和国务院、中央军委的命令和指示,被征集入伍前往解放军和武装警察部队服现役的新兵和服役期满退出现役返乡的老兵。

新兵铁路运输计划和购票计划有两种:同一单位新兵和接兵干部人数达到20人以上且乘车日期、车次、发到站相同的运输纳入军事运输计划;从征集地车站始乘的新兵和接兵干部不足20人的铁路运输纳入购票计划。

老兵铁路运输计划分为购票计划和自行购票两种:从驻地车站始乘的老兵和送兵干部的铁路运输,同一单位老兵和送兵干部同行人数达15人以上,且中转日期、车站和车次相同的铁路运输,按照购票计划办理,其余按自行购票办理。

新老兵运输免费携带品重量:退伍战士随身携带的行李、物品、图书等,铁、水路准予免费携带35kg,超过部分按规定办理托运手续。

退伍军人托运的行李、物品等,车站应予以优先受理,优先装车,及时中转,不得积压,力争人到行李到,到后免费保管。

(1)购买客票走的凭退伍凭证,于乘车前3~5天到车站办理托运手续,50kg以内按行李计费。在老兵退伍期间,有条件的车站应派人到部队驻地,集中为退伍战士办理托运,托运手续一人一票。

(2)托运的行李除拴挂铁路货签外,在行李包装外面,标明发站、到站、发货人、收货人姓名和详细地址,并注明"老兵行李"字样,自备标记的规格为15m×25m,行李到后,应尽快取走。

任务5　铁路旅客运输其他服务工作

任务5内容导图如图5-13所示。

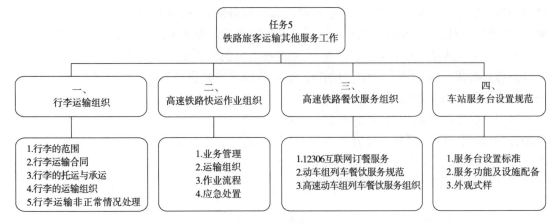

图 5-13　任务 5 内容导图

一、行李运输组织

旅客出行如果携带物品数量超过规定范围或者携带了不易进入车厢的生活必需品时,应办理行李的托运手续。铁路应为旅客提供便捷的行李运送条件,尽可能满足旅客的出行需求。

1. 行李的范围

(1)行李是指由行李车运送,旅客自用的衣服、个人阅读的图书、残疾人车和其他旅行必需品。

(2)行李中不得夹带或运输的物品:

①货币:含各币种的纸币和金属辅币。

②有价票证:银行卡、购物卡等。

③珍贵文物:具有一定年代的有收藏、研究或观赏价值的物品。

④金银珠宝。

⑤档案材料:如人事、技术档案,组织关系,户口簿或户籍关系,各种证件、证书、合同、契约,等等。

⑥易碎品、流质物品和骨灰。

⑦妨碍公共卫生和安全的物品。

⑧危险品:承运人公布的《严禁携带品目录》中的品名。对其性质有怀疑的物品也按危险品处理;国家禁止、限制运输物品。

(3)行李每件的最大重量为50kg,体积以适于装入行李车为限,但外部尺寸长、宽、高之和最小不得小于60cm。行李应随旅客所乘列车运送或提前运送。

残疾人旅客在旅行中使用的轮椅和残疾人用车可按行李托运,并不受上述重量、体积限制。

2. 行李运输合同

铁路行李运输合同是指承运人与旅客之间明确行李运输权利义务关系的协议。行李运输合同自承运人接收行李并填发行李票时起成立,到行李运至到站交付给旅客止履行完毕。

行李运输合同的基本凭证是行李票。

(1)行李票主要内容

①承运日期、到站和经由。

②乘坐车次、客票号。
③旅客姓名、电话、地址。
④包装种类、件数、实际重量。
⑤声明价格。
⑥运费。
⑦运到期限及经办人员名章。
(2)旅客的基本权利和义务
权利：
①要求承运人将行李按期、完好地运至目的地。
②行李灭失、损坏、变质、污染时要求赔偿。
义务：
①缴纳运输费用，完整、准确填写托运单，遵守国家有关法令及铁路规章制度，维护铁路运输安全。
②因旅客过错给承运人或其他托运人、收货人造成损失时应负赔偿责任。
(3)承运人的基本权利和义务
权利：
①按规定收取运输费用，要求托运的物品符合国家政策法令和铁路规章制度。对托运的物品进行安全检查，对不符合运输条件的物品拒绝承运。
②因旅客过错给他人或承运人造成损失时向责任人要求赔偿。
义务：
①为旅客提供方便、快捷的运输条件，将行李安全、及时、准确运送到目的地。
②行李从承运后至交付前，发生灭失、损坏、变质、污染时，负赔偿责任，法律另有规定的除外。

3. 行李的托运与承运

行李托运只能在受理站间办理，旅客凭有效车票每张可托运一次行李，托运时需向承运人提供有效身份证件。市郊、定期车票不能托运行李。

每张车票允许托运行李的重量为50kg，超出部分按包裹（4倍的行李运费）计费。

行李运价的计价重量以千克为单位，不足1kg按1kg计算。

4. 行李的运输组织

行李的运输组织包括"承运—装车—运送—到达交付"等环节。

(1)承运条件

行李限在行李办理站间办理，承运时应当要求旅客出具车票。同一城市内有两个及以上行李办理站时，各站只办理本站停靠列车沿途停车站（或经沿途停车站中转）行李的发、到业务，到达行李不得同城中转。

经旅客列车行李车运输的行李必须逐件安检、实名登记，防止夹带危险品、禁运品。行李房应当对查堵的违禁物品进行登记。

行李包装应当完整牢固，适应运输、搬运及装卸作业条件。包装材料和方法应当符合国家、铁路或行业的包装标准；包装不符合要求时，应当要求托运人改善包装；托运人拒绝改善包装的,车站应当拒绝承运;木箱、编织袋等宜在包装外表面用深色粗笔写明发站、到站、票号、收货人等信息。

图 5-14　货签

注:1. 规格:单张标签尺寸为 100mm × 100mm（高×宽）。

2. 行李标示行李货签,包裹标示包裹货签。

3. 上端打小圆孔,白底黑字单面打印,可拴挂、可粘贴。

在每件行包易识别位置,应当牢固拴挂或粘贴铁路行包货签(图 5-14)。货签应当使用打印机打印,整洁、清晰,使用规范的文字,内容与托运单、行李票相关内容相符。货签的质量应符合国家、铁路或行业的技术标准。托运易碎、不能倒置等物品时,应当粘贴安全标识。专用标识、安全标识应当在包装明显位置粘贴牢固,不得倒贴、歪贴。

(2)装卸、交接

车站行李房应当掌握各次旅客列车行李车的编挂位置、车型、容积、载重和本站计划装运件数,根据信息系统预报,准备装卸机具、组织人员,提前进入指定位置接车,进行装卸作业。装卸作业时须办理站、车交接手续。

行李作业应当严格执行票随货动、货动有交接、交接有手续的制度,严禁信用交接。

站、车交接时,应当核对到站、件数、包装,确认票货相符,凭行包装卸交接证(表 5-8)办理交接手续,并加盖规范名章。发现件数不符、行李有破损或有其他异状时,经交接双方确认后在交接证上注明现状,由交接双方加盖规范名章。车站交接班时,凭交接簿核对票货。

表 5-8

××铁路局集团公司　　　　　　　　编号:×××××

行包装卸交接证

_____年__月__日

自＿＿＿＿车站、(次)列车 交出方＿＿＿＿(章)				交＿＿＿＿车站、(次)列车 车号＿＿＿＿			
交接合计:	批数		件数		重量(kg)		
发站	到站	票种	票号	件数	重量(kg)	装(卸)车站	记事
第　页　共　页		本页合计	批数	件数	重量(kg)		

以上件数业经收讫(接收人员盖章) ＿＿＿＿＿

行李在运输过程中发生损坏、部分灭失、内货短少、封印失效、包装异状、票货不符等异常情况时,由发现站、车编制客运记录一式两份,一份留存,一份随运输票据交接。

(3)列车运送

出乘前列车长向列车行李员传达有关命令、指示、通知。始发站装车前,列车行李员需要根据车站提供的装车计划和行包情况,合理调整行李车内装载计划,指定装载货位。

列车行李员需要正确统计行包装载件数、重量,填制行包装卸交接证、列车行包运输密度表(表5-9),及时向前方站预报,维护列车正点运行。

表5-9

列车行包运输密度表

___年___月___日___站始发第___次列车　　　___段___线___组行李员

行李车 XL　型　　号
标记载重　　　吨
容　积　　　立方米

件数/重量/站名(区段)	到站/站名	卸车件数/卸车重量(kg)					乘务区间	值班行李员	记事
装车件数/重量(kg)						累计			
车内保有件数/重量(kg)									

终到站卸车完毕后,列车行李员应当确认行李全部卸下,与车站正确办理交接,锁闭车门。退乘后,及时上交行李、包裹运输密度表等业务资料。

(4)到达交付

车站应当妥善保管到达行李,原则上在规定的免费保管期限内应在票面指定的到站行李房保管。

行李到达后,应以短信或电话等方式及时通知收货人领取。通知以文字、录音及信息系统数据等形式记录备查。

交付行李时,工作人员应认真核对票货,确认票号、发到站、托运人、收货人、品名、件数、包装无误后,在领取凭证联上加盖"交付讫"戳予以交付,领取凭证联交领取人。

超过免费保管日数的行李,应按规定核收保管费,填发"客运运价杂费收据"(以下简称"客杂"),遇特殊情况可按规定减收保管费。

5.行李运输非正常情况处理

(1)装车前取消托运

行李、包裹托运后至装车前,托运人要求取消托运时,车站应收回行李票,并注明"取消托运"字样注销。办理时,另以车站退款证明书办理退款,收回的行李票收款凭证联随车站退款证明书上报。因取消托运发生的各项杂费另填发客杂核收,并将客杂号码及核收的费用名称、金额填注在取消托运的行李票上。取消托运的行李,已收运费和卸车费低于变更手续费和保管费时,杂费不补、运费不退,收回原行李票,在运输报单联、领取凭证联和收款凭证联注明"取消托运、运费不退"字样。领取凭证联贴在存根联上。

(2)装运后取消托运

行李装运后收货人要求变更运输时,只能在发站、行李所在中转站、装运列车和中止旅行站提出。托运人在发站取消托运时,发站对要求运回发站的行李,应收回行李票,编制客运记录,写明原票内容,交托运人作为领取行李的凭证,并发电报通知有关站、车。托运人在发站要求变更行李的到站或收货人时,车站在行李票领取凭证联和收款凭证联上注明"变更到××站",更正到站站名,加盖站名戳,注明日期,交给托运人,作为在新到站领取行李和办理变更运输后产生运费差额的凭证,同时发电报通知有关站、车。

(3)旅客中途停止旅行行李的处理

旅客在发站或中途站停止旅行,要求将行李运至原到站时,凭原行李票运送,旅客凭原行李票在到站提取行李。

(4)误运行李的处理

在中途站、原票到站或列车内处理误售误购车票时,对旅客已托运行李的,应当同时编制客运记录或发电报通知行李所在站,将误办的行李运至正当到站。到站需要补收行李运费差额时,以客杂核收,并在原行李票运输报单联、领取凭证联和收款凭证联记事栏注明"误运",运输报单联加盖"交付讫"戳交旅客留存;需要退款时,使用车站退款证明书退还,原行李票收回附在车站退款证明书的背面上报。

(5)逾期行李的处理

旅客要求将逾期到达的行李运至新到站时,应分别按下述办理:

①行李逾期到达或逾期尚未到达,旅客需继续旅行,凭新购客票及原行李票要求铁路免费转运至新到站时,车站开具新行李票,新行李票运费栏划斜线抹消,记事栏填写"逾期到达、免费转运"字样。

②行李未到,当时又未超过运到期限,旅客需继续旅行并凭新购车票办理转运新到站的手续,交付运费之后,发现行李逾期到达原到站,车站应编制客运记录,随同行李票运输报单联一并送交新到站,作为退还已收转运区间运费的凭证。保价费不退。

③逾期行李办理免费转运的,不再支付违约金。逾期包裹不办免费转运。

(6)非正常行李到站后的处理

发站或新到站收到行李后,补收或退还已收运费与应收运费差额,核收变更手续费和保管费。补收时以客杂核收,退还时使用车站退款证明书退款,原票贴在客杂或车站退款证明书报告联上报。

二、高速铁路快运作业组织

高速铁路快运业务是指铁路运输企业依托但不限于利用动车组列车(含确认列车)等运输资源,为客户提供的小件物品全程运送服务。高铁快递运送可以有押运人员随车负责快运交接、作业联系、途中看护等事项。

1. 业务管理

利用确认列车开展的高铁快运产品纳入铁路包裹业务范围,由中铁快运公司作为托运人向铁路办理托运,缴纳运费。

(1) 中铁快运公司业务管理

中铁快运公司是确认列车开展高铁快运业务的实施主体,负责根据业务开展需求,会同有关站段研究制定具体实施方案(方案包括但不限于货物安检组织、装卸作业组织、途中押运管理、安全管理要求等内容),并与站段达成初步协议后,向铁路局集团公司提出确认列车业务开办申请,做好高铁快运业务的具体实施,承担相应的安全责任。

(2) 站段业务管理

站段负责根据本单位实际情况,会同中铁快运公司研究制定高铁快运站内集结、安检组织、装卸作业等具体实施方案,与中铁快运公司协商一致签订相关委托协议,做好受托业务的实施。

(3) 作业管理

①安检业务。委托车站办理后,中铁快运公司负责高铁快运的实名登记、收货验视,受托车站负责高铁快运的过机检查。

②装卸业务。委托车站办理后,中铁快运公司负责高铁快运货物的上站集结,提供装卸计划和信息支持,受托车站负责安排装卸组织、监装监卸、货物交接。

③乘务业务。

a. 客运段乘务科负责本段高铁快运管理制度的制定、完善,对高铁车队日常高铁快运业务提供指导,传达高铁快运业务办理车站开办与停办等业务通知,对车队上报的问题与有关单位进行协调,对高铁快运的日常运输工作进行检查。

b. 客运段车队负责各班组高铁快运业务的管理。包括及时传达、布置高铁快运业务通知和相关工作要求,负责及时汇总在值乘中有关高铁快运业务问题上报段乘务科,对高铁快运的日常运输工作进行检查。

c. 客运段乘务班组负责始发、终到站装车的高铁快运集装件的交接、途中看护巡视工作,督促中铁快运公司作业人员按要求进行交接、装卸和堆码,做好突发情况的应急处置。

2. 运输组织

(1) 上站集结

中铁快运公司应根据市场需求、办理车站和列车运能等情况,综合考虑上门接取、市内交通、站内作业时间等因素,经与车站协商确定货物上站集结的时间、地点。

(2) 安检交接

货物上站集结时,由车站安排过机检查,张贴"已安检"标识。安检完毕后,由中铁快运公司提报装车计划交车站,车站核对货物件数和装车计划后,办理交接。

特殊情况货物过机检查后,仍需汽车进行站外驳运的,暂不办理交接。由中铁快运公司驳运到车站指定地点办理交接。

(3) 计划管理

装车作业遵守保证列车安全正点和保证旅客乘降的原则,严格实行计划管理。中铁快运公司在制订装车计划时,应根据确认列车发、到车站停车时间和人力安排能力,合理安排货物装车件数。

每趟确认列车最高允许装车件数按照以下原则确定：

$$最高允许装车件数 = 装卸车作业人数 \times 允许作业时间 \times 2 \qquad (5-4)$$

（4）装卸要求

中铁快运公司在车站内搬运高铁快运集装件时，应使用平板推车等专用机具或人工搬运，专用机具应带止轮装置（制动为常态）、明显标识，采取防滑、防溜、防撞等措施，经指定通道进出站台，在指定位置存放，不得挪作他用。

装卸车作业过程应避免干扰旅客乘降，中铁快运公司工作人员装车完毕后应向列车长汇报集装件装车位置及件数等情况。

（5）押运管理

押运人员应统一着装，佩戴押运证作为进出车站作业的凭证，并配备客运对讲机，对讲机按规定规范使用。

（6）运输规范

①运输条件：高铁快运使用专用箱、冷藏箱、集装袋等集装容器以集装件的形式在高铁车站间运输，集装件应装载在列车指定位置，载客动车组列车可将集装件装载大件行李存放处、二等车厢最后一排座椅后空档处、集装件专用存放柜、动卧列车预留包厢等位置；一节车厢内大件行李存放处和最后一排座椅后空档处预留不少于三分之一的空间供旅客使用；集装件码放在车厢内最后一排座椅后的空档处时，不得影响座椅靠背后倾；需中途换向的列车，不使用最后一排座椅后的空档处。利用高铁确认列车运输时，集装件还可码放在二等座车座椅间隔处等位置，但不得码放在座椅上；装载重量不超过列车允许载重量。

②人员作业要求：有押运员跟车作业的列车，列车长要对押运员的证件检查和登记；无押运员跟车作业的列车，列车乘务员在运行途中巡视、检查高铁快运集装件码放、外包装、施封等状况。发现高铁快运集装件短少或外包装、施封破损，应立即报告列车长。列车长到场确认后，组织查找，必要时报警。上述异常情况列车长开具客运记录，载明现有集装件数量、编号或内装物品实际情况，到站时交中铁快运公司工作人员处理。发现因高铁快运作业导致车厢设备设施损坏、座席污损等情况的，及时处理并做好记录。问题情况拍发电报，主送中铁快运公司及装车站，抄送铁路局集团公司客运处。

③非正常情况处理：遇列车故障途中需更换车底或终止运行时，由列车长通知押运员，由押运员负责集装件换乘和后续处置；无押运员时，列车长报告被换乘车所在地铁路局集团公司高铁客运调度员高铁快运装载情况，乘务组临时看管集装件。换乘地点在车站时，原列乘务组在车站协助下组织集装件换乘，不具备换乘条件时集装件随原列回程或交车站临时看管；换乘地点在区间时，集装件随原列回程；列车长在换乘或交车站前开具客运记录附于集装件上。

3. 作业流程

（1）发送作业

①货物通过指定通道、提前运送至站台相应位置，码放整齐。作业人员（包括押运人员）在列车到达前规定时间站台立岗，做好接车准备。

列车长应在始发旅客上车前到达列车立岗位置，接受装车方案，通知所装车厢的乘务人员到达装运车厢位置。

②确认列车进站停稳后,押运人员联系司机打开车门,由押运人员指定货物装车车厢及列车指定位置;在列车发车前规定时间停止装车作业。

装车时,列车乘务员应按"高铁快运装载位置及数量表"在装车现场核对集装件的到站、件数、外包装、施封等状况,确认无误后立即报告列车长。列车乘务员发现集装件外包装或施封有异状的,应拒绝装车,并立即通知列车长。

列车乘务员发现集装件码放不符合规定的,应要求装卸人员当场纠正;当场未纠正的,应报告列车长。

③装车作业完毕后,押运人员与作业人员办理交接,并向司机通报作业完毕情况,确认完毕后,押运人员随车对货物进行看护。

列车长与指定交接人员办理交接手续,并在交接证上进行签认。

④列车开车后,中铁快运公司根据装车作业人员反馈的装车情况做好信息传递,及时通知到达车站。

(2)途中作业

①通过中途停站列车运送时,运行途中的货物巡视、检查等工作由中铁快运公司押运员负责,并自行处理有关事项。押运人员要做好列车运行途中货物的巡视看护,确保货物堆码稳固、均衡,不得损坏车内设备,并保持卫生整洁;对巡视过程中发现的异状及时处理。

②列车客运乘务组人员作业

始发、终到车站作业的列车,中铁快运公司可不安排押运员随车作业,中铁快运公司与列车使用交接证进行交接,交接证应注明集装件存放位置和件数等信息。

途中客运作业内容主要包括:重点巡视集装件码放及外包装、施封等状况。发现集装件短少或外包装、施封破损时,应立即报告列车长。列车长到场确认后,应组织列车乘务员在各车厢查找,必要时报警。针对上述异常情况,列车长应开具客运记录,载明现有集装件数量、编号或内装物品的实际状况,到站时将客运记录交中铁快运公司工作人员处理。

(3)中途站装卸作业

如需在中途停站装卸作业时,中铁快运公司应安排押运员跟车作业(遇特殊情况,中铁快运公司可与列车乘务员进行协商),并提前通知列车担当局。

①列车乘务员督促押运员按规定码放集装件,发现集装件码放不符合规定的,应要求押运员当场纠正。

②列车长应对押运员的证件进行检查并登记在乘务报告上。

③遇特殊情况,中铁快运公司未派员押运并征得列车同意,列车乘务员应在装车现场核对集装件的到站、件数、外包装、施封等状况,确认无误后由列车长在交接证上进行签认。该货件由本班组全程看护。

(4)到达作业

①接到货物装运信息后,到站组织人员和设备通过指定通道,提前进入站台指定位置等候,做好卸车作业准备。

②确认列车到站停妥后,押运人员联系司机打开车门。无押运人员的列车,终到前列车乘务员对始发装运的集装件进行一次复核,并做好卸车准备。

③车门开启后,车站立即进行卸车作业,清点件数。卸车作业完毕后,办理站、车交接。

无押运人员的列车，终到后列车长与车站接车的人员凭交接证进行交接，并留存一份交接证到乘后随同乘务报告上报车队，车队留存一年。遇有到站无人接车时，由列车长开具客运记录，集装件原车带回。客运记录注明"××站无人接车，集装件返回"。

④后续由车站整理货物，组织转运到指定地点与中铁快运公司办理交接。严禁货物长时间堆放站台，短时堆放位置应远离车门和安全白线，保证不影响旅客乘降和其他作业。

(5)换乘业务处理

①运输途中临时变更车底或终止运行时，由列车长通知押运员处理；无押运员时，列车长报告被换乘车所在地铁路局集团公司高铁客运调度员，由铁路局集团公司高铁客运调度员通知所在地中铁快运公司进行处理。

②集装件的换乘，有押运员时由押运员负责，原则上应在旅客换乘前完成；不具备换乘条件时，押运员要随集装件同行，负责途中集装件看管和交接；无押运员时，集装件由原列乘务组临时看管。原列车乘务组随热备(备用)车继续担当乘务的，按以下规定处理：

a. 在不影响热备(备用)车出动的情况下，所在地中铁快运公司应安排人员随热备(备用)车出动，与原列车乘务组办理交接后，组织车上集装件的看管或换乘。

b. 中铁快运公司人员无法及时到达处理的，换乘地点在区间的，集装件随原列回程；换乘地点在车站的，由车站协助原列车乘务组完成集装件换乘，不具备换乘条件时，集装件随原列回程。

③集装件随原列回程时，由列车长在换乘前开具客运记录附于集装件上明显处，由中铁快运公司与铁路局集团公司高铁客运调度员联系在合适的车站接卸。

4. 应急处置

(1)列车晚点情况下应急处置

①发站遇列车晚点应按照保证列车正点的原则进行应急处置。晚点信息由车站通知中铁快运公司，中铁快运公司根据晚点的时间，重新计算最大允许装车的件数，直至停止装车。调整装车计划反馈车站，车站按新计划组织装车或停装。

因调整计划后货物有积压的，积压的货物安排后续办理旅客乘降的动车组列车运输、次日装车或其他运输方式运输。

②到站遇列车晚点，由押运人员提前通知到站。为保证车底后续运用不受影响，到站应根据允许作业的时间情况，安排足够的作业人员，尽快完成卸车作业。

(2)确认列车途中设备故障应急处置

遇确认列车途中故障，押运人员应通过中铁快运公司调度联系铁路局集团公司调度所，确认后续安排情况，根据不同情况安排后续处置。

①确认列车故障能够恢复，车底后续应用交路无调整的，按照列车晚点进行应急处置。

②后续交路启用热备车底或停运的，车上货物由押运人员随车处理。中铁快运公司负责联系铁路局集团公司调度所，安排后续卸车、转运事宜。

三、高速铁路餐饮服务组织

高速铁路餐饮服务站、车因场所不同而存在较大差异，高铁车站分小型站、中型及以上站，动车组列车车型不同作业场所有所差异。目前，高铁车站的餐饮服务基本外包给地方的商家经营，也有些铁路局集团公司开发了自己的餐饮基地及品牌进行餐饮经营。车站餐饮经营以店面经营快餐为主,列车餐饮服务主要有自营冷链快餐和12306互联网订餐两种供应方式。

1. 12306互联网订餐服务

截至2019年底全路互联网订餐服务车站达到了38个,每个车站都设立了12306互联网配餐中心,负责与各订餐商家对接,将经过本站的各次列车旅客所订餐食配送到各次列车,再由列车餐服人员配送到旅客的座位。

(1)12306互联网订餐车站

全路开办互联网订餐服务的车站分两个阶段:第一阶段为2017年7月17日,铁路动车组列车互联网订餐服务正式上线,乘坐动车组出行的旅客,通过12306.cn网站或铁路12306手机App客户端等可预订指定的车站餐食,下单成功后,餐服人员会把餐食送到列车席位上,网上订餐下单或取消时间不晚于配餐站图定开车前规定时间。同时启动了第一批互联网订餐配餐服务中心(图5-15),基本为省会及计划单列市所在地主要高速客运站。第二阶段为2018年6月5日,为进一步满足旅客对高铁动车组互联网订餐的需要,全面提升客运服务质量,铁路又陆续新增沈阳站、天津站、南京站、青岛站、乌鲁木齐站等11个互联网订餐供餐站或特产预订配送站(表5-10),进一步增加高铁动车组互联网订餐站点,方便广大旅客。新增站点主要是一些动车组密度较大的高铁—普速混合车站和部分省会城市或计划单列市主要车站,以及个别客流较大的地市级车站。增加后,全国铁路互联网订餐和特产预订站达到38个。

图5-15 互联网订餐配餐服务中心

互联网订餐配餐中心车站　　　　　　　　表5-10

局　名	车　站	局　名	车　站
上海局 (4+2)	南京南站	武汉局(2)	武汉站
	南京站(第二批)		汉口站
	上海虹桥站	太原局(1)	太原南站
	杭州东站	北京局 (2+1)	石家庄站
	温州南站(第二批)		天津站(第二批)
	合肥南站		天津西站
济南局 (1+3)	济南西站	沈阳局 (3+1)	长春站
	济南站(第二批)		长春西站
	青岛站(第二批)		沈阳北站
	青岛北站(第二批)		沈阳站(第二批)

续上表

局　　名	车　　站	局　　名	车　　站
广铁集团 (2+1)	广州南站	西安局(1)	西安北站
	长沙南站	成都局 (3+1)	成都东站
	深圳北站(第二批)		重庆北站
郑州局(1)	郑州东站		重庆西站(第二批)
南昌局 (4)	南昌西站		贵阳北站
	福州站	南宁局(1)	南宁东站
	福州南站	兰州局(1)	兰州西站
	厦门北站	昆明局(0+1)	昆明南站(第二批)
乌鲁木齐局(0+1)	乌鲁木齐站(第二批)	青藏公司(1)	西宁站

(2) 12306 互联网配餐中心作业

12306 互联网配餐工作流程图如图 5-16 所示。

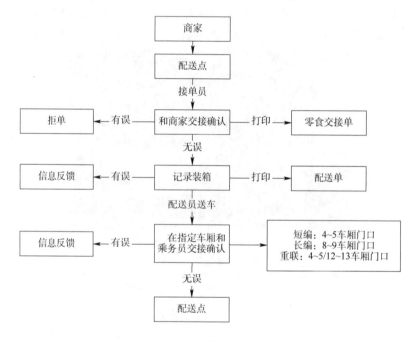

图 5-16　12306 互联网配餐工作流程图

2. 动车组列车餐饮服务规范

《动车组列车服务质量规范》中对动车组列车的餐饮服务规范要求：

(1) 餐饮经营符合有关审批、安全规定,证照齐全有效。食品经营单位的食品安全管理制度健全。

(2) 餐车销售的饮食品符合国家有关规定。销售的商品质价相符,明码标价,一货一签,价签有"CRH"标识,提供发票。餐车、车厢明显位置、售货车、服务指南内有商品价目表和菜单,无变相卖座和只收费不服务。

(3)餐车整洁美观,展示柜布置艺术,与就餐环境相协调;厨房保持清洁,各种用具定位摆放。商品、售货车等不堵通道,不占用旅客的使用空间。售货车内外清洁,定位放置,有制动装置和防撞胶条。

(4)商品柜、冰箱、吧台、橱柜不随意放置私人物品(列车乘务员随乘携带的餐食等定位存放)。餐食、商品在餐车储藏柜、冰箱内定位放置,不占用旅客使用空间。

(5)餐车配置的微波炉、电烤箱、咖啡机等厨房电器符合规定数量、规格和额定功率,保持洁净。

(6)经营行为规范,文明售货,不捆绑销售商品。非专职售货人员不从事商品销售等经营活动。餐车实行不间断营业,并提供订、送餐服务。餐服人员不在车内高声叫卖,频繁穿梭,销售过程中主动避让旅客。夜间运行时,不得进入卧车销售,座车可根据情况适当延长或提前销售时间,但不得超过1小时。

(7)供应品种多样,有高、中、低不同价位的预包装饮用水、盒饭等旅行饮食品。尊重外籍旅客和少数民族的饮食习惯。盒饭以冷链为主,热链为辅,常温链仅做应急备用,有清真餐食。

(8)餐饮品、商品有检验、签收制度,采购、包装、贮存、加工、运输、销售符合食品卫生安全要求。

(9)不出售无生产单位、生产日期、保质期和过期、变质,以及口香糖、方便面等严重影响列车环境卫生的食品。超过保质期限的食品单独存放、回收销毁。

(10)一次性餐饮茶具符合国家卫生及环保要求。

3.高速动车组列车餐饮服务组织

餐饮服务组织是动车组乘务作业组织中不可或缺的一部分,其作业内容及流程为:班前准备—接车作业—始发作业—途中作业—终到作业—班后作业。

各铁路局集团公司分别制定了本公司的高速动车组列车餐饮服务作业指导标准,下面以某铁路局集团公司乘务餐饮岗位作业指导为例讲解。

(1)班前准备

命令事项记录准确,乘务任务明确。乘务领班需要检查餐服人员仪容仪表、着装等,检查核对前一个班组移交餐饮服务备品,如遇缺损需更换处理,请领各类报表、票据。如需提前一日出乘入住公寓时按规定时间入住,遵守公寓管理规定。

(2)接车作业

①进站接车接受安检,列队上站台中部接车,听取列车长传达命令和重点工作布置,与客运班组进行对讲机通信测试,确保畅通,时间一致。

②遇站台交接商品备品的,与仓库配送清点核对办理交接,监测冷链食品,对质量不达标的及时处置。按时接车,交接签认。

③列车进站停稳后,在列车长带领下统一由餐车登车,将乘务箱包定位摆放,做好各类商品备品接货工作。

④检查餐车冰箱、保温箱、微波炉等服务设备设施情况,发现问题及时联系随车机械师和列车长做好记录,做到全面检查,乘务报告规范。补强餐车大面积卫生,备品摆放规范,不占用旅客、消防通道及遮挡出风口,餐车醒目位置防止价目表和卫生许可证。所有冷链食品

按规定实行无缝衔接,定位摆放。餐车整体环境布置美观雅致。

⑤检查收银设备能正常使用。餐车领班主动联系列车长审核商品出库单并签字确认后即可开始营业。

(3)始发作业

餐服人员根据列车长通知在指定位置立岗迎客,礼貌引导旅客上车就座及摆放随身携带物品,车门关闭后在车门口面向站台方向行注目礼至列车起动离开站台。

(4)途中作业

①餐服人员按分工进行商品供应服务工作。快餐冷藏、加热、保温、出样严控温度和时间,确保食品质量,对问题食品及时销毁贴标,分开摆放。异地上餐时加强快餐测温和质量卡控,将每次抽检情况在乘务报告中做好记录。

②近餐点时间根据客流、餐车微波炉配备和状态、团体订餐等情况,提前预加热快餐并做好保温处理,为供餐做准备;及时掌握旅客就餐需求量变化,做好预约用餐登记并分送快餐到位。

③餐服领班需随时掌握商品供应和剩余商品情况,缺货时在有条件的情况下联系途中补货;停站前及时清理回收垃圾;途中停站时餐服人员需按规定位置立岗。

(5)终到(折返)作业

①整理、补充、出样吧台和小推车商品,遇有上货作业,与配送人员做好当前清点交接签认,同时做好商品质量检查、定位摆放备品、回收餐车垃圾等。

②终到前,餐服人员要及时恢复车容,全面整理,环境卫生达标。上传经营数据,清点营业款,现金、票据入防盗包,做到规范打包、账目清晰、款物相符。终到后,按规定位置立岗,旅客下车后巡视车厢,发现问题及时汇报列车长。

③终到后做好商品销售结算工作,正确填报各类报表(乘务报告、商品移交单、退库单、员工餐使用登记表等),需要交由列车长签字确认的交由列车长签字。

④终到后,餐服领班与配送人员交接商品,做好签字确认。

(6)班后作业

参加终到(折返)会,汇报本岗位趟工作情况,听取列车长对本趟乘务工作总结,落实本单位相关岗位问题的整改。

领班完成相关系统的完结维护,到解款室上交营业款,递交各类经营报表和票据,到乘务部移交收款机,与下一班做好相关工作信息交接。需要入住公寓时按规定时间入住。

四、车站服务台设置规范

为规范铁路各车站服务台的设置及标准,国铁集团于2017年专门制定了《铁路旅客车站服务台设置规范》。

1. 服务台设置标准

(1)候车区内

高铁大站宜设置岛式服务台,其他车站可设置岛式、靠墙、嵌入等多种形式的服务台,客流量小的车站可不设服务台,实行流动服务。

(2)进出站口处

各铁路局集团公司自行设置和管理。进站口外可与实名制验证台合设,出站口外可与地方旅游部门、知名旅行社、旅游集成商合作。

2. 服务功能及设施配备

(1)服务功能

①求助服务。提供重点旅客、失物招领、行李搬运、辅助器械等服务项目。

②应急改签。提供到晚旅客在候车区应急改签服务。

③咨询服务。提供余票、票价、车次、正晚点、检票口、规章、服务设施位置、地方交通等咨询服务,可采用自助查询形式。出站口服务台可提供旅游咨询服务。

④投诉建议。提供投诉建议受理服务,将车站服务台作为12306客服中心的实体延伸。

⑤会员服务。提供"铁路畅行"会员注册、身份认证、信息查询、受让人设置等服务。

(2)设施配备

①设置客票、正晚点、检票口、通信录等查询终端或集成客票、正晚点、检票口、通信录等信息的综合查询终端,具备铁路办公网、客票网、互联网接入条件。

②电话、传真复印一体机,对讲机,视频监控,音视频记录仪。

③衡器(带携带品尺寸测量)、辅助器械(轮椅、拐杖等)、便民箱(针线包等)。

④配备与旅客服务有关资料。

3. 外观式样

各铁路局集团公司根据管内服务台现状,统一服务台的外观、颜色和风格,体现各铁路局集团公司文化和管理特色。服务台以《公共信息图形符号 第1部分:通用符号》(GB/T10001.1—2012)图形为主体标识,包含"12306"字样。服务台所提供的服务项目,应以国标图形符号表示,并符合《铁路旅客车站导向标识系统设计指南》要求,各铁路局集团公司可在统一位置增加车站自主服务品牌图形和名称,颜色不宜超过四种,色相应合理搭配。

服务台按外观形式分为岛式服务台和单边式服务台,如图5-17所示。

a)岛式服务台

图 5-17

b)单边式服务台

图 5-17　服务台

复习思考题

1. 客流调查包含哪几个方面的内容？
2. 列车开行方案设计的影响因素有哪些？
3. 旅客列车的定员如何计算？
4. 票额共用的含义是什么？
5. 营销决策系统中的日常分析内容有哪些？
6. 营销决策系统中的专题分析内容有哪些？
7. 铁路旅客行李的范围是什么？
8. 高铁快运业务指什么运输业务？
9. 高铁快运作业组织流程有哪些？

项目 6　铁路客运信息系统

  项目内容

　　随着社会科技的快速发展,铁路旅客运输工作中很多传统手工作业内容逐步被计算机信息系统所取代,很多组织工作也由不同的信息系统来完成。因此,铁路客运信息系统是铁路旅客运输工作不可或缺的组织手段之一。本项目主要内容包含客票系统应用、旅客服务系统应用,客运管理信息系统应用,站、车无线交互系统应用,12306客服中心系统和铁路旅客服务与生产管控平台。以上内容以六个任务形式呈现,图6-1 所示为项目6 内容导图。

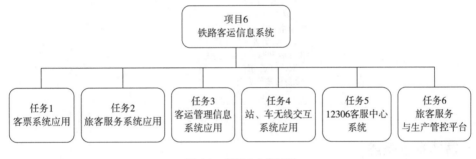

图 6-1　项目 6 内容导图

  教学目标

1. 掌握旅客服务系统的功能。
2. 掌握客票发售系统的功能。
3. 掌握客运管理信息系统的功能。
4. 了解客服中心系统的功能。
5. 掌握站车无线交互系统的功能及操作方法。
6. 了解旅客服务与生产管控平台的知识。

  教学建议

　　课时建议:本项目课时可根据实际情况灵活掌握。建议课时为 8 课时。
　　授课过程建议:本项目主要介绍铁路运输企业铁路旅客运输组织工作中常用的生产及管理信息系统。这些系统的实质是将以前传统的手工工作内容用信息系统进行电子化处理,但其生产和管理的流程及内容还是客观存在的。因此,系统只是一个运用工具,不同的系统实现不同的生产或管理功能。
　　因各学校系统配备差异,所以教师授课时会存在一定的困难,建议理实一体化有困难的学校教师授课时主要介绍系统工作原理,并结合实际讲述相应知识内容。

任务 1　客票系统应用

任务 1 内容导图如图 6-2 所示。

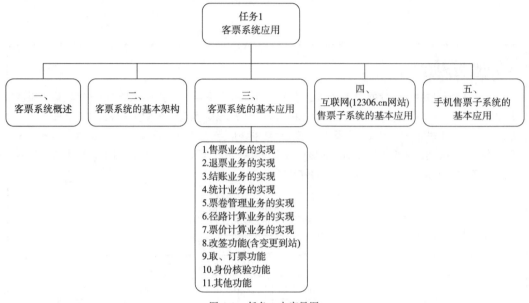

图 6-2　任务 1 内容导图

一、客票系统概述

客票系统:中国铁路客票发售与预订系统(Ticketing and Reservation System,TRS),主要服务于铁路客运列车车票的营销、预订和发售管理。

客票系统由国铁集团、铁路局集团公司、车站和互联网四部分组成:

(1)国铁集团级系统主要是面向全路性宏观客运指挥管理和保障全路的联网售票。

(2)铁路局集团公司级系统面向以席位为核心的调度控制和铁路局集团公司内客运业务的指挥。

(3)车站级系统主要面向售票的实时交易服务。

(4)互联网主要提供客票发售的自助服务。

客票系统各阶段的发展变化路径如图 6-3 所示,历经二十余载从 1.0 版本发展到 5.2 版本,完成了由计算机代替人工售票到电子商务系统的巨大转变,尤其互联网售票子系统和手机售票子系统的运用和电子客票的推广,最大限度地实现了旅客购票的自助性和便捷性。

二、客票系统的基本架构

客票系统的总体架构:系统上层是国铁集团,主要承担基础数据维护和营销分析,中间是铁路局集团公司主要负责票库的维护,车站数据库也全部集中到铁路局集团公司,下层的车站只有售票管理机、窗口售票机、自动售票机等。

项目6 铁路客运信息系统

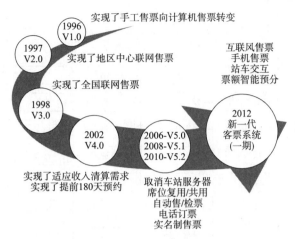

图 6-3　客票系统各阶段的发展变化路径

铁路客票系统是客运售票组织实现有序化、快捷化的有力保障,其基本架构和功能如图 6-4、图 6-5 所示。

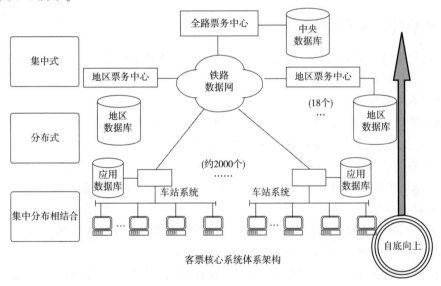

图 6-4　客票预订发售系统基本架构

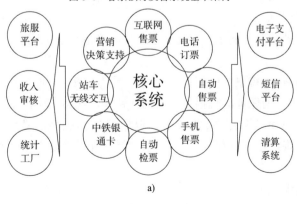

a)

图 6-5

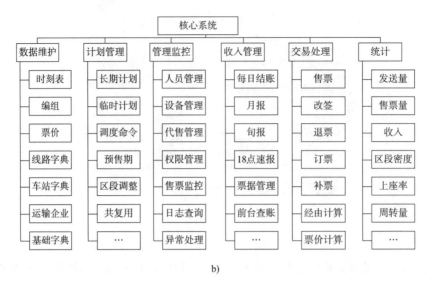

b)

图 6-5 客票系统的基本功能

三、客票系统的基本应用

客票系统的核心业务模块有售票业务、退票业务、结账业务、统计业务、票卷管理业务、径路计算业务和票价计算业务。

1. 售票业务的实现

售票功能是售票系统的核心功能,可以发售本地票、异地票、直达票、通票等操作,支持发售全价票、儿童票、学生票、残军票、公免票等各票种。

售票业务的实现路径:

(1)售票员根据旅客的要求,输入乘车日期、车次、发站、到站、席别、票种、张数。

(2)发取票命令。

(3)客户机到服务器的席位库中取票,如取到票,则将席位库中相应席位设置成占用标志,计算票价,并显示取票结果(车厢号、席位号、票价)。

(4)在旅客付款后,发印票命令(电子客票发打印购票信息单命令或购票信息),并将操作员的信息、席位信息、票价及清算的信息记入售票存根。

2. 退票业务的实现

退票功能支持各种情况下的退票操作,包括开车前退票、中途退票、挂失补车票退票等业务操作。

退票业务的实现路径:售票员使用扫描仪将车票信息读入(电子客票为旅客购票使用的身份证件信息,已打印报销凭证的扫描报销凭证)到客户机内,客户机根据所读信息到服务器检索相应的售票存根和退票存根,如果找到退票存根,且有效,则说明票已退过,不能再退;否则,如果检查有售票存根且存根信息正确,售票员输入退票理由,计算和核准退票款并记入退票存根。

3. 结账业务的实现

售票员本班结束时,要清点票款并作为实交款输入到计算机。

计算机根据售退票存根进行财务结账并累计机内的票款作为应交款的依据。

售票账目正确：实交款＝应交款。

每天财务人员为售票人员打一张本窗口的"财收四"报表（票据整理报告），作为结账的依据。图6-6所示为"财收四"报表示意图。

图6-6 "财收四"报表示意图

4．统计业务的实现

客票系统统计数据来源有票库信息、售票存根、退票存根、列车信息、售票人信息、买票人信息、财务收入及清算信息等。票库信息反映了列车的运能和席位剩余信息，售、退票存根反映了交易信息。

根据票库和存根，可以实现如下客运基本统计功能：

（1）打印各车站或者售票员售票情况。

（2）统计列车发送人数、各席别售出张数。

（3）打印18点统计报告。

（4）打印乘车人数通知单或者直接将乘车人数通知单通过站、车无线传输系统传给列车长。

5．票卷管理业务的实现

票卷是打印车票的票纸，经过防伪处理，通常一卷是一千张票，所以对票卷管理尤为重要。

（1）当车站从收入部门获取票卷时，应进行"入库"操作；售票员需要新票卷时，应进行"请领"操作；将票卷装到制票机上，进行"在用"操作；本卷票卷全部打印完后，进行"用完"操作；不再使用的票卷要进行"作废"操作。

（2）每天结账"财收四"报表要记录"使用"和"作废"的票卷号码，财务和收入部门审核票卷使用与发放是否一致。在售票员交接班时，需要交接和记录"在用"的票卷号。

6．径路计算业务的实现

径路程序包括径路的生成和径路维护使用两部分。

（1）径路生成是以一个站为起点，使用K最短路算法生成到全国所有车站N条径路和相应里程，在从这N条径路中删去没有列车经过和明显不合理的径路，将这些到站、径路、里程保存到数据库中，当售票员发售某一到站的通票时，计算机会从数据库取出到站的所有径路供旅客选择，旅客可以选择换乘次数最少或者里程最短、最便宜的径路。

（2）优化的方法是预先计算好接算站（一般为路网的节点）之间的径路信息，将径路信息复制到所有车站服务器。当有径路计算需求时，通过首乘车次，计算得到发站与换乘站间的径路信息，再从径路信息表中搜索得到换乘站至到站的N条最短路径，二者做笛卡儿积（一种数学方法），即可得到所求径路信息。

(3)由于旅客购买通票在票价上享受递远递减的优惠价率,在乘车上享受先中转后始发的优先发送政策,所以,中转换乘的径路计算是客票的重要部分。

7. 票价计算业务的实现

票价计算是在给定列车车次、乘车日期、发站、到站、票种及席别的条件下计算普通票票价、通票票价、中转票价。以普通票票价计算为例:

$$普通票价 = 基础票价 + 加快票价 + 空调票价 + 卧铺票价 + 附加费 \qquad (6-1)$$

客票系统中铁路旅客基本票价率为 0.05861 元/(人·km)。动车组票价定价依照旅行速度达到 110km/h 以上的动车组列车软座票价基准价:一等座车为 0.3366 元/(人·km)、二等座车为 0.2085 元/(人·km),上下浮动 10%。

8. 改签功能(含变更到站)

改签功能是车站窗口的常见业务,支持变更席别、车次、日期、到站等事项的改签业务。

9. 取、订票功能

取、订票也是铁路售票窗口的重要功能,随着互联网购票的普及,越来越多的旅客通过 12306.cn 网站购票,售票系统取、订票模块支持取旅客通过互联网购买的车票。

10. 身份核验功能

铁路实行身份核验以来,在 12306.cn 网站的注册用户必须通过身份核验之后,才可以在 12306.cn 网站进行购票、改签、退票等操作。售票系统支持身份核验操作。

11. 其他功能

售票系统的其他功能(如挂失补办等)除了支持更多业务操作之外,还有财务统计、数据维护等支持数据统计、系统维护等业务操作。

四、互联网(12306.cn 网站)售票子系统的基本应用

互联网(12306.cn 网站)售票子系统是客票系统接入互联网办理业务的系统,其功能主要是辅助旅客自助完成购票的全过程。互联网(12306.cn 网站)售票子系统依托铁路部门官方网站(www.12306.cn)实现售票功能,也可以认为互联网(12306.cn 网站)售票是铁路客票系统的电脑端(PC 端)。

互联网(12306.cn 网站)售票子系统主要包括以下几项功能:注册、登录、余票查询、购票、改签、退票、订单处理、短信通知、线下取票(或报销凭证)等。

(1)用户注册。购票的旅客均在 12306.cn 网站上进行实名注册,注册时提供姓名、性别、证件号码、常住地、邮箱地址和手机号等信息,对可检验号码的证件与公安联网进行有效性校验,保存用户信息,用户须通过邮箱或手机短信校验方式进行激活处理后,方可进行网上购票。

(2)用户登录。旅客在 12306.cn 网站上进行购票前必须使用注册用户登录,登录过程中需通过验证码机制防止网络机器人注册攻击。用户登录成功后,如长时间未进行操作,系统将强制注销用户的登录状态。

(3)余票查询。注册用户填写具体的日期、时间段、上车站、下车站、车次、席别、票种和张数等信息,系统自动搜索车次信息并进行余票数量检查,最后将满足条件的车次显示给旅客,供旅客购票选择。

(4)购票。旅客选定车次,确定购票时,需要正确填写旅客信息,互联网(12306.cn网站)售票全部施行实名制购票。为加快旅客信息填写速度,系统提供常用联系人功能,只要是订票人曾经录入过的旅客均自动成为订票人的常用联系人。当旅客信息填写完成后,系统自动向客票系统发起购票申请,席位占用成功后,显示车票订单信息,包括日期、车次、车厢、席位号和票价。

(5)支付。旅客根据申请车票的票价,选择进行网银支付,系统转接铁路电子支付平台,旅客输入账号和校验密码完成支付。电子支付支持银行卡、支付宝、中铁银通卡、第三方支付等多种电子支付手段。对于支付成功的订单,生成实名制电子客票,提供订单号给旅客,以方便旅客取票。

(6)改签。对于在12306.cn网站上成功购买的电子客票,旅客因故需改签旅行计划时,在规定时限内,可在12306.cn网站上办理改签。当席别由低改高时,全额支付新票款、全额退原票款;当席别由高改低时退差价票款。

(7)退票。旅客因故需取消旅行计划时,在规定时限内,可在12306.cn网站上办理退票,并按相关规定收取一定比例的退票费,余额退还旅客,退票费报销凭证可到车站退票窗口领取。

(8)订单处理。对于支付成功的订单,转换成电子客票,这部分订单保留到一定期限后自动转成历史订单;对于逾期不支付的订单,为避免席位虚糜,须尽量减少席位被占用时间,系统根据业务部门制订的时间规则进行判定,确认为可返库订单,则将车票返库,并将订单置为返库状态,此类订单也保留一定期限后自动转成历史订单。系统提供以注册用户为查询条件的历史订单信息查询、电子票处理等功能。

(9)短信通知。在铁路客户服务中心设置短信服务平台,实现电信运营商的接入。旅客成功订票及支付后,采用短信息的方式,将购票成功和温馨提示的短信发送至旅客手机上,购票成功信息包括流水号、乘车日期、车次、发站、到站、车厢、席位、开车时间等信息;在乘车前,短信提示旅客,其电子票对应的开车时间、预计到站时间、停靠站台等信息;购票过程中,如旅客没有立即支付,在取消席位前发送短信提示其尽快支付等。

(10)线下取票。旅客在线购票成功后,可选择在代售点、车站窗口、自动取(售)票机等线下终端,使用旅客证件号码或订单号完成电子客票换取普通纸质车票的业务。

换票成功后电子客票生命周期即结束,不可以在线(12306.cn网站)办理退票、改签业务。旅客可在具备自动检票闸机或手持检票设备的车站办理电子票联机检票业务,实现全过程的无纸化乘车。

互联网(12306.cn网站)售票子系统界面和主要业务流程分别如图6-7、图6-8所示。

五、手机售票子系统的基本应用

手机售票子系统是客票系统在手机端实现售票功能的铁路12306手机App,其实现的功能基本与PC端一致。其操作如下:

(1)注册功能。通过手机客户端可以注册为购票用户;手机售票和互联网(12306.cn网站)售票共享注册用户,在一个系统注册的用户可以在另一个系统使用;通过铁路12306手机App客户端注册的用户即12306.cn网站的用户。

图 6-7 互联网(12306.cn 网站)售票子系统界面

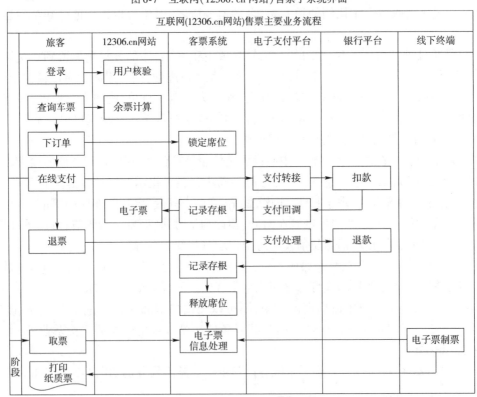

图 6-8 互联网(12306.cn 网站)售票主要业务流程

(2)用户登录。需要先登录到手机购票系统,才可以订票操作。

(3)余票查询。通过手机客户端选择日期、车次、发站、到站等信息,旅客可以查询预售期内该车次的余票信息。

(4)购票。通过手机客户端,确认购票车次、返回订单和票价信息。

(5)支付。选择支付银行,通过手机进行支付。

(6) 订单查询。查询未完成订单,可以选择支付或者取消订单;查询到的已完成订单,可以选择改签或者退票。

(7) 个人资料维护。用户可以对个人资料、常用联系人、密码等资料进行维护。

图 6-9 所示为客票系统手机端界面。

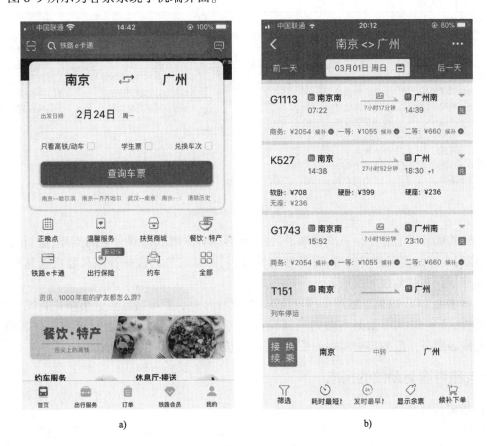

图 6-9　客票系统手机端界面

任务 2　旅客服务系统应用

任务 2 内容导图如图 6-10 所示。

旅客服务系统(简称"旅服系统")是以信息的自动采集为基础,以为旅客提供全方位信息服务为目标,实现客运车站信息自动广播、导向、揭示、监控等功能的两级架构管理控制系统。旅客服务系统是当前高速铁路车站旅客运输组织工作不可或缺的重要工具和途径。

旅客服务系统由集成管理平台和导向揭示、广播、监控、时钟、查询、求助、站台票发售、寄存子系统组成。

旅客服务系统总体采用两级架构。原则上,国铁集团设置旅客服务小型集成管理平台,铁路局集团公司调度所设置区域中心 OCC(控制中心),各站设置车站 OCC(综控室)。

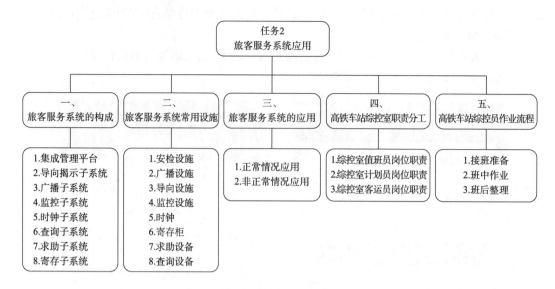

图 6-10 任务 2 内容导图

国铁集团旅客服务小型集成管理平台,对旅客服务系统提供信息上的支撑,进行宏观管理,实现对全路旅客服务的监督、管理和统计分析,并完成公共数据管理和音视频基础信息库的制作以及视频监控的功能。

区域中心 OCC 根据车站列车到发情况,对管辖内中小型车站旅客进出站进行统一指挥和管理;大型车站 OCC 根据本站列车到发情况,对本站旅客进出站进行统一指挥和管理。实现对旅客服务系统的集中监视和控制,完成系统间信息共享和功能联动。

一、旅客服务系统的构成

1. 集成管理平台

集成管理平台为旅客服务系统各项功能提供服务平台,是按照统一的接口标准,将导向揭示、广播、监控、求助、寄存业务等功能整合到一起,实现信息共享和功能联动的操作环境。集成管理平台体系架构示意图如图 6-11 所示。

集成管理平台采用两级架构,即部署在区域中心 OCC 和车站 OCC。

集成管理平台能够在紧急情况下启动应急预案为决策人员提供综合决策信息,并为操作人员提供及时的操作指导,同时为运营人员提供完整的、定制化的权限管理,提高整体应急处理能力。通过数据统计、报表制作与打印功能,满足各类统计数据业务需求。

2. 导向揭示子系统

导向揭示子系统从集成管理平台获取各类旅客服务信息,方便旅客高铁车站不同区域及处所随时获取出行信息,通过各类显示屏实时发布。导向揭示系统主要包括列车时刻表信息、票务信息、列车到发通告、旅客进出站检票通告、车站空间说明、服务设施说明、市内交通、天气情况、旅客出行相关信息等。

该系统采用两级构架,分别设置在区域中心 OCC 和车站 OCC。导向揭示子系统体系架构示意图如图 6-12 所示。

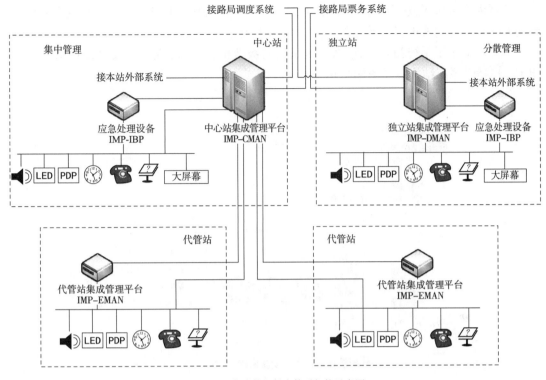

图 6-11　集成管理平台体系架构示意图

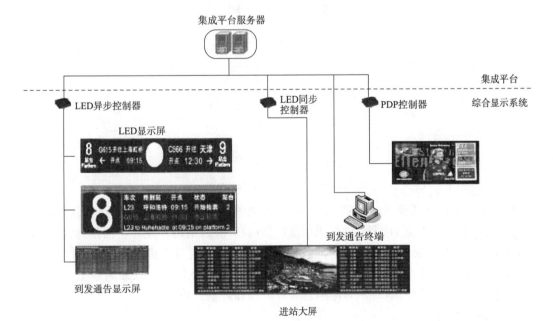

图 6-12　导向揭示子系统体系架构示意图

3. 广播子系统

广播子系统从集成管理平台获取各类旅客服务信息，向旅客播报铁路通告、列车运行时刻、站内设施说明、站内环境说明、安全提示、旅客乘车及旅行相关等信息。通过区域选择，实现广播内容区域播放,为各岗位客运员及旅客及时、准确地提供各类信息。广播子系统能够将文字信息转化成声音自动播放,完成中英文广播。

与导向揭示子系统相同,该子系统也采用两级架构,分别设置在区域中心 OCC 和车站 OCC。广播子系统结构示意图如图 6-13 所示。

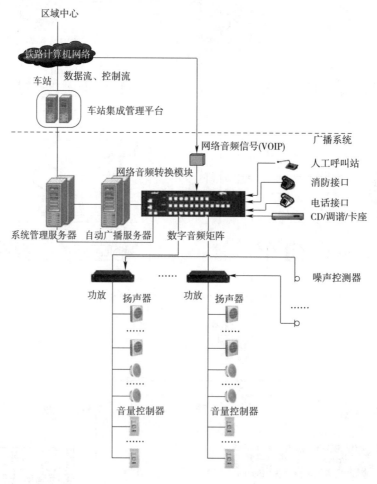

图 6-13 广播子系统结构示意图

广播子系统可按照预置的优先级别,执行集成管理平台发送的广播计划、发布广播信息。同时,接受工作人员的指令,调整或插播广播内容,随时编辑和发布广播信息,可实现分区域或全部站区内广播。广播子系统能够按照特定的文字信息合成语音信息,并具备环境噪声检测功能,自动分区调节广播音量,实现高音质广播。在广播方式和内容上,可以实现话筒广播、现场区域的小区广播、自动语音合成广播和背景音乐广播。

4. 监控子系统

监控子系统运用多媒体技术、计算机网络技术和音视频技术实现对高速客运站整个站区内的服务对象和服务设施进行监控,实时了解站内各处客运组织现状,组织协调客运各岗位作业,为有需求的旅客提供及时周到的服务。

监控子系统结构示意图如图 6-14 所示。

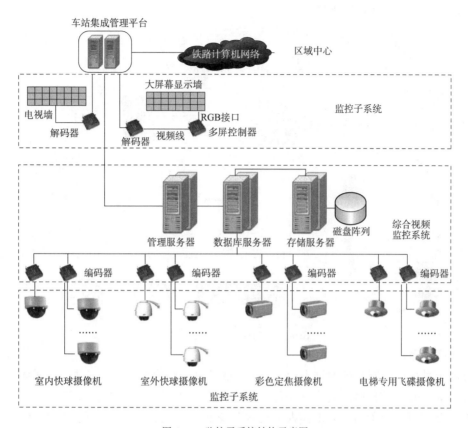

图 6-14　监控子系统结构示意图

监控子系统执行集成管理平台的指令,并向集成管理平台提供监控信息。监控装置能够根据现场情况自动或按照工作人员的指令调整监控角度。系统具备视频监控信息存储功能,视频监控系统覆盖车站各服务处所,具备自动录像功能。录像资料留存时间不少于15 天,涉及旅客人身伤害、扰乱车站公共秩序等重要的视频资料为 1 年。车站综控室设置大屏幕显示墙,可以分屏显示监控的信息,显示画面可在不同监视区域切换,如图 6-15 所示。

图 6-15　大屏幕显示墙

5. 时钟子系统

为确保铁路旅客运输安全、正点,站、车各岗位工作人员必须统一时间。时钟子系统采用子母钟系统,从统一的时钟源获得标准时间,使得整个辖区内各个子钟及相关系统与统一时钟源的时钟同步,为客运工作人员和旅客提供统一标准时间。

系统要求时钟具有同步功能,并能为相关系统实现时钟同步。时钟子系统结构示意图如图 6-16 所示。

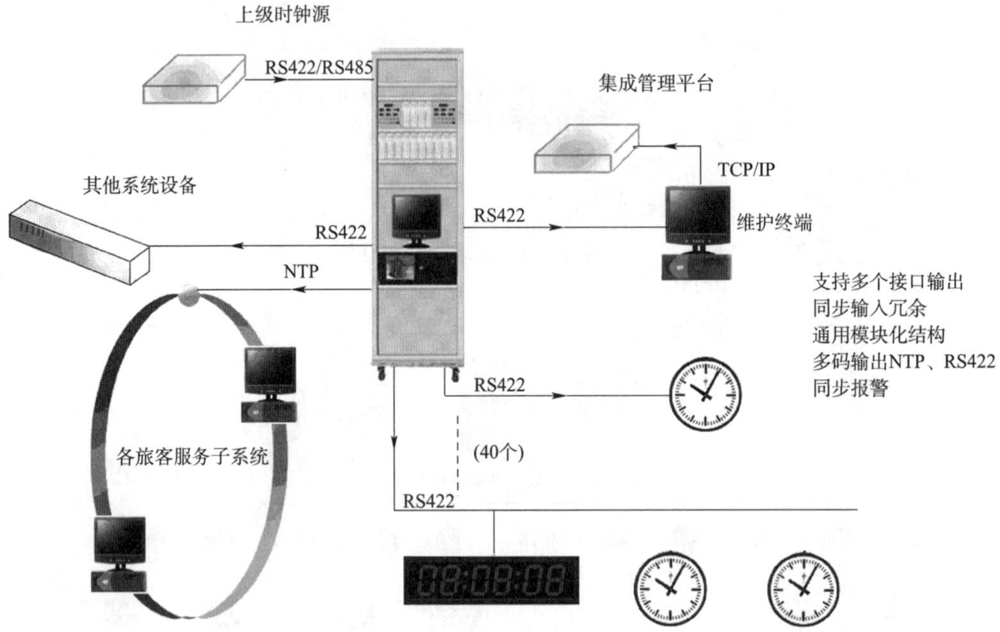

图 6-16 时钟子系统结构示意图

6. 查询子系统

查询子系统以客服系统数据平台为主要数据来源,采用触摸屏、计算机、多媒体、网络和接口等技术,为旅客提供列车、票价、席位、服务设施、站区环境等出行相关各类信息。

人工查询模块为车站客运工作人员提供信息查询,相关工作人员根据权限可对信息进行编辑和修改。高铁车站通常在不同处所设置自动查询设备,方便旅客自助查询信息。

查询子系统结构示意图如图 6-17 所示。

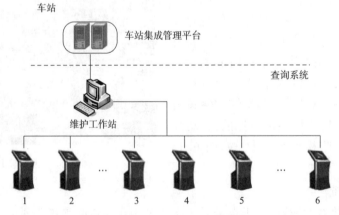

图 6-17 查询子系统结构示意图

7. 求助子系统

求助是指旅客在车站内使用求助子系统的终端设备远程获得车站工作人员帮助的过程。

求助子系统以计算机电话集成(CTI)技术为基础,采用摘机通话的对讲分机或求助按钮,通过与监控、查询系统的有机配合,响应旅客的紧急求助需要,使旅客能够及时获得车站工作人员的帮助。

系统支持免拨号通话、多路呼入排队、事件记录、电话录音、交换机故障检测、自动告警、线路实施监测等功能。求助子系统结构示意图如图6-18所示。

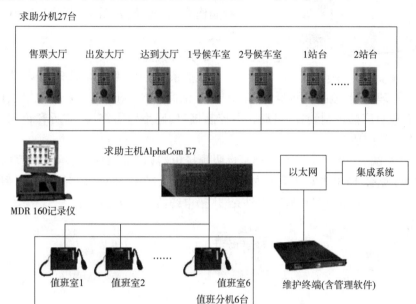

图6-18 求助子系统结构示意图

8. 寄存子系统

寄存子系统允许旅客以自助的方式存放小件物品,为旅客提供便捷服务。寄存子系统体系架构示意图如图6-19所示。

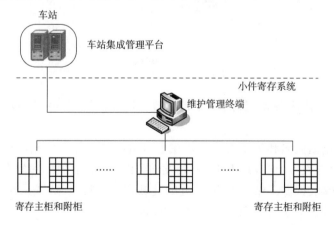

图6-19 寄存子系统体系架构示意图

二、旅客服务系统常用设施

旅客服务系统常用设施包括安检设施、广播设施、监控设备、时钟、寄存柜、自助查询设备、应急求助设备、自动检票机(闸机)等。

1. 安检设施

高速客运站在进站大厅的入口处设置安全检查设备,安检系统主要由 X 射线检查系统主机、安检操作台、传输设备等组成,图 6-20 所示为安检仪。

图 6-20　安检仪

2. 广播设施

广播系统主要由系统管理服务器、语音合成服务器、维护管理终端、液晶显示器、语音采集卡、话筒、数字调协器、双卡录放机、DVD、内通电话接口、IP 应急广播控制装置、自动联网控制接口、网络监听终端、监听音箱、时序电源控制器、稳压电源等组成。

常见广播终端有 1W、3W、6W 高档阻燃吸顶扬声器如图 6-21a) 所示,6W 室内壁挂扬声器如图 6-21b) 所示,15W 通用型音箱如图 6-21c) 所示,20W、30W 高档阻燃指向型扬声器如图 6-21d) 所示。通常扬声器具有防火外壳,广播电缆能够防火、阻燃。

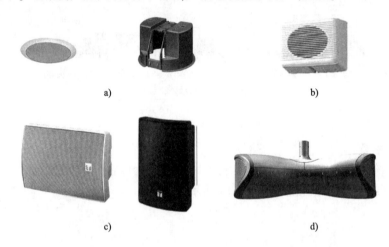

图 6-21　广播终端

3. 导向设施

导向设施包括应用服务器、数据服务器、控制器、维护终端、各类显示屏和到发通告终端等。

按照旅客进、出站流向和工作人员需要在进出站口、售票厅、候车区域、进出站通道、安检口、检票口、站台等设置 LED/PDP/LCD、到发通告终端、电子翻板和静态显示标志。面向旅客的动态显示终端,根据车站的规模、所处的地域和客流特点,优先采用全彩 LED 显示屏或 PDP/LCD 显示屏。显示屏如图 6-22 ~ 图 6-29 所示。

4. 监控设施

监控设施包括前端监控设备和后端监控设备。其中,前端监控设备,包括室内智能球形摄像机、室外智能球形摄像机、定点摄像机、镜头、解码器等设备;后端监控设备,包括视频解码器、操作终端、模拟视频矩阵、监视器、DLP 大屏等设备。其结构如图 6-30 所示。

项目6 铁路客运信息系统

图 6-22 进站大屏

图 6-23 售票屏

图 6-24 售票窗口屏

图 6-25 检票屏

图 6-26 站台双面双翼到发信息屏

图 6-27 编组屏

图 6-28 出站屏

图 6-29　PDP 显示屏

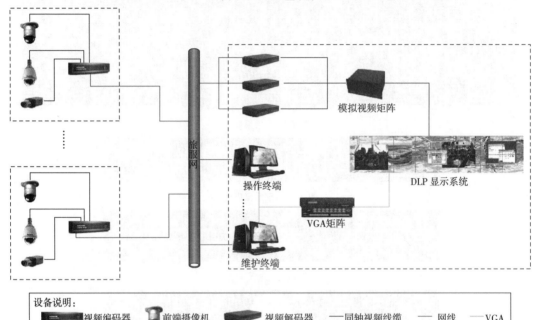

图 6-30　监控设施结构示意图

（1）枪式摄像机。枪式摄像机主要安装在走道。枪式摄像机如图 6-31a) 所示。

（2）室内球形摄像机。内含一体化摄像机、电机等传动机构，可以根据需要调整观看方向。室内球形摄像机如图 6-31b) 所示。

图 6-31　摄像机
a) 枪式摄像机；b) 室内球形摄像机；c) 室外球形摄像机

（3）室外球形摄像机。内含一体化摄像机、电机等传动机构，可以根据需要调整观看方向。室外球形摄像机如图6-31c）所示。

5. 时钟

时钟设备主要包括车站二级母钟（图6-32）、NTP网络时间服务器、各类子钟、传输通道及维护终端等。

6. 寄存柜

寄存柜采用钱币识别、控制、计算机、网络和接口技术实现旅客自助寄存功能，其结构如图6-33所示。

7. 求助设备

求助设备主要包括求助主机、值班分机和求助按钮等，如图6-34所示。

图6-32 时钟
a）二级母钟；b）单面数字式子钟；c）单面模拟式子钟

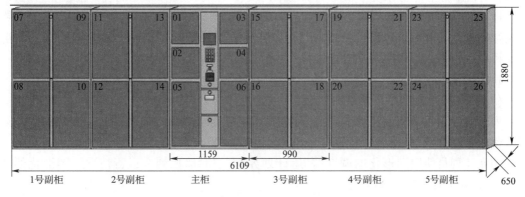

图6-33 寄存柜

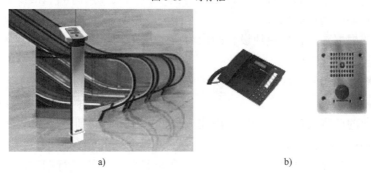

图6-34 求助设备

8. 查询设备

查询设备主要以本地数据库和集成管理平台为主要数据源，采用触摸屏、计算机、多媒体、网络、接口等先进技术，为旅客提供列车、票价、席位、服务设施、站区环境等相关信息，如图6-35所示。

 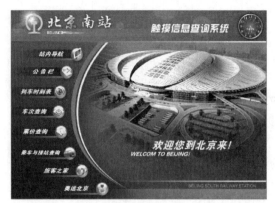

a)查询设备外观　　　　　　　　b)查询设备主界面

图 6-35　查询设备

三、旅客服务系统的应用

旅客服务系统是高度集成的综合信息平台,以列车为中心展开业务操作,业务功能采用模块化管理。旅客服务系统不仅实现了列车到发、列车时刻表、TDMS 的统一接收和管理,以及广播、导向、监控的统一管理,还可以及时切换到管辖站的应急平台进行业务操作。高铁车站综控室作为客运生产指挥中心应用旅客服务系统完成车站客运组织工作,在紧急情况下发挥应急指挥中心作用。

1. 正常情况应用

(1) 列车按计划正常完成到发作业

列车按计划正常完成到发作业,旅客服务系统自动接收票务系统(TRS)发送的图定列车时刻和客票信息,自动与平台中的数据进行比较,并将结果显示于比较表中。

调度计划员使用图形化的调度/客运计划界面,实时监控列车运行情况。图形化的调度/客运计划界面如图 6-36 所示。

①广播系统根据广播业务模板中设定的该列车到点或发点时间基准及触发信号,在不同的作业区域自动广播作业内容。

②导向系统根据导向管理模块设置的内容,在预置区域相应显示屏自动发布列车到达、开始检票、停止检票等信息。

③监控系统实现车站各区域作业的实时监控,可随时切换到不同区域查看旅客候车、检票进站、出站等情况。

通过图形化的调度/客运计划界面,操作人员可以对列车的到点、发点、股道信息进行调整和发布,可以发布预告、车底到达、发车信号,可以对列车的候车室信息、检票口、出站口、闸机信息、开检时间、停检时间、编组信息、屏中列车状态信息等进行调整和发布,也可以发布开检、停检信号。

(2) 更改列车开行作业计划

如遇列车改编组、晚点、变更候车室等情况,操作人员需手动修改列车开行计划。

旅客服务系统自动接收 TRS 发送的图定列车时刻和客票信息,自动与平台中的数据进行比较,并将结果显示于比较表中。当信息不一致时,需手动处理。

图6-36 调度计划(图形)

手动计划生成功能提供手动生成调度、客运、广播、导向计划(通常用于业务内容发生变更需要立即生效时),计划生成功能的级别较高,所以对于列车时刻表中停开、不在有效期的车次都可以生成计划。

①客运计划调整。

客运计划是整个客运站所有业务计划的核心,只有从调度计划获取了准确的列车到发信息,客运站的其他业务计划才能依照客运计划顺利执行,相关的客运服务业务才能开展。客运计划模块提供了列车客运组织业务调整的功能,包括客运组织计划的调整和客运组织信号的调整。其中,客运组织计划的调整包括进站检票时间变更、候车室检票口变更、编组变更;客运组织信号调整包括进站立即开检、进站立即停检等。如图6-37所示。

客运计划界面由"接收信息区""操作日志区""客运计划信息列表"组成。其中,"接收信息区"显示的是接收来自调度计划发布的相关车次变更信息;"操作日志区"显示的是客运计划接收和发送是否成功的日志操作信息;"客运计划信息列表"显示的是本站所有列车的客运计划信息。

客运计划的使用主要是根据"接收信息区"显示的列车变更信息,对已生成的客运计划作相应调整,操作之前需要先在"客运计划信息区"中选择指定的车次信息,然后根据业务需求,执行进站检票时间的调整、候车室检票口的调整、列车编组信息的调整以及手工触发开/停检等的操作。

②列车客运组织计划调整。

当收到某始发车或途经车发车时间变更信息时,操作人员需要对该车次的进站检票时间进行相应调整,否则相关的广播及导向业务会按照原计划时间执行相关作业。

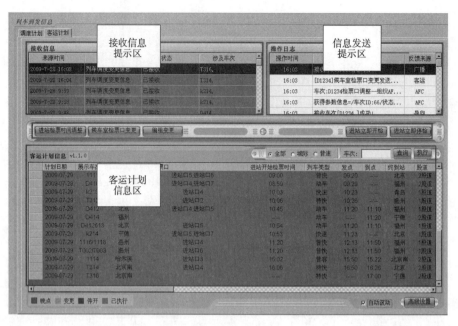

图 6-37 客运计划

操作人员根据车站客运组织情况，调整列车在该站使用的候车室、检票口、出站口和闸机时，可以使用客运组织调整功能进行相关操作。对于始发车，可以调整候车室、检票口和进站检票闸机信息；对于途径车，可以调整候车室、检票口、出站口和进出站检票闸机信息；对于终到车，可以调整出站口和出站检票闸机信息。

当客运计划员接收到候车室检票口调整的指令后，在客运计划界面可选择指定的车次，进行候车室检票口变更操作，如图 6-38 所示。

图 6-38 信息设置

当列车车厢数发生变化，需要修改站台编组屏中的列车编组信息时，操作人员可以通过列车编组变更功能进行调整。

通过模式编辑方式,操作人员可以实时修改该列车在相关屏中显示的状态信息;根据车站特殊需要,操作人员还可以临时修改一辆列车在各类型屏中显示的状态信息。在弹出界面中选择一个导向模式,操作人员可以修改分类屏的显示内容。

列车客运组织信号调整在客运组织安排中主要是指"进站立即开检"和"进站立即停检"的信号触发,此时客运计划员可根据接到的指令和实际情况手工触发开始检票或停止检票的信号。此种情况下相应的广播、导向和自动检票环节将依据该信号执行相应的客运生产作业。

当列车进站后,在导向系统做出修改的情况下,可直接触发广播和检票环节的相应调整。

2. 非正常情况应用

旅客服务系统在使用中,由于网络或者系统自身的问题导致的旅客服务系统暂时无法使用时,操作人员需要进行应急系统的切换,从而保证业务的正常运转。在应急状态下,应急系统只能提供一些基本的业务操作,主要有调度客运计划、广播计划、TRS 数据比较、列车时刻表、广播业务模板、导向业务显示规则、导向显示设置、客运组织业务模板、计划生产、到发管理参数配置、人工广播、帧编辑、版式编辑、干预下发、售票窗口屏、视频监控、操作日志、权限一览表、权限配置、车站基础信息管理、内部参数维护等。

操作人员可以通过平台应急管理菜单进入应急切换界面,也可以通过平台左下方的应急切换按钮来进入应急界面。操作人员可以查看应急服务器的运行状态,根据需要进行正常与应急系统的切换。图 6-39 所示为应急界面。

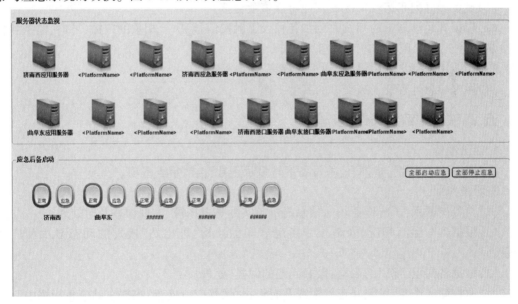

图 6-39 应急界面

(1)查看应急服务器状态

在服务器状态监控区域,查看应急服务器的状态包括应用服务器、接口服务器等。

服务器用颜色来区分使用情况。如果服务器是绿色则说明服务器处于正常状态,如果服务器是红色则说明服务器有故障,需要操作人员及时处理。

（2）进行应急切换

旅客服务系统可以实现全部启动应急、全部停止应急、局部启动应急、局部停止应急的切换。

四、高铁车站综控室职责分工

1. 综控室值班员岗位职责

（1）负责铁路局集团公司行车调度员、客运调度员命令的接收、传递和执行。

（2）负责集成平台系统的盯控，根据调度命令，及时修改旅客服务平台及闸机系统基础数据，对次日客运计划进行核对。

（3）负责组织对调图资料进行整理，并对客运组织业务模板进行维护、复核。

（4）负责综控室的日常管理。

（5）作业中使用文明用语，做到耐心解答，用语规范。

（6）做好应急处置及上级交办的其他工作。

2. 综控室计划员岗位职责

（1）负责做好列车运行情况及其他重点事项交接。

（2）负责铁路局集团公司行车调度员、客运调度员命令的接收、传递和执行。

（3）负责编制日班计划，搞好客流调查，掌握客流变化，提供客流情况。

（4）做好应急处置及上级交办的其他工作。

3. 综控室客运员岗位职责

（1）负责做好列车运行情况及其他重点事项交接。

（2）根据客运计划中的到发时刻和各种人工触发信号，执行相关的广播、导向、监控和自动检票等业务，指导现场做好客运组织工作。

（3）作业中使用文明用语，做到耐心解答，用语规范。

（4）做好应急处置及上级交办的其他工作。

五、高铁车站综控员作业流程

1. 接班准备

掌握列车运行情况，指挥、监控设备运转显示正常，接清重点事项。

2. 班中作业

（1）与各岗联系，了解作业场所信息显示与实际是否相符，发现误差及时处理。

（2）根据列车运行情况，及时发布各趟客车的候检、进出站、接发的动态显示和广播信息。

（3）根据各岗点、部门的来电，做好问题的回复、处理。

（4）监控站区作业，发现非正常情况及时汇报，做好应急处置；根据车站应急指挥中心领导小组的命令，启动应急预案，发挥应急指挥中心的职能。

（5）根据铁路局集团公司客运调度中心的变更命令以及车站行车调度室的通告，做好客运旅客服务信息系统数据的维护，确保信息、广播内容正确，并及时通告有关处所。

3. 班后整理

（1）整理收集当班工作信息资料，做到资料齐全、数据准确。

(2)填写交班日志。

(3)清洁设备、环境卫生。

任务3　客运管理信息系统应用

任务3内容导图如图6-40所示。

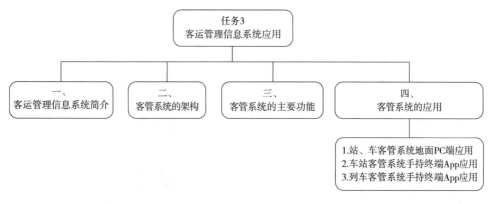

图6-40　任务3内容导图

一、客运管理信息系统简介

铁路客运管理信息系统(简称"客管系统")是在国铁集团运输局营运部的统一领导和组织下,由中国铁道科学研究院集团有限公司(简称"铁科院")电子所会同各铁路局集团公司客运部门于2012年7月开始研制的。客管系统定位在全路旅客运输管理的角度,以促进铁路客运信息共享和综合利用、提升铁路客运生产作业能力和管理水平为目标,业务范围覆盖国铁集团、铁路局集团公司、客运站段等层级,实现了客运信息全面共享、生产作业与管理模式创新、业务流程再造以及精细化管理,对于规范铁路客运管理与服务工作的作业流程,提高铁路客运管理与服务工作的效率具有重要意义。

客管系统本着管理源于生产的设计理念,按照客运生产过程的业务流为主线来梳理系统的功能需求。在充分考虑各类业务的逻辑关系、合理组织相关数据信息的基础上,进行管理模式创新和业务流程再造,实现客运信息的互联互通,建立客运信息共享平台,最终达到精细化管理的目的。

二、客管系统的架构

客管系统总体结构设计采用两级部署、三级应用的模式,即国铁集团、铁路局集团公司两级部署,国铁集团、铁路局集团公司、客运站段三级应用。铁路客管系统整体架构如图6-41所示。

客管系统通过站、车专用无线交互通道将移动办公数据与地面系统进行通信,通过建立接口与客票系统实现信息互通互联。

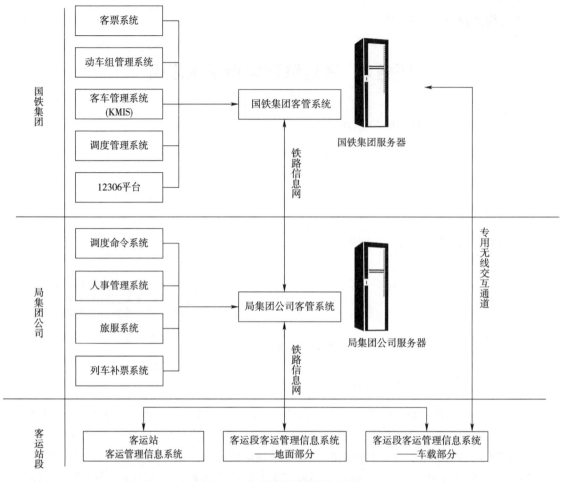

图 6-41 铁路客管系统整体架构图

三、客管系统的主要功能

客管系统的应用不仅实现了站、车的信息交互、客运相关系统的信息交互,还实现了跨局业务的信息交互,客运数据涵盖了站段数据、列车数据、旅客数据、业务数据等,具有全面性和权威性。其主要功能有客运信息管理、生产作业管理、应急指挥管理等,如图 6-42 所示。

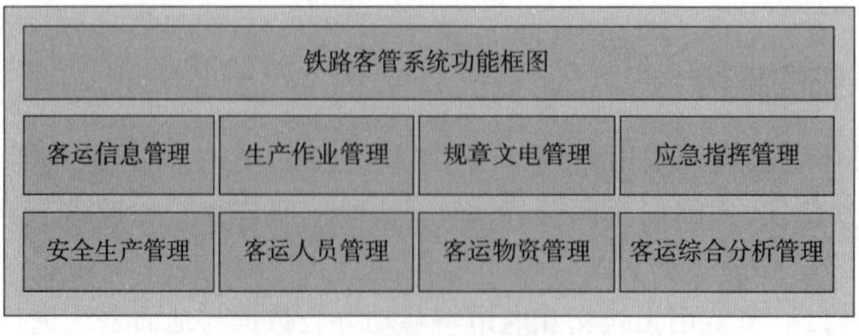

图 6-42 客管系统主要功能图

各管理子系统的主要功能如下：

(1) 客运信息管理子系统

客运信息管理子系统实现了对上水、直供电列车考核、征信、重点旅客服务、旅客遗失物品、各类证件、旅客伤害、客运监察、远程抽考等客运业务的管理功能。

(2) 生产作业管理子系统

生产作业管理子系统实现了对各级客运部门客运组织与生产作业相关业务的管理功能，涵盖值乘计划、调度命令、站内作业、库内作业、培训学习、干部添乘、站、车协同办公、列车乘务作业以及工作日志等业务的管理。

(3) 规章文电管理子系统

规章文电管理子系统实现了对规章制度、客运电报、作业指导书、管理办法文件、台账资料、重要通知以及其他需要归档的各类文件的管理功能。

(4) 应急指挥管理子系统

应急指挥管理子系统实现了对在途列车实时追踪、列车综合信息实时掌握、车地信息交互以及应急事件处理等业务的管理功能。

(5) 安全生产管理子系统

安全生产管理子系统实现了对各级客运部门问题库、安全检查、路风投诉以及专项整治活动等业务的管理功能。

(6) 客运人员管理子系统

客运人员管理子系统实现了对各级客运部门人员基础信息、人员考勤、绩效考核、人员调整、客运职工对调以及班组建设等业务的管理功能。

(7) 客运物资管理子系统

客运物资管理子系统实现了对客运段的卧具备品、车站的客运设备等客运物资从采购到报废全生命周期的管理功能。

(8) 客运综合分析管理子系统

客运综合分析管理子系统实现了对列车开行分析、客票销售分析、经营指标分析、盈亏分析、成本控制分析、劳动效率分析、服务质量评价与分析、旅客满意度分析以及改善服务措施分析等业务的管理功能。

客管系统主界面如图 6-43 所示。

图 6-43　客管系统主界面

四、客管系统的应用

客管系统应用模式分为车站终端子系统应用和客运段终端子系统应用两个部分，根据终端应用工具又分为 PC 端应用和手持终端 App 应用。

1. 站、车客管系统地面 PC 端应用

站、车客管系统地面 PC 端根据车站和客运段业务的不同，分别开发了客运站子系统和客运段子系统，两个子系统的大部分业务涉及互联互通，因此在应用设计时相通的部分项目

名称相同，站、车客管系统地面 PC 端应用主要业务，如图 6-44 所示。其中，经停列车管理、规章文电管理、安全信息管理等属于站、车共有的功能，乘务计划、列车办公等属于客运段子系统专有的业务。

图 6-44　站、车客管系统地面 PC 端应用主要业务

站、车客管系统地面 PC 端应用主要业务功能内容如下。

（1）经停列车管理（在途列车监控）

图 6-45　"在途列车管理"菜单界面

本模块以电子地图的形式实时显示列车在途的位置、人员、编组等信息，可以按铁路局集团公司、客运段、车次进行查询，已实现鼠标拖动、左键双击放大、右键双击缩小、滚轮放大缩小、选定区域放大等功能方便操作。"在途列车管理"菜单界面如图 6-45 所示，在途列车信息显示示例如图 6-46 所示，列车正晚点信息实时动态显示如图 6-47 所示。

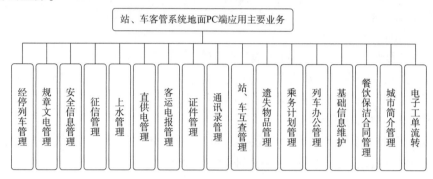

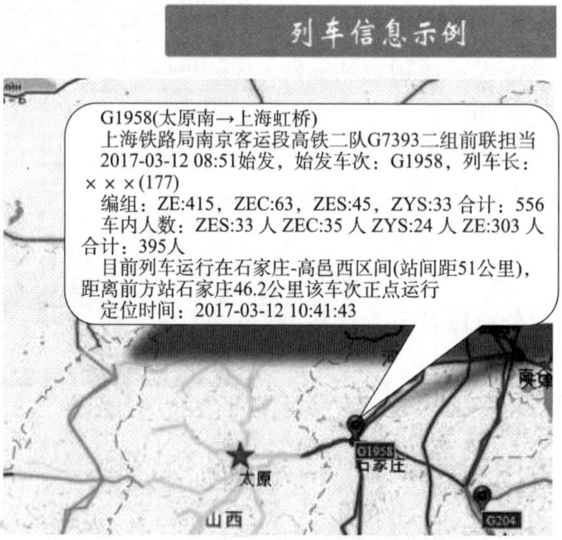

图 6-46　在途列车信息显示示例

（2）规章文电管理

本模块将对规章文电等资料进行信息化归档管理。"规章文电管理"菜单界面如图 6-48 所示。

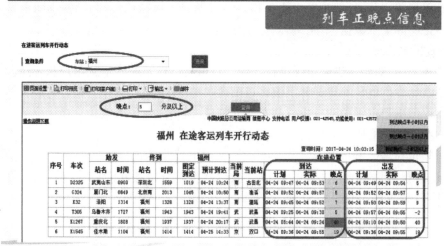

图 6-47 列车正晚点信息实时动态显示

(3) 安全信息管理

在该模块中,用户可以实现对客伤信息的编辑、确认、上报、查询、统计、打印等功能。"安全信息管理"菜单界面如图 6-49 所示。

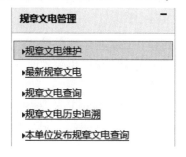

图 6-48 "规章文电管理"菜单界面

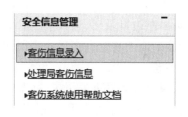

图 6-49 "安全信息管理"菜单界面

(4) 征信管理

在该模块中,用户可以实现编辑、审核旅客征信信息以及征信信息的查询、打印等功能。征信信息由征信事件信息、失信旅客信息和相关取证文件组成。对于失信旅客,信息录入系统后须经过一级审核(客运段、直属客运站、车务段)、二级复核(铁路局集团公司工作人员)后才能执行失信惩戒措施,全路均可查阅旅客失信信息。"征信管理"菜单界面如图 6-50 所示。

(5) 上水管理

在该模块中,用户可以实现编制上水计划、维护上水车次、查询上水计划、审核上水计划、列车上水登记、上水情况统计、本局(本段、本站)上水统计、上水计划查询、严重缺水通知签收、已签收缺水通知查询等功能。车站"上水管理"菜单界面如图 6-51 所示。

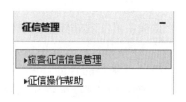

图 6-50 "征信管理"菜单界面

上水管理首先要维护上水基础信息，车队创建上水方案并上报客运段，客运段审核方案并上报铁路局集团公司，铁路局集团公司审核方案并上报国铁集团，国铁集团审核方案，最后列车登记实际上水数据、上水站查看上水任务。

(6) 直供电管理

在该模块中，对始发供电情况进行统计。直供电信息管理分车队用户和客运段用户，车队用户负责始发供电情况登记并上报客运段、途中换挂情况登记并上报客运段，客运段用户负责直供电基础信息维护和直供电列车数据管理（编辑、统计、上报）。

(7) 客运电报管理

该模块可对客运电报进行签收和查询。客运电报管理包括客运电报签收、已签收客运电报查询、电报接受情况汇总分析表、未签收信息汇总分析表和滞后签收信息汇总表。"客运电报管理"菜单界面如图6-52所示。

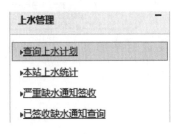

图6-51 "上水管理"菜单界面

图6-52 "客运电报管理"菜单界面

(8) 证件管理

通过系统页面左边目录树，选择"证件管理"目录下的"客运证件管理"，证件管理包括录入、上报客运监察证件和查询客运监察证件。"客运证件管理"菜单界面如图6-53所示。

(9) 通讯录管理

该模块可实现对客运管理通讯录、列车长通讯录、站段派班值班室通讯录的信息化归口管理。通讯录管理包括客运站值班室通讯录、客运段派班室通讯录、列车长通讯录、客运管理通讯录，"通讯录管理"菜单界面如图6-54所示。

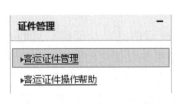

图6-53 "客运证件管理"菜单界面

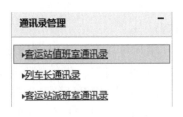

图6-54 "通讯录管理"菜单界面

(10) 站、车互查管理

该模块可实现站段检查单位录入检查问题后，站段管理单位对问题进行审核，签阅本单位被检查的问题后，责任单位收到问题并进行整改。

(11) 遗失物品管理

该模块可实现遗失物品的录入、编辑、修改、查看以及遗失物品的移交记录、领取记录等功能。

(12) 乘务计划管理

乘务计划管理内容有交路维护、车底交路计划、动车车底交路、动车班组调度、乘务交路计划、实际乘务交路、乘务交路调整、车底编组信息和查看乘务报告等。

乘务计划编制流程如下：

①基础信息维护。对人员、班组、车队等信息进行维护，车队用户可以为自己的车队挑选担当车次。

②车辆编组维护。车辆编组须满足一定的规则要求，客票系统将会按照车厢推送"车内的实时人数"，如果编组序号、车号、定员、车型对不上，将导致"实时人数"推送失败。

③车底交路计划。在编制乘务计划之前要做好交路维护、车底交路计划、车底编组。

④编制乘务计划。选择好车队、交路及车次后，根据系统提示，设置班组任务、出退乘站、车站类型及天数，保存交路表，并选择担当班组，设置开始及结束时间。

⑤检查乘务计划。乘务计划编制完成后，可以进行查看及修改等操作，可以编辑当月车队的乘务计划、临时调整计划等。

(13) 列车办公管理

列车办公模块业务流程如下：按照车底编组的规则要求进行车底编组维护；按照计划编写乘务报告，首次编写各字段数据要详细，以便后期获取调用；可在手机客户端、PC 端点击"出乘"，系统将相关信息推送到在途列车信息平台；出乘后，发生变化的，可在此页面中及时更新编辑。

(14) 基础信息维护

基础信息维护的主要内容包括铁路局集团公司信息维护、客运段信息维护、站名信息维护、车队科室信息维护、职务信息维护、班组信息维护和车次信息维护等。

该功能只有站段管理员才有操作权限，主要包括基础信息管理、基础字典管理和账户信息管理。站段管理员进行操作时，须注意基础信息的有效性，若车队、班组改名，可将旧的数据设置为过期，重新创建新的车队、班组；交路名称不允许修改，否则会影响乘务计划；系统支持车队、班组人员的批量转移。

(15) 餐饮保洁合同管理

餐饮保洁合同管理模块可以进行合同查询及合同管理，可以添加违规信息。

(16) 城市简介管理

城市简介管理可以进行城市介绍，还可以添加火车站公交信息。

(17) 电子工单流转

电子工单流转包括遗失物品工单、重点旅客工单和旅客投诉工单。其中，12306 客服中心转过来的工单由站段签收处理，处理完成后再返回 12306 客服中心，方便旅客后续查询。

2. 车站客管系统手持终端 App 应用

车站客管系统手持终端 App 应用的意义主要是实现重要信息实时汇报、重点工作及时处理的功能。图 6-55 所示为车站客管系统 App 基础设置及登录界面，图 6-56 所示为客管车站系统主要业务功能模块界面。

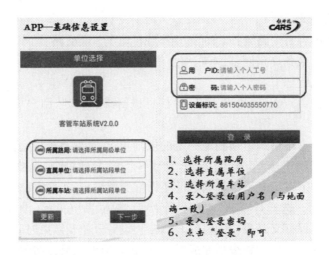

图 6-55　车站客管系统 App 基础设置及登录界面

图 6-56　车站客管系统主要业务功能模块界面

各模块的主要用途如下：

(1) 铁路电报

"铁路电报"功能实现实时查询待签的超员电报，并提供签收功能。有待签电报时，手机发出提醒信息。"查看电报"功能将定时更新的数据显示在电报列表中；通过"详情签收"功能点击选择要签收的电报，查阅电报详情，并完成签收。

遗失物品：提供遗失物品的简要查询。

通讯录：实时查询经停列车信息。

证件查询：实时查验证件信息。

征信查询：实时查询旅客征信记录信息。

文件系统：离线文件实时查询。

(2) 站车互查

"站车互查"功能可实现实时录入检查问题、实时查询、签阅待签问题。图 6-57 所示为站车互查界面。"签阅查询"功能有待查的问题时，可实现查看详细信息并签阅。"互查上报"功能实现及时录入检查问题，录入的互查信息需在地面端进行审核。

(3) 遗失物品查询

图 6-58 所示为"遗失物品"查询界面，设置查询条件，提供模糊查询。"查询结果"界面可左右滑动，查看多条记录。查询条件越准确，查询速度越快捷。

(4) 列车通讯录

进入界面，自动加载该站的经停车次信息，或者通过筛选，精确查询具体车次的通讯录信息。图 6-59 所示为某次列车通讯录信息，包括运行区间、始发时间、担当路局、列车长及电话等信息。

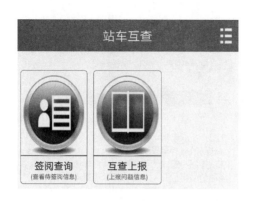

图 6-57 "站车互查"界面

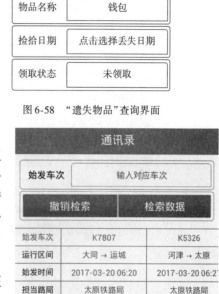

图 6-58 "遗失物品"查询界面

(5) 证件查询

"证件查询"功能可实现对客运监察等特殊工作岗位工作人员的居民身份核实功能,输入证件号码,即可显示证件持有人信息及证件编号,进入详情还可以查询到持证人照片等信息。图 6-60 所示为"证件查询"首页界面。

(6) 征信查询

征信查询界面如图 6-61 所示,输入居民身份证号码或者人员姓名两者只选其一,设置查询条件。若人员信息存在,默认显示当前一年以内的数据信息。

3. 列车客管系统手持终端 App 应用

列车客管系统手持终端由列车长进行应用操作,使用列车长办公 App,可实现重要信息实时汇报、重点工作及时处理。图 6-62 所示为列车客管系统 App 基础设置及登录界面,图 6-63 所示为列车客管系统主要业务功能模块界面。

图 6-59 某次列车通讯录信息

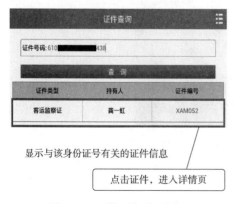

图 6-60 "证件查询"首页界面

图 6-61 "征信查询"界面

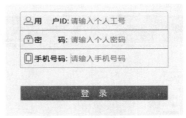

1. 选择所属路局
2. 选择所属客运段
3. 选择网络模式（用外网，选常规通道）
4. 通信号定位开关（若选择常规通道请开启定位开关，站车通道可关闭定位）
5. 录入登录的用户名（与地面端一致）
6. 录入登录密码
7. 录入在列车上能及时联络到的手机号码
8. 点击"登录"即可

图 6-62　列车客管系统 App 基础设置及登录界面

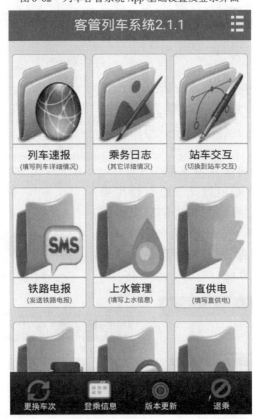

图 6-63　列车客管系统主要业务功能模块界面

各模块的主要用途如下。

(1) 列车速报

"列车速报"实现实时反馈列车当前信息等内容功能。"列车速报"界面如图 6-64 所示。

项目6　铁路客运信息系统

图6-64　"列车速报"界面

（2）乘务日志

"乘务日志"实现实时查询、修改、更新乘务信息功能。"乘务日志"查询界面如图6-65所示。具体操作：

①选择相应日志类型和出乘日期，点击查询。

②在弹出的日志列表中选择所需要的条目，在详细界面中进行数据操作。

③右上角菜单中选择需要操作的模块，顶部显示当前日志。

图6-65　"乘务日志"查询界面

（3）出乘

"出乘"实现系统出乘签到功能。在相应界面填写类型和出乘日期，点击【出乘】按钮，阅读提示内容后，继续出乘；若出乘失败，将根据缺少的条件提示相关错误信息，如果出乘成功，返回成功消息。

（4）铁路电报

"铁路电报"主要实现实时发送铁路超员电报功能。"铁路电报"界面如图6-66所示，在相应界面选择模板后按照模板进行内容填写，填写完整后点击【提交】按钮即可完成电报的发送任务。打开历史电报，可查询已发送电报的签收情况，点击标题查看电报内容详情。

（5）上水管理

"上水管理"实现实时查询填报当前车次的上水信息。在相应界面加载上水车次后，选择车次和始发日期，点击查询，填写所需数据，点击【提交】按钮即可录入上水信息。

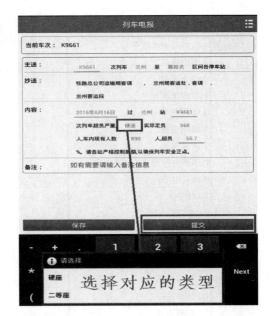

图 6-66 "铁路电报"界面

(6) 站通讯录

"站通讯录"实现实时查询车次停靠站的联系方式功能。在相应界面选择所要查询的车站信息,点击查询,获取对应的通讯录。如获取信息错误,还可以实现检举存在错误数据的通讯录信息,便于信息的完善。

(7) 其他功能

系统的其他功能包括:证件查询实时查验证件信息;征信查询实时查询旅客征信信息;遗失物品查询可对全路的遗失物品进行查询;车地通信实时获取通知,并可返回相关信息综合管理;存放、查询相关文档资料。

任务 4　站、车无线交互系统应用

任务 4 内容导图如图 6-67 所示。

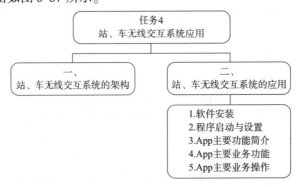

图 6-67　任务 4 内容导图

一、站、车无线交互系统的架构

站、车无线交互系统由列车便携式移动终端和地面设备组成。列车便携式移动终端是配备双模无线通信手持终端,可以在 GSM 和 GSM-R 网络间切换;地面设备由在国铁集团和铁科院设置的客票信息发布服务器、与 GSM 和 GSM-R 网络互联的信息交互平台 GPRS 接口服务器、路由器及防火墙等设备组成,客票信息发布服务器与既有客票信息系统互联。站、车无线交互系统结构图如图 6-68 所示。

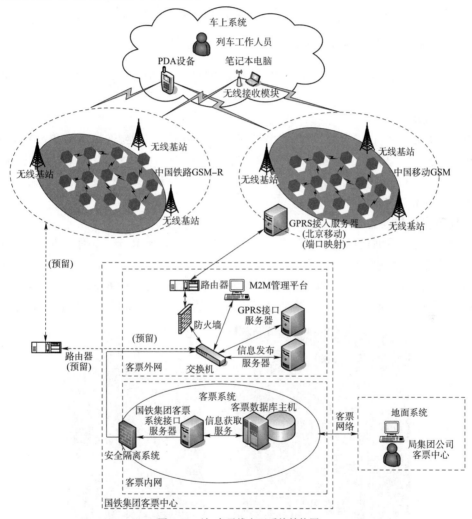

图 6-68 站、车无线交互系统结构图

为确保客票等信息系统的安全,GPRS 接口服务器通过路由器,采用专线方式与中国移动的 GPRS 连接,与 GSM-R 的 GPRS 连接;GPRS 接口服务器通过客票安全系统及防火墙与信息发布服务器连接;信息发布服务器连接国铁集团客票中心数据库。

列车便携式移动终端通过公用无线网(非公众网)经由信息交互平台,向客票信息发布服务器发送查询请求信息。客票信息发布服务器收到查询请求信息后,从客票系统获取该次列车席位等相关信息,并反馈到列车便携式移动终端。

列车从车站开出后地面系统负责从客票系统获取乘车人数通知单、列车席位等相关信息,并通过无线传输通道,发送给指定的移动终端设备,列车长可通过无线终端机接收到座位的出售情况,大大提高了列车空余席位的查询效率。同时,站、车无线交互系统还可杜绝两站重复出售同一席位的问题。除处理客票信息外,站、车无线交互系统终端机还设定了验票程序,可通过直接扫描车票的二维条码,显示票面信息,查验车票真伪。

手持终端设备支持 GSM 和 GSM-R 无线网络,支持 GPRS 数据通信;运行于 Android 4.0 及以上版本的操作系统;显示屏为触摸屏,尺寸为 10.9cm(4.3 英寸)以上;运行内存为 1Gb 以上;可扩展存储空间为 4Gb 以上;配备 500 万及以上像素摄像头等组件。

二、站、车无线交互系统的应用

站、车无线交互系统的应用主要是指终端设备及软件的应用。图 6-69 所示为终端设备操作界面。

1. 软件安装

下载"客运站车.apk"安装包;卸载手机 SD 卡,装载到读卡器,连接电脑在 SD 卡根目录下新建"客运站车"文件夹,将安装包拷贝到"客运站车"文件夹下;卸载读卡器上的 SD 卡装载到手机上;操作手机系统,在手机 SD 卡里找到安装包,点击并进行安装,安装完成后手机屏幕上将出现相应图标。

2. 程序启动与设置

启动程序前,须确保已安装 SD 卡、专用的 GSM 或 GSM-R 卡,并确认本设备、SD 卡、GSM-R 卡信息已经注册。

当上述条件满足后,点击【客运站车无线交互系统】图标,如图 6-69 所示;程序将启动,如图 6-70 所示。如果遇到系统权限提示,则需选择始终允许(存储数据、读取本机信息等)。

图 6-69 终端设备操作界面

图 6-70 程序将启动界面

程序启动成功后进入登录界面,如图 6-71 所示;再进入 App 进行相关功能操作。需要注意的是,在首次进入 App 后,先点击系统设置,查看手机信息,根据本机信息进行注册,然后设置 APN、服务器信息,并查看系统软件信息。

3. App 主要功能简介

站、车无线交互系统 App 主要功能有登乘操作、数据下载、业务查询及办理、列车信息、退乘操作等。

(1)登乘操作

触屏点击选择登乘日期,输入车次,选择路局,然后选择所属客运段,在人员信息处输入姓名和电话号码,点击【登录】按钮即可进行登乘。

登录成功后,系统将自动通过无线网络 APN 数据连接通道连接到服务器,进行设备验证、GSM-R 卡信息验证等安全操作后自动登录至站、车无线交互系统后台服务,自动开始数据下载。如果本机时间与系统服务器时间差异过大,登录将不会成功,提示修改本机时间之后再重新登录。

图 6-71 登录界面

(2)数据下载

登录成功后,将自动开始下载基础数据及当前时间内的业务数据。

基础数据下载内容包括终端机登乘时间、服务器登乘时间、始发日期、始发车次、车次信息、停靠站信息、定员信息及席位预览信息等。

业务数据下载内容包括本次列车沿途停车站名、席位使用信息、乘车人数通知单(每个停车站开车后 15 分钟内下载)、本次列车电子票乘车信息和本次列车挂失补车票信息等。

(3)业务查询及办理

业务查询及办理点击界面【业务功能】即可显示"业务功能"界面,它由标题栏、主功能区、停靠站信息、快捷键区构成。

①标题栏。标题栏主要有二维码扫描、搜索和蓝牙功能。其中,二维码扫描车票,识别车票信息,进行业务操作;扫描蓝牙证件识别器二维码,连接该蓝牙证件识别器,进行证件识读操作。

②主功能区。主功能区包括席位统计、席位管理、信息查询、业务操作四个模块。

a. 席位统计。可查看乘车人数通知单、车内人数、列车旅客密度表的信息。

b. 席位管理。可查看车厢定员、席别定员的信息。图 6-72 所示为车厢定员登记,图 6-73 所示为"席位信息"界面。

c. 信息查询。信息查询包括"余票查询""中铁银通卡查询""席位置换查询""联网电子票查询""乘车证查询""实名制查询""保险查询""中转查询""会员信息查询""重点人员查询",如图 6-74 所示。

d. 业务操作。业务操作包括"车票补签""客运记录 – 挂失票""客运记录 – 席位调整""客运记录 – 空调故障"等操作,如图 6-75 所示。

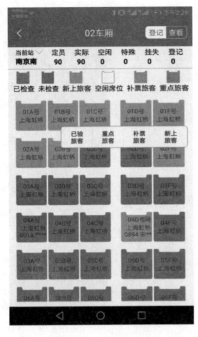

图 6-72　车厢定员登记

图 6-73　"席位信息"界面

图 6-74　"信息查询"界面

图 6-75　"业务操作"界面

③停靠站信息区。停靠站信息区主要显示对应车次经由停靠车站名称及计划停站时间等。

④快捷按键区。快捷按键区提供用户多项功能的快速访问,同时提供个性化设置,如图 6-76 所示。

项目6 铁路客运信息系统

(4) 列车信息

当停靠站信息下载完成后,将显示停靠站信息列表,如遇列车晚点,可点击【编辑】按钮进行车次正晚点调整,可根据选项调整时间。

4. App 主要业务功能

(1) 余票查询

余票查询主要实现查询本车次所选乘车日期、出发站、到达站内的余票信息。

(2) 中铁银通卡查询

中铁银通卡查询本车次的中铁银通卡用户信息。

图 6-76 快捷按键区

(3) 席位查询及置换

开车前,下载当次列车全部电子客票数据,以支持离线查验;特殊情况下实时联网从地面系统查验。

a. 选择"乘车车站",点击【查询】按钮查询本车次的席位置换信息。

b. 查询结果显示席位置换总数;根据原车厢、置换车厢分项显示置换席位信息。未查询出结果或查询出错将会显示提示信息。

(4) 联网电子票查询

根据有效身份证件号码查询本车次联网电子票信息。

(5) 乘车证查询

根据有效身份证件类型及证件号码查询乘车证信息,如图 6-77、图 6-78 所示。

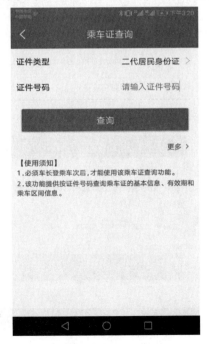

图 6-77 乘车证查询

图 6-78 乘车证查询结果

205

图6-79 列车查验实名制证件

(6)实名制查询

根据乘车日期、证件号码、始发车次查询实名制信息。图6-79所示为列车查验实名制证件。

(7)保险查询

根据乘车日期、证件类型、证件号码查询用户保险信息。

(8)中转查询

根据换乘日期、车站名称、换乘时间范围查询中转信息。

(9)会员信息查询

根据始发日期、始发车次、乘车日期、证件类型及证件号码查询会员信息。

(10)重点人员查询

根据始发日期、始发车次、人员类型查询重点人员信息。

5. App 主要业务操作

(1)车票补签

车票补签业务操作如下：

①查询本车次旅客信息,若能查出旅客信息,可点击结果进行补签操作。

②选择"证件类型""乘车日期",输入证件号码,点击【查询】按钮进行查询,如图6-80所示。如果能够查询出旅客信息,可在确认旅客信息后点击旅客信息进行补签操作,点击【确认补签】按钮确认进行补签。图6-81所示为车票补签确认。

图6-80 车票补签信息查询

图6-81 车票补签确认

(2)客运记录

编写客运记录操作如下：

①挂失票。

a. 根据当前下载的挂失票数据显示内容。如果本车次有挂失票,将显示挂失票列表,点击【挂失票】进行登记;或者根据挂失记录进行登记取消的操作。

b. 选择"挂失补类型",点击需要挂失的车票进行"挂失票登记"。可选择车厢号快速搜索车票,如图6-82所示。

c. 点击右上角按钮,查看已登记的 内容,左滑记录将显示【取消登记】按钮,点击即可进行记录取消,如图6-83所示。

图6-82　挂失票搜索　　　　图6-83　挂失票记录取消入口

②席位调整。

通过"席位调整",可以对本车次的席别调整进行上报登记,也可以根据席位调整登记记录进行登记取消的操作。

a. 选择"车厢号"、"故障区间"(起始站、到达站)、"席别"(原席别、调整席别)、"席位",选择填写备注信息,点击【上报】按钮进行席位调整登记,如图6-84所示。

b. 点击右上角按钮,查看已登记的内容,左滑记录将显示【取消登记】按钮,点击即可进行记录取消,如图6-85所示。

③空调故障。

通过"空调故障"可以对本车次的空调故障进行上报登记,也可以根据空调故障登记记录进行登记取消的操作。

a. 选择"车厢号"、"故障区间"(起始站、到达站)、"席位",选择填写备注信息,点击【上报】按钮进行空调故障登记,如图6-86所示。

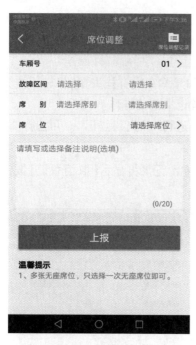
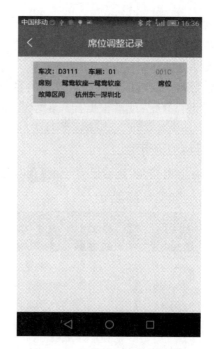

图 6-84　席别调整上报与取消入口　　图 6-85　席别调整登记取消界面

b. 点击右上角按钮,查看已登记的内容,左滑记录将显示【取消登记】按钮,点击即可进行记录取消,如图 6-87 所示。

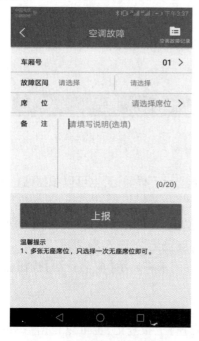

图 6-86　空调故障上报与取消入口　　图 6-87　空调故障登记取消界面

(3) 异常处理

由于以下各种原因引起的重新启动并不会影响软件系统的使用:

①当出现网络异常引起应用软件挂起无法进行操作时,须先在任务管理器中强制结束程序,然后重启程序。

②当其他异常操作引起应用软件挂起无法进行操作时,须先在任务管理器中强制结束程序然后重启程序。

③出现电池没电引起的自动关机情况,更换电池后重启。

④系统数据下载及界面操作状态将在关机前保存,程序重新启动后将自动进入主界面并恢复关机前的操作状态。

任务5　12306 客服中心系统

任务5内容导图如图6-88所示。

图6-88　任务5内容导图

一、12306 客服中心系统网站功能简介

12306 客服中心系统网站(简称"12306.cn 网站")是铁路服务客户的重要窗口,将集成全路旅客运输信息,为社会和铁路客户提供旅客运输业务和公共信息查询服务。

12306.cn 网站首页包括车票、团购服务、会员服务、站车服务、商旅服务、出行指南、信息查询等菜单选项,同时包含重点旅客预约、遗失物品查找、便民托运、车站引导、站车风采、用户反馈、餐饮特产等板块。12306.cn 网站首页界面如图6-89所示。

(1)车票菜单(图6-90)包括:

①购买单程票、往返票、接续换乘等功能。

②改签、退票、变更到站等功能。

③中铁银通卡、广九直通车、市郊快速铁路及国际列车查询等功能。

(2)团购菜单提供务工人员及学生团体购票服务。

(3)会员服务菜单提供会员管理、积分账户、积分兑换、会员专享及会员中心等查询及操作功能。

(4)站车服务菜单提供重点旅客预约、便民托运、共享汽车、车站引导、遗失物品查找、动车组介绍、定制链接、站车风采等服务功能。

另外,12306.cn 网站不仅提供最新的旅客运输信息发布栏目,实时发布一些动态信息,还提供旅客常见问题解答服务栏目,针对旅客旅行常见的各类问题分门别类整理(如"实名制车票""互联网购票、换票""互联网改签、变更到站"等),以方便旅客查询。12306.cn 网站的信用信息对失信已执行人(自然人)信息进行公布。

图 6-89　12306.cn 网站首页界面

图 6-90　12306.cn 网站车票菜单界面

二、铁路客户服务操作系统

铁路客户服务操作系统是以客户为中心,构建技术先进、标准统一、功能完备、响应快速、易于扩展、安全可靠的客服语音平台,实现语音、视频、短信、微信、微博、在线客服等全媒体、多渠道接入,支持咨询投诉、业务办理、客货营销、增值服务、多元化经营等全方位优质服务,强化精细化管理手段,建成国内一流服务型、经营型客户服务平台,真正使客服中心成为广大客户联系铁路的重要渠道和服务窗口。

语音平台是指客服中心基础软硬件平台和业务支撑系统的合称,是为客户提供服务的基础设施。

业务支撑层是以相对独立的容器方式,提供应用的各种复杂逻辑处理计算模块。它包含了服务单处理、流转、管理,业务数据查询,旅客关系管理,报表统计,用户管理,以及消息管理等系统业务,并对系统的权限、会话、资源、访问分发进行集中管理,是整个系统的核心部分。北京铁路客户服务桌面系统界面如图 6-91 所示。

项目6 铁路客运信息系统

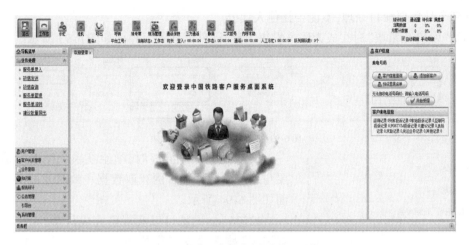

图 6-91 中国铁路客户服务桌面系统

三、12306.cn 网站应用

目前 12306.cn 网站开发的功能比较多,除售票外,还有餐饮服务、旅游服务和特产售卖等。12306.cn 网站车票发售业务详见项目 6 任务 1 客票系统中互联网售票子系统部分内容。

运用 12306.cn 网站需要下载安装"根证书",并完成实名注册。图 6-92 所示为"实名注册"界面。

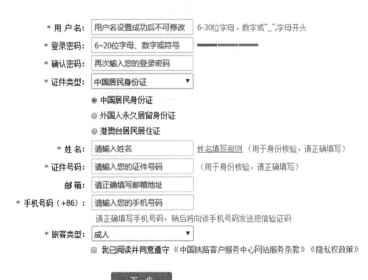

图 6-92 "实名注册"界面

实名注册时有效身份证件类型有中华人民共和国居民身份证、港澳居民来往内地通行证、台湾居民来往大陆通行证、按规定可使用的有效护照四种。手机号码为必填项,核验通过后注册人可收到购票、改签、退票提示成功的短信。

实名注册时旅客的类型选项有成人、儿童、学生、残疾军人(含伤残人民警察)四种。旅客在 12306.cn 网站办理用户注册,提示"身份信息重复"时,需持在网站填写的有效身份证

211

件原件到车站售票窗口处理,不能委托他人代办。

网站"发售儿童票"时在成人账户发售,身份证件同成人。界面如图6-93所示。

图6-93 "发售儿童票"界面

图6-94 "发售学生票"界面

网站"发售学生票"时,学生在系统注册的信息需要与系统从教育部官网获取数据一致时才能通过。界面如图6-94所示。

12306.cn网站可以实现已完成订单、未完成订单查询,目前在线支付支持中国工商银行、中国农业银行、中国银行、中国建设银行、招商银行、中国银联、中铁银通卡、支付宝和微信等支付方式。

12306.cn网站同时开办保险业务,即铁路乘意险,旅客自愿选择。每张车票投保1份。保险费3元,最高保障30万元意外身故、伤残和3万元意外医疗。未成年人须由其父母投保,保险费1元,最高保障10万元意外身故、伤残和1万元意外医疗。

12306.cn网站还开办车票快递业务。选择快递送票业务,需阅读并同意网站公布的《京铁物流快递车票协议》和《中铁快运快递车票协议》。

任务6 旅客服务与生产管控平台

任务6内容导图如图6-95所示。

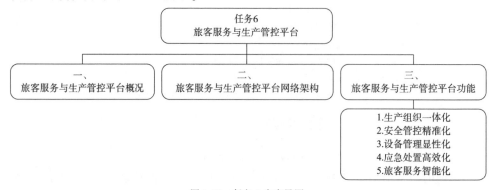

图6-95 任务6内容导图

一、旅客服务与生产管控平台概况

国铁集团在客运信息化方面先后统一建设了四大主要系统(客票、客管、旅服、客设),各铁路局集团公司及所辖客运站段也都结合本单位实际情况,针对具体业务需求研制客运相关的信息系统。

铁路客运信息化目前存在的问题如下:
(1)各系统独立运行,存在信息壁垒,信息无法实现互联互通,集成度不高。
(2)多网络融合存在困难,信息化环节不完整。
(3)应急指挥手段、处置能力不能满足发展需求。
(4)数据综合服务能力不足,能查不能用。

为提升客运信息化建设水平,实现客运生产组织有序平稳、客运安全关键环节有序可控、客运应急处置过程有序规范、客运设备运行状态有序监测,郑州铁路局集团公司在国铁集团客运部的统一领导和组织下,会同铁科院电子所成立专项团队,在郑州东站研制了智能客站旅客服务与生产管控平台。

该平台分为 CS 控制终端和 BS 管理终端两部分。其中,CS 控制终端主要实现车站生产作业的一体化控制、作业计划生成、广播、引导、自动检票系统、查询求助系统等旅客服务系统的集成管控;BS 管理终端主要实现人员作业计划编制、生产作业监控、客运管理、统计分析、安防预警、设备监控、应急指挥、智能服务等功能,可融合车站既有管理与服务系统进行集成展示、业务管理、作业监控、设备监控、应急指挥等综合管理功能。

二、旅客服务与生产管控平台网络架构

旅客服务与生产管控平台网络架构如图 6-96 所示。

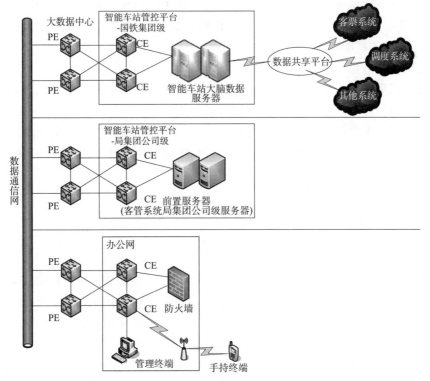

图 6-96 旅客服务与生产管控平台网络架构

系统数据从国铁集团下发至铁路局集团公司客管系统前置服务器,车站生产指挥系统通过办公网通道连接铁路局集团公司服务器,实现车站旅客服务系统、生产作业组织、设备监控、应急指挥的一体化联动控制。

国铁集团级:国铁集团级生产管控平台部署大数据中心,通过铁科院电子所建设的数据共享平台在国铁集团级实现调度系统、客票系统、客管系统、动车系统等外部系统数据的共享交互。

铁路局集团公司级:铁路局集团公司级生产管控平台部署在各铁路局集团公司办公网,实现数据处理、分析、控制等功能。

车站级:车站级生产管控平台在车站通过防火墙与旅服网前置服务器、控制终端联通,实现综控室对车站旅客服务系统、人员作业管理等业务的一体化联动控制。

三、旅客服务与生产管控平台功能

旅客服务与生产管控平台主要包含以下功能:

1. 生产组织一体化

通过对调度命令的自动解析,调度日计划、基本图等数据的自动对接,结合客运作业模板、人员作业模板的自动编制与调整,系统实现车站调度日(班)计划的无缝自动化生成,其中日计划的比对、更新、流转、联动等作业环节均由系统自动执行,无须人工操作干预。以列车到发数据为基础,融合客运生产组织各业务流程的作业模板和人员配置模板,自动生成列车到发计划,并根据列车实时运行状态,实现车站广播、引导、自动检票、客运员上岗作业、应急处置等客运作业计划的一体化编制,平台接入国铁集团运输调度集成平台列车运行线路各站CTC到发站压轨信号数据,并根据生产指挥作业模型,对列车正晚点信息进行迭代修正,实现客运作业的精准联动及闭环控制。

2. 安全管控精准化

系统按照双重预防机制的要求,智能研判七大业务环节中的安全风险点,构建了班前提示、班中推送、视频盯控的"三位一体"风险管控体系。

传统风险研判主要依靠人工,因分析量大,且动态变化,很难做到实时分析。实现铁路旅客服务与生产管控平台后,"智能客站大脑"将系统数据分析研判和数据分析预警相结合,为把握安全风险、落实安全卡控措施,提供了智能手段。

(1)平台可精准研判:股道变更;上水邻道进车,人身安全防护;编组变更;通过列车,站停短,客流大;正反编调整;同站台列车密集交汇到发;临客加开;等等。

(2)智能提示:班前提示、班中推送、盯控提示。

(3)综合管控:作业、管理、指挥中心三位一体。

以上水作业为例,作业期间邻道进车的人身安全防护最为关键,该平台通过分析车次到开时间、股道占用数据,将涉及邻道进车的上水作业计划推送至作业人员手持机和综控安全卡控岗位。当股道变更或者临时上水时,经过系统实时分析、判断风险变化,动态更新风险提示,实现手持机语音播报和综控员对讲机提醒双重安全保障。

3. 设备管理显性化

按照"一设一档"将设备履历、状态监控等模块整合,实现了包括客票设备、机电设备等铁科自管设备的全生命周期管理；通过对站内电梯、空调等老旧设备加装传感器，实现了车站旧、老设备的状态监测；通过传感器对室内温度、环境照度、空气质量等进行实时监测，并结合现代物联网技术，实现设备的智能控制。

4. 应急处置高效化

应急指挥平台通过应急资源管理（资源管理、专家管理、应急资料管理、设备设施管理、GIS 地图）、应急预案管理（预案种类维护、预案编制）、应急指挥管理（预案启动、事件预警、应急处置、应急评估、事件汇总）、经停列车追踪（经停列车运行信息、停靠列车换乘信息、席位置换通知单）、应急指挥 GIS 综合服务平台（列车路排、应急资源展示、设备设施运行状态监控）等系统功能，做到事前预防、事中减缓、事后总结以及日常管理，在满足车站日常应急指挥管理需要的基础上，实现与客运其他相关系统间数据的互联互通。

5. 旅客服务智能化

旅客服务实现智能化，如系统会自动提示换乘人数、车次等信息；当列车晚点时，车站能根据换乘信息提前制订换乘方案，保障旅客方便快速换乘。

旅客服务智能化主要体现在智能设备在旅客服务方面的运用，如机器人有引导模式、跟随模式等功能。机器人引导模式下机器人会根据旅客居民身份证或高铁票信息等，引导旅客前往乘车地点，或商店、餐厅、卫生间等位置；而且实现了 5 万平方米超大室内场景的高精度建图，建图精度优于 5cm，具备自主穿越密集人流的能力，狭窄空间的通过能力。机器人在跟随模式下利用图像识别及深度学习等智能算法确定使用人身份，跟随使用者行走，为旅客在高铁站去吃饭、购物或者去卫生间等情况下提供方便及看护行李等。

此外，旅客服务智能化还体现在智能服务台。智能服务台的关键技术包括：

(1) 基于生物识别技术的旅客识别能力。

(2) 基于体感技术的数字交互能力。

(3) 基于数据洞察的精准推送能力。

(4) 基于渠道整合的可视化营销能力。

(5) 基于全交互技术的远程人工智慧服务能力。

❓ 复习思考题

1. 售票系统的基本功能有哪些？
2. 旅客服务系统的基本构成有哪些？
3. 旅客服务系统的常用设施有哪些？
4. 高铁综控室作业流程有哪些？
5. 客管系统的主要功能有哪些？
6. 站、车无线交互系统中席位置换如何操作？
7. 站、车无线交互系统中乘车证查询如何操作？
8. 站、车无线交互系统中车票补签如何操作？

项目 7　铁路客运安全管理与应急处置

 **项目内容**

铁路旅客运输的首要任务是保证安全,而掌握旅客运输安全方面的知识技能是做好旅客运输工作的基本保障。本项目主要内容包括安全管理,站、车非正常情况应急处置,旅客伤害应急处置,卫生防疫和红十字救护。以上内容以五个任务形式呈现,图 7-1 所示为项目 7 内容导图。

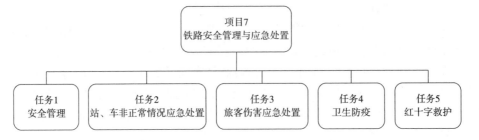

图 7-1　项目 7 内容导图

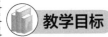 **教学目标**

1. 熟悉客运安全基础知识。
2. 掌握站、车非正常情况应急处置方法。
3. 掌握旅客伤害应急处置方法。
4. 了解卫生防疫知识。
5. 掌握红十字救护的方法。

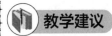 **教学建议**

课时建议:本项目课时建议适当多一点,因为安全内容对铁路旅客运输工作来讲是至关重要。建议课时为 12 课时。

授课过程建议:本项目任务 1 至任务 3 部分应重点学习,受篇幅所限,相应内容的案例以二维码形式呈现,师生可扫描二维码查看。其他适时案例建议教师可通过各种渠道搜集。

任务 4 卫生防疫,此部分作为基本常识应结合比较大的几次疫情(如新型冠状肺炎疫情等)或事件讲解,以增加学生对防疫工作重要性的认识。

任务 5 红十字急救,此部分内容作为铁路旅客运输工作人员应该掌握的基本技能,严格要求铁路客运工作人员持红十字急救证上岗。因此,要求相对专业的师资来教学,非专业教师建议引用专业的教学视频等教学,如有条件的,最好采取理实一体化教学,加入基本急救的实训。

任务1 安全管理

任务1内容导图如图7-2所示。

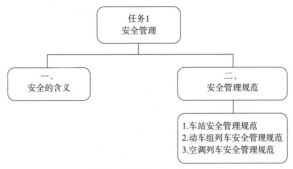

图7-2 任务1内容导图

一、安全的含义

《职业健康安全管理体系要求》(GB/T 28001—2011)中对"安全"的定义为"没有受到威胁、没有危险、危害和损失"。《轨道交通可靠性、可用性、可维修性和安全性规范及示例》(GB/T 21562—2008)中对"安全"定义为"免除了不可接受的风险状态"。在生产管理领域,对于安全来说,风险就是危险、危害事件发生的可能性和危险、危害事件严重程度的综合度量。

不安全的后果就是安全事故,每一起安全事故的连锁过程:环境缺陷→人的不安全行为或物的不安全状态→事故隐患→意外事件→事故伤害。因此,安全管理工作的中心应该是防止人的不安全行为,消除机械或物质的不安全状态,中断事故的进程以避免事故的发生。其中,人的不安全行为包括工作人员的劳动安全和旅客的行为安全;机械或物的不安全包括自然灾害造成的不安全状态和运输设备设施的不安全状态,自然灾害是不可控的,而设备设施的状态是可以通过良好的安全管理控制的。

二、安全管理规范

《铁路旅客运输服务质量规范》(以下简称"《规范》")对旅客运输过程中有关安全的管理规定涵盖了车站和列车的安全管理制度、安全设备设施、安全检查及劳动安全等方面的内容。《规范》要求客运站段的安全管理制度要健全,能保证安全生产需要,下面列举部分规范要求。

1. 车站安全管理规范(车站安全案例 请扫描二维码36)

(1)车站应有安全生产责任制、安全检查和安全质量考核、劳动安全、消防管理、食品安全、设施设备、安检查危、实名验证、结合部、现金票据安全、站台作业车辆安全、旅客人身伤害处理等管理制度和办法。

二维码36

(2)车站应有旅客候车、乘降、进出站、高铁快运保管和装卸等安全防范措施。

(3)车站应与保洁、商业、物业、广告、安检、高铁快运等结合部有安全协议。

(4)车站应有恶劣天气、列车停运、大面积晚点、启动热备车底、突发大客流、设备故障、客票(服)系统故障、火灾爆炸、重大疫情、食物中毒、作业车辆(设备)坠入股道、旅客人身伤害等非正常情况下的应急预案。

(5)车站安全设备设施配备应齐全到位,作用良好。

①按规定配备危险品检查仪、安全门、危险品处置台、手持金属探测器、防爆罐等安全检查设施设备,正常启用,显示器满足查验不同危险品的需求。危险品检查仪、安全门、危险品处置台、防爆罐设在旅客进站流线、高铁快运营业场所适当位置,不影响旅客通行;危险品检查仪传输带延长端适当。

②车站应按规定配备消防设备、器材,定期检测维护,合格有效。

③车站应急照明系统覆盖进出站、候车、售票、站台、天桥、地道等处所,连接电源,定期检查,状态良好。

④车站应有备有喇叭、手持应急照明灯具、应急车次牌、隔离设施等应急物品,定点存放;有应急食品储备或定点食品供应商联系供应机制。

⑤车站安全标志使用应正确,位置恰当,便于辨识。电梯、天桥、地道口、楼梯踏步、站台有引导、安全标志;落地玻璃前有防撞装置和警示图形标志。

⑥车站电梯、天桥、楼梯悬空侧按规定设置防护装置,高度不低于1.7m。

(6)执行安全检查规定。

①车站应配备安检人员,有引导、值机、手检、处置。开启的危险品检查仪数量满足旅客进站需求。

②确保旅客人人通过安全门和手持金属探测器检查,携带品件件过机。安检口外开设的车站小件寄存处对寄存物品进行安全检查。

③车站安检人员持证上岗,佩戴标志。

④车站对检查发现和列车移交的危险物品、违禁品按规定处理。

(7)车站站区实行封闭式管理,旅客进出站乘降有序,站内无闲杂人员。进出站通道流线清晰,有管理措施。站台两端设置防护栅栏并有"禁止通行"或"旅客止步"标志。夜间不办理客运业务时,可关闭站区相应服务处所,但应对外公告。疏散通道、紧急出口、消防车通道等设有专人管理,无堵塞。

(8)进入站台的作业车辆及移动小机具、小推车不影响旅客乘降,不堵塞通道,不侵入安全线;停放时在指定位置,与列车平行,有制动措施;行驶或移动时,不与本站台的列车同时移动,不侵入安全线,速度不超过10km/h。无非作业车辆进入站台。

(9)车站工作人员应安全使用电源,无违规使用电源、电器。

(10)车站工作人员应人人通过生产作业、消防、电器、电气化、卫生防疫、劳动人身等安全培训,特定岗位工作人员按规定通过相应岗位安全培训。安全培训有计划、有记载、有考核。

(11)当车站发生旅客人身伤害、突发疾病或接受列车移交的伤、病人员时,应及时联系医疗机构;遇旅客死亡、涉及违法犯罪以及发现弃婴、流浪人员、乞讨人员时,应及时报告(通知)公安机关。

2. 动车组列车安全管理规范(动车组安全案例 请扫描二维码37)

《规范》要求列车防火防爆、人身安全、食品安全、现金票据、结合部等安全管理制度健全有效。

二维码37

(1)出、入动车所前,由车辆、客运员对上部服务设施状态进行检查,办理一次性交接;运行途中,发现上部服务设施故障时,客运员立即向列车长报告,并通知随车机械师共同确认、处理。

（2）各车厢灭火器、紧急制动阀（手柄或按钮）、烟雾报警器、应急照明灯、防火隔断门、紧急门锁、紧急破窗锤、气密窗、厕所紧急呼叫按钮及车门防护网（带）、应急梯、紧急用渡板、应急灯（手电筒）、扩音器等安全设施设备，配置齐全，作用良好，定位放置。列车乘务员知位置、知性能、会使用。

（3）安全使用电源，正确使用电器设备。电器元件安装牢固，接线及插座无松动，按钮开关、指示灯作用良好；不乱接电源和增加电器设备，不超过允许负载；配电室（箱）、电气控制柜锁闭，无堆放物品。不用水冲刷车内地板、连接处和车内电器设备。

（4）餐车配置的微波炉、电烤箱、咖啡机等厨房电器，符合规定数量、规格和额定功率；规范使用，使用中有人监管，用后清洁，餐车离人断电。

（5）执行车门管理制度。

①列车到站停稳后，司机或随车机械师开启车门，并监控车门开启状态。开车前，列车长（重联时为运行方向前组列车长）接到车站与客运有关的作业完毕通知后，按规定通知司机或随车机械师关闭车门。

②动车组列车停靠低站台时，到站前列车乘务员提前锁闭辅助板指示锁并打开翻板，开车后及时将翻板及辅助板指示锁复位。

③餐车上货门仅供餐服人员补充商品、餐料时使用，无旅客乘降。

④列车运行中，车门、气密窗锁闭状态良好。定期巡视，保持通道畅通；发现车门未锁闭或锁闭状态不良时，指派专人看守，并及时通知随车机械师处理。

（6）安全标志设置齐全、规范，符合标准。采用广播、视频、图形标志、服务指南等方式，宣传安全常识和车辆设备设施的使用方法，提示旅客遵守安全乘车规定。

（7）运行中做好安全宣传和防范，车内秩序、环境良好，无闲杂人员随车叫卖、拣拾、讨要；发现可能损坏车辆设施和影响安全、文明的行为及时制止。

（8）全列各处所禁止吸烟，加强禁烟宣传，发现吸烟行为及时劝阻，并由公安机关依法查处。

（9）行李架、大件行李存放处物品摆放平稳、牢固、整齐。大件行李放在大件行李存放处，不占用席（铺）位，不堵塞通道；锐器、易碎品、杆状物品及重物等放在座（铺）位下面或大件行李存放处；衣帽钩限挂衣帽、服饰等轻质物品。使用小桌板不超过承重范围。

（10）发现旅客携带品可疑及无人认领的物品时，配备公安乘警（或列车安全员，下同）的列车通知公安乘警到场处理；未配备公安乘警的由列车长按规定处理，对危险品做好登记、保管及现场处置，并交前方停车站（公安部门）处理。

（11）当发现行为、神情异常的旅客时，重点关注，配备公安乘警的列车通知公安乘警到场处理；未配备公安乘警的由列车长按规定处理，情形严重时交列车运行前方停车站处理。

（12）当发生旅客伤病时，提供协助，通过广播寻求医护人员帮助；情形严重的，报告客运调度员处理。

（13）办理站、车交接，短编组动车组列车在第4、5号车厢之间；长编组动车组列车在第8、9号车厢之间；重联动车组列车在列车运行方向前组第7、8位车厢之间。

（14）列车乘务员进出车站和动车所（客技站）时走指定通道，通过线路时走天桥、人行地道，走平交道时做到"一停、二看、三通过"，不横越线路，不钻车底，不跨越车钩，不与运行中的机车车辆抢行；进出车站时集体列队。

(15)列车乘务员在接班前充分休息,保持精力充沛,不在班前、班中、折返站饮酒。

3. 空调列车安全管理规范(空调列车安全案例 请扫描二维码38)

(1)防火防爆、人身安全、食品安全、现金票据、结合部等安全管理制度健全有效。

(2)列车始发前及途中,客运、车辆、公安乘警等人员按照职责分工分别对列车上部设备设施进行检查,发现问题各自填入"三乘"检查记录并通知车辆人员处置,涉及行车、人身安全的及时采取临时处置措施。列车终到前,已经修复的在"三乘"检查记录上标记后,交车辆乘务员。

二维码38

(3)各车厢灭火器、紧急制动阀、人力制动机、紧急破窗锤、灭火毯、防毒面具、应急手电筒、扩音器等安全设备设施,配齐配全,作用良好,定位放置。列车乘务员知位置、知性能、会使用。

①各车厢紧急制动阀有包封,印有"危险勿动"警示标志;紧急制动阀手柄施封良好,压力表指示正常。

②人力制动机施封良好,制动、缓解方向指示标志清晰,无遮挡。

③灭火器安放牢固,便于取用,不搭挂物品;检修不过期,压力符合规定,标牌齐全清晰,施封完好。

④紧急破窗锤标注"消防专用"标志,安放牢固,便于取用。

⑤餐车厨房按规定配备灭火毯,定位存放,保持干燥。

⑥行李车、邮政车和发电车按规定配备有效防烟毒面具,包装完好,配件齐全。

⑦封闭式洗脸间、厕所防护栏安装牢固,防护栏栏杆之间及栏杆与窗框之间间隙不大于150毫米。

(4)正确使用电器设备,安全用电。电器元件安装牢固,接线及插座无松动,紧急断电按钮护盖施封良好,按钮开关、指示灯作用良好;不乱接电源和增加电器设备,不超过允许负载。配电室(箱)人离锁闭,门锁良好,配电箱、控制箱内及上部不得放置物品;可燃物品不得贴靠电采暖装置。不用水冲刷地板、墙板、电器设备及带有电伴热塞拉门乘降梯。

(5)定期对餐车炉灶(台面)、器具进行油垢清理。餐车炉灶台面一餐一清;炉灶墙壁、抽油烟机、排烟罩和烟道的表面可见部位一趟一清。

(6)电气化厨房设备在明显位置粘贴操作说明和安全操作规程,使用前确认电源控制柜技术状态良好,操作时按规定使用电磁炉、电炸炉、电烤箱、微波炉、电冰箱、蒸饭箱等电器设备,使用中有人监管,用后清洁,餐车离人断电。灶台上保持干燥、清洁,不放导磁体。不使用电磁炉油炸食品。不带电清洁和用水冲刷,不自行拆卸电气设备。电气化餐车电炸锅内油面高于1/4油锅深度,最高油面高度不超过油位警告标志,油温设定值严禁超过200℃。

非电气化餐车按规定检查蒸饭锅炉水位(压)表、水温表、验水阀状况,应不漏水、不缺水。煤箱盖安装牢固,无松动、脱落、变形。炉灰先用水浸灭后再装袋处置。终到因故甩下的餐车彻底排净炉内的积水。燃煤炉灶运行中油炸食物使用前进方向第一个炉灶,用油量不超过容器的1/3。

(7)执行车门管理制度(相关教学资源 请扫描二维码39)。

①车门管理做到停开、动关、锁,出站台检查瞭望值乘区域车门。车站开车铃声结束、旅客乘降完毕后上车放下脚踏板,在车门口值守做好关门准备(塞拉门应关闭车门),车动关闭车门;进站提前到岗,确认站台,试开车门(塞拉门除外),停稳开

二维码39

门,卡牢翻板,无旅客从背面车门下车。试开车门时,开启车门缝隙不超过10cm,确认车门状态良好后立即关闭。始发、终到客流较大时,双开车门组织乘降,一人值乘多个车厢时,由车站负责值守增开的车门。

②列车运行中,载客车厢连接端门不锁闭,特殊情况需要锁闭时,应有工作人员监管,需要时能随时打开。车门及餐车厨房边门、走廊边门、厨房后门锁闭;行李车、发电车、邮政车端门锁闭,但与车厢连接端门锁闭后可用列车通用钥匙打开。到站前、开车后疏通通道。列车站停期间,卧车端门按照值乘范围锁闭相应车厢端门。

③列车首节车辆前部、尾节车辆后部设有外端门、防护栏和"禁止通行、当心坠落"标志,外端门运行中锁闭。餐车后厨边门窗户不是内翻可开启式的,边门外加装防护栏并加锁固定牢固。列车首尾载客车厢内端门运行中锁闭,在内端门设置"旅客止步"标志。

④临时停车时做好宣传,加强巡视,确保车门锁闭,严禁旅客上下车,未经列车长统一组织不准开启车门;列车起动后四门检查瞭望。

⑤停站立岗时,面向旅客放行方向立岗(高站台时不背对车厢连接处立岗),做好安全宣传,验票上车,重点帮扶,安全乘降。

⑥高站台乘降作业时,站停时间超过4分钟时,车门口与站台间使用安全踏板,组织乘降的车门与相邻车厢间空挡处设置警示带。安全踏板制作轻巧牢固,安放平稳,定位放置。警示带印有反光材料制作的"请勿靠近、当心坠落"字样及当前、相邻车厢顺号,设置方式、位置统一。临时双开车门组织乘降时,增开的车门可不设置安全踏板和警示带。

(8)安全标志和揭示揭挂设置齐全,有铁路旅客乘车安全、旅行须知;车门有"禁止携带危险品"标志,塞拉门有"禁止倚靠"标志;客室相应位置有"禁止吸烟""请勿向窗外扔东西""当心烫伤""当心夹手""请勿触摸""禁止通行""旅客止步"等安全标志。标志设置位置合理,内容准确,规格统一,符合标准。

(9)运行中做好安全宣传和防范,车内秩序、环境良好,无闲杂人员随车叫卖、拣拾、乞讨;发现可能损坏车辆设施和影响安全、文明的行为及时制止。

(10)车厢内禁止吸烟,加强禁烟宣传,发现禁烟区吸烟行为及时劝阻,并由公安机关依法查处。允许吸烟的处所设有"吸烟处"标志和安全注意事项告知揭示,配备烟灰盒。

(11)行李架物品摆放平稳、牢固、整齐。大件行李妥善放置,不占用席(铺)位,不堵塞通道;锐器、易碎品、杆状物品及重物等放在座(铺)位下面;衣帽钩限挂衣帽、服饰等轻质物品。

(12)当发现旅客携带品可疑及无人认领的物品时,配备公安乘警(或列车安全员,下同)的列车通知公安乘警到场处理;未配备公安乘警的由列车长按规定处理,对危险品做好登记、保管及现场处置,并交前方停车站(公安部门)处理。

(13)当发现行为、神情异常的旅客时,重点关注,配备公安乘警的列车通知公安乘警到场处理;未配备公安乘警的由列车长按规定处理,情形严重时交列车运行前方停车站处理。

(14)发生旅客伤病时,提供协助,通过广播寻求医护人员帮助;情形严重的,报告客运调度员处理。

(15)在列车中部办理站、车交接。

(16)列车乘务员进出车站和客技站时走指定通道,通过线路时走天桥、人行地道,走平交道时做到"一停、二看、三通过",不横越线路,不钻爬车底,不跨越车钩,不与运行中的机车车辆抢行。进出车站时集体列队。

（17）列车乘务员在接班前充分休息，保持精力充沛，不在班前、班中、折返站饮酒。

任务2　站、车非正常情况应急处置

任务2内容导图如图7-3所示。

图7-3　任务2内容导图

一、车站非正常情况的应急处置（车站非正常情况的图片 请扫描二维码40）

车站非正常情况主要有列车停运、大面积晚点、恶劣天气等，《规范》中要求如下：

（1）遇恶劣天气、列车停运、大面积晚点、启动热备车底、突发大客流、设备故障、客票（服）系统故障、火灾爆炸、重大疫情、食物中毒、作业车辆（设备）坠入股道、旅客人身伤害等非正常情况时，及时启动应急预案，掌握售票、候车、旅客滞留、高铁快运等情况，维持站内秩序，准确通报信息，做好咨询、解释、安抚等善后工作。具体如下：

二维码40

①列车晚点15分钟以上时，根据调度通报，公告列车晚点信息，说明晚点原因、预计晚点时间，广播每次间隔不超过30分钟；电子显示屏实时显示；按规定办理退票、改签或逢餐点提供免费饮食品，协调市政交通衔接。

②遇列车在车站空调失效时，站、车共同组织；必要时，组织旅客下车、换乘其他列车或疏散到车站安全处所；到站按规定退还票价差额。

③遇车底变更时，车站按车底变更计划调整席位，组织旅客换乘，告知列车，并按规定办理改签、退票。

④遇售票、检票系统故障时，组织维护部门进行故障排查，按规定启用应急售票、换票程序，组织人工办理检票。

⑤遇列车故障途中需更换车底时，在车站换乘的，由客运调度员通知换乘站、高铁快运到站，由换乘站组织集装件换车。在区间换乘的，集装件不换至救援车，由故障车所在地铁路局集团公司根据救援方案一并安排随车运送至动车所所在地高铁车站，动车所所在地高铁车站编制客运记录并安排最近车次运送至到站。

⑥遇发生旅客人身伤害或突发疾病时，积极采取救助措施，车站对本站发生的及列车移交的伤害旅客，及时联系当地医疗急救机构或送就近医院抢救。

⑦遇突发大客流时，车站立即组织力量增人、加岗，配合公安部门维护好车站秩序，防止发生旅客挤伤、踩踏事件。调整候车区域，充分利用站前广场等候车能力，随时掌握突发客流去向，上报集团公司运输、客运部，客调在有能力范围内组织加开列车或加挂车辆，增加

运能,合理控制相关列车剩余票额,安排窗口,为旅客办理购票、改签、退票等工作。

⑧遇火灾爆炸时,立即拨打火警电话,值班人员赶赴现场进行紧急处置并将现场和处置情况动态报告客调、客运部和有关部门;迅速将列车上的旅客疏散下车,带领到安全地带;提前拨打120做好受伤旅客救护准备;落实客调和有关部门处置命令,果断采取暂停接发列车、隔离、接触网断电、灭火扑救、旅客行李的登记造册等处置措施;当列车的火势较大需要分离时,车站行车部门接到相关命令后组织摘车,将着火车辆调移至较为空旷处以便于扑救,并做好防溜,客运人员在此期间做好站台安全防护。

⑨遇作业车辆(设备)坠入股道时,现场工作人员就地进行防护,阻止其他人员下站台自行清理,立即向车站行车室报告,行车室向集团公司调度所请求拦停列车或股道封锁。处置人员组接到调度员股道封锁、邻线限速命令后,方可下道处置。完成现场清理处置后,及时通知列车调度员,由列车调度员通知司机开车。

⑩遇扒乘列车时,客运人员立即通知车站值班员(助理值班员),并向值班干部和公安报告。报告时,说明车次、站台、车厢位置等内容。车站值班员得到通知后立即报告司机和供电部门。客运人员尽力劝说车顶人员不要站立,通过宣传、解释、安慰等措施劝说扒乘人员自行下车,在扒乘人员下车过程中提供帮助并做好防护。同时加强站台秩序维护,避免站台旅客集中围观。需登顶处置时,供电部门采取有效措施做好停电、验电、接地处理并安排人员监护后,现场处置人员必须在得到车站值班员的通知后,方可进行登顶处置。

(2)车站有应急预案培训和演练,有记录、有结果、有考核。

(3)春、暑运等客流高峰时期,换票、验证、安检、进站等处所设有快速(绿色)通道。根据情况,开设临时售票、候车场所,采取限时进站、异地候车、暂停商业营业等方式,满足客流需要。临时候车场所设有饮用水供应、卫生间等设施设备,配备适量重点旅客座席。

二、列车非正常情况的应急处置(列车非正常情景图片 请扫描二维码41)

列车非正常情况主要有火灾爆炸、空调失效等,应急处置如下:

(1)列车遇火灾爆炸、重大疫情、食物中毒、空调失效、设备故障和列车大面积晚点、停运、变更径路、启用热备车底等非正常情况下的应急处置预案健全有效,预案内容分工明确,流程清晰。日常组织培训,定期组织演练,培训演练有记录、有结果、有考核。

二维码41

(2)列车应配备照明灯、扩音器、口笛等应急物品,电量充足,性能良好。灾害多发季节增备易于保质的食品、饮用水和应急药品,单独存放。

(3)列车遇火灾爆炸、重大疫情、食物中毒、空调失效、设备故障和列车大面积晚点、停运、变更径路、启用热备车底等非正常情况时,及时启动应急预案,掌握车内旅客人数及到站情况,维持车内秩序,准确通报信息,做好咨询、解释、安抚、生活保障等善后工作。具体如下:

①当动车组列车晚点15分钟以上、普速列车晚点30分钟以上时,列车长根据调度、本段派班室(值班室)或车站的通报,向旅客公告列车晚点信息,说明晚点原因、预计晚点时间。广播每次间隔不超过30分钟,有条件的可利用电子显示屏实时显示。

②遇列车空调故障时,有条件的,将旅客疏散到空调良好的车厢。动车组列车需开启车门通风的,按规定安装防护网,有专人防护。在停车站,开启站台一侧车门;在途中,开启运

行方向左侧(非会车侧)车门。运行途中劝阻旅客不在连接处停留,临时停车严禁旅客下车。在站停车须组织旅客下车时,站、车共同组织。按规定做好旅客到站退还票价差额时的站、车交接。动车组列车空调系统故障应急处置 请扫描二维码42 。

二维码42

③热备车底的列车乘务员、随车备品和服务用品同步配置到位。遇启用热备车底时,做好宣传解释,配合车站组织旅客换乘其他列车,或者按照车站通报的席位调整计划组织旅客调整席位,按规定做好站、车交接。

④遇变更径路时,做好宣传解释,配合车站组织不同径路的旅客下车,按规定做好站、车交接。

⑤当动车组列车车门故障无法自动开启时,手动开启车门,并通知随车机械师处理;无法关闭时,由专人看守并通知随车机械师处理。使用车门紧急解锁拉手后,及时复位。

⑥当动车组列车发生烟火报警时,随车机械师、列车长和乘警根据司机通知立即到报警车厢亲自确认,查看指定车厢的客室、卫生间,随车机械师重点查看电气设备。若发生客室或设备火情,列车长或随车机械师立即通知司机按规定实施制动停车,并启动应急预案进行处理;若确认因吸烟等非火情导致烟火报警时,由随车机械师做好恢复处理,乘警依法调查,并向旅客通告。

⑦当发生旅客人身伤害或突发疾病时,应积极采取救助措施,按规定办理站、车交接,列车乘务员不下车参与处理。必要时可请求在前方所在地有医疗条件的车站临时停车处理。

任务3 旅客伤害应急处置

任务3内容导图如图7-4所示。

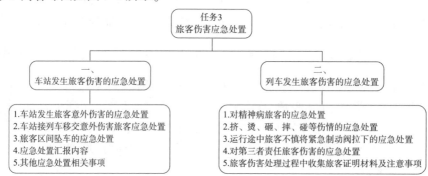

图7-4 任务3内容导图

旅客发生伤害的情况比较复杂,加之各车站和列车的设备设施不尽相同,因此在旅客伤害方面全路没有完全统一的处理办法,下面列举某铁路局集团公司的旅客伤害应急处置,仅供参考。

一、车站发生旅客伤害的应急处置

1. 车站发生旅客意外伤害的应急处置(车站客伤案例 请扫描二维码43)

二维码43

(1)当车站发生旅客意外伤害时,客运员应立即到场查看旅客伤害情况(同时必须第一时间使用音视频记录仪全程摄录取证),询问受伤旅客伤情,及时拨打120急救电话,并报告客运值班员和车间(站)值班领导。120急救车未到达前,应根据旅客伤情积极组织救护,广播寻医,稳定旅客情绪,维护现场秩序;120急救车到达后,配合医疗部门做好有关工作。客运值班员和车间(站)值班领导接到报告后立即赶赴现场,同时严格按突发事件汇报程序向车站值班领导、业务科、安全科、站舆情室汇报情况。

（2）发生旅客人身伤害后，车站在进行救护处置的同时，还应按规定及时通知铁路公安机关或向铁路公安机关报警，并及时组织取证，可采取证人证言、录音、视频监控资料、录像等方式，有视频监控条件的要及时保留好证据，证人证言以非铁路工作人员为主。

（3）涉及违法犯罪及旅客死亡（120救护人员到站确认旅客死亡）的，应立即通知铁路公安人员到场处理，由铁路公安机关组织现场勘查。

（4）车站发现疑似精神障碍患者发生伤害自身、危害他人安全的行为，或有伤害自身、危害他人安全危险的，应立即通知公安人员到现场进行处置，稳定疑似精神异常旅客情绪，并将疑似精神异常旅客隔离看护，防止伤害他人。对于无人护送的疑似精神异常旅客应禁止乘车，已购车票按旅客退票的有关规定处理，并及时通知家属领走。

（5）对单独旅行意识不清的受伤旅客，在收集证据、证言的同时，还应会同第三方人员清点单独旅行旅客的随身携带品，并编制携带品清单。

2. 车站接列车移交意外伤害旅客应急处置

（1）当车站接列车移交意外伤害旅客时，客运值班员须第一时间使用音视频记录仪全程摄录取证，询问列车对旅客的救治情况，查看旅客伤情（如受伤较重，征求伤者或同行人意见拨打120急救电话），详细阅读列车编制的"客运记录"，认真检查列车移交的旅客身份证件、车票、携带品、证明材料（旅客前方站拒绝下车治疗时需要有书面声明）。如遇特殊情况，列车来不及编制客运记录时，车站先行接收移交的伤亡旅客，要求列车于3日内补齐上述材料，并使用摄录仪记录交接过程。

（2）列车移交突发急病或因病死亡旅客的应急处置。

①客运值班员凭列车长编制的"客运记录"，接收列车移交的突发急病旅客，同时向列车乘务员或同行人员了解大概病情，根据病情征求病人或同行人员意见，及时送医院治疗（危重病人应立即拨打120急救电话，如事先接到列车通知的，应提前拨打120急救电话，并做好拨打记录）。

②列车向车站移交的突发疾病旅客，经医疗部门或公安机关确认死亡的时，客运值班员凭列车长编制的"客运记录"，接收死亡旅客及死者遗物，并会同公安部门共同检验，由公安部门出具相关证明材料后，送殡仪馆存放；如果因传染病致死，尸体应按卫生部门的指示处理。同时通知死者家属或工作单位前来处理。

3. 旅客区间坠车的应急处置

（1）当车站接到列车旅客在区间坠车的通知（列车电话通知，接电话人应详细记录有关内容，包括发话人姓名、职务、通话时间、内容；接到查询电报和客运记录，签收者应仔细阅读电报内容，无误后签收）或移交区间坠车受伤旅客时，应立即按突发事件汇报程序报告相关部门，并立即进行查找，及时通知就近车站公安派出所，按规定组织救护，配合列车和公安收集证据材料，需要防护时，按照有关规定处理。

（2）当在站内线路上发现旅客坠车时，车站、客运车间应立即通报有关列车，及时通知铁路公安派出所，按规定组织救护，收集相关证据材料，配合列车共同做好调查及后续处理工作。

4. 应急处置汇报内容

发生旅客伤害的应急处置内容主要包括：

（1）发生日期、时间、车次、地点、车站、区间里程。

(2)伤亡旅客的姓名、性别、年龄、国籍、民族、职业、单位、有效身份证号码、联系方式、住址以及车票种类、号码、发站、到站、车厢、席位等基本情况。

(3)发生经过、旅客伤亡及现场处理简况。

5. 其他应急处置相关事项

旅客伤害应急处置的其他相关事项有就医治疗、调节处理等。

(1)车站对本站发生及列车移交的伤害旅客应及时就医治疗,如旅客或其家属不同意就医治疗时,应由旅客出具拒绝治疗的书面声明,如旅客无法书写时,应由其家属(同行人)或车站工作人员代其书写,由旅客或家属(同行人)签字或按手印认可。

(2)车站对本站发生或列车移交的伤害旅客应当及时送医院抢救。当发生医疗费用时,应当根据对责任的初步判断,属于旅客自身责任或第三人责任的,由旅客或第三人支付医疗费;暂不能区分责任或者责任人不明、无力承担的,应立即向车站应急领导小组报告,车站应急领导小组商议并报请铁路局集团公司客运处同意后动用运输进款先行垫付。

(3)发生第三人责任旅客伤害且双方当事人同意现场调解、责任明确的,可由发生单位协调双方当事人或其代理人相互调解,调解达成协议的,应签署三方书面协议,并注明协议为最终处理结果,此后三方互不追责。发生单位应留存相关资料备查。

(4)遇到群死、群伤时,车站应根据现场需要和上级指示,立即向当地政府报告,说明情况,请求支援。

(5)车站工作人员应积极维护现场秩序,防止再次发生意外,保护现场证据,提供线索,禁止与救援、调查无关的人员进入,协助铁路公安机关调查事故情况。

(6)受伤旅客经现场抢救无效死亡,或者对站内、区间发现的旅客尸体,经医疗部门或公安机关确认,公安机关现场勘查结束后并出具相关证明材料,车站应转殡仪馆存放(在此之前,车站应将尸体转移至适当地点并派人看守),并尽快通知其家属。尸体存放原则上不超过10天。死者身份不清且在地(市)级以上报纸刊登寻人启事10天后仍无人认领的,应根据铁路公安机关书面意见处理尸体。

(7)舆情控制。遇媒体介入,车站工作人员不得自行接受媒体采访,应立即向车间(站)值班领导汇报,车间(站)值班领导应立即摸清媒体介入情况,核实记者身份,摸清采访意图后报段车站应急领导小组,并根据应急领导小组的指导采取相应措施,积极应对。

(8)应急结束。当疾病或伤害旅客得到妥善处理,旅客运输秩序恢复正常时,按照"谁启动、谁结束"的原则,宣布应急结束。

二、列车发生旅客伤害的应急处置(列车客伤案例 请扫描二维码44)

二维码44

1. 对精神病旅客的应急处置

在车站发现无人护送的精神病旅客严禁乘车。当列车上发现无人护送的精神病旅客或多名精神病人同乘一车等情况时,列车长应将精神病旅客安置在适当位置,指派专人看护,锁闭相关的车窗;精神病旅客去厕所时,要防止其把厕所门锁死而发生意外;要检查精神病旅客随身携带物品中有无凶器,清理周围物品,防止发生意外。编制"客运记录"移交到站或换乘站处理,不得转交中途站。如不能判明其到站时,可交前方三等及以上车站处理。

在车站发现有人护送的精神病旅客乘车时,列车乘务员应对护送人员交代安全注意事项,并通知列车长,作为重点经常巡视,了解掌握动态,防止发生意外。

2. 挤、烫、砸、摔、碰等伤情的应急处置

当旅客在列车上发生挤伤、烫伤、砸伤、摔伤、碰伤后,列车长应迅速到达现场了解伤情、积极组织救治,会同公安乘警迅速调查原因、收集旁证材料,需要交站处理时,列车长编制"客运记录"交前方三等及以上车站处理。

3. 运行途中旅客不慎将紧急制动阀拉下的应急处置

运行途中旅客不慎将紧急制动阀拉下的应急处置如图 7-5 所示。

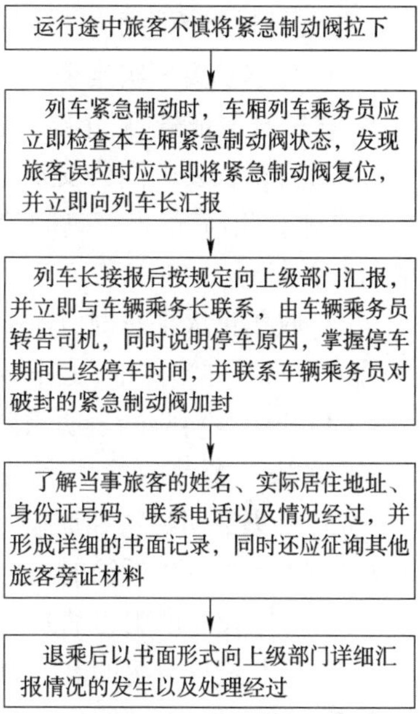

4. 对第三者责任旅客伤害的应急处置

当列车上发生烫伤、挤伤、砸伤等第三者责任旅客伤害(打架、斗殴所造成的伤害应交公安乘警处理)时,应按规定编写"客运记录",连同双方人员一并交站处理。对于旅客要求协商解决不下车处理的,应由旅客双方自行协商解决,列车工作人员不得参与意见。达成协议后,列车长必须要求双方旅客在已编好的"客运记录"下方注明双方自愿达成协议,不下车处理,今后出现问题与铁路无关;并签字盖章(注意妥善保管,保存期 3 年)。

旅客自身责任或第三者责任造成的人身伤害医疗费用由责任者承担,如第三者不明确或无力承担时,由铁路运输企业先行赔付后,再向第三者追偿。

5. 旅客伤害处理过程中收集旅客证明材料及注意事项

事故事实材料的收集包括:

(1)与事故鉴别有关的现场材料收集。

①发生事故的单位、地点、时间。

②受害人和肇事者的姓名、性别、年龄、文化程度、职业、技术等级、工龄、本工种工龄。

③出事当天,受害人和肇事者什么时间开始工作。工作内容、工作量、作业程序、操作时的动作(或位置)。

(2)事故发生的有关事实。

①事故发生前设备、设施等的性能和质量状况。

②关于工作环境方面的状况包括照明、湿度、光滑度、温度、通风、声响、色彩度、工作面状况记录。

③个人防护措施状况方面,应注意其有效性、质量、使用范围。

④出事前受害人或肇事者的健康状况。

⑤其他可能与事故致因有关的细节或因素。

(3)物证收集。

①现场物证包括:碎片、残留物、致害物的位置等。

②在现场收集到的所有物件均应贴上标签,注明地点、时间、管理者。

③所有物件应保持原样,不准冲洗擦拭。

图 7-5 运行途中旅客不慎将紧急制动阀拉下的应急处置流程

④对健康有危害的物品,应采取不损坏原始证据的安全防护措施。

(4)证人材料收集。

①受伤害者、事故责任者的自述材料。

②现场被调查者证明材料。对证人的口述材料,应认真考证其真实程度。

收集材料时的注意事项包括:

(1)列车长要核实当事人、受害人的身份,查看其居民身份证、工作证、驾驶证等,记录其姓名、居民身份证号码、年龄、住址、工作单位、职业、职务等情况,确定联系方式。

(2)列车长要会同公安乘警向当事人、受害人询问事故发生的时间、地点、过程、涉及人员和其他有关情况,做好询问笔录;请被询问人签字、注明日期;或者由当事人、受害人自己书写有关材料。

(3)收集证人证言时,应尽可能选择表达能力较强的证人。证明材料注明证人的姓名、身份证号码、年龄、住址、工作单位、职业、职务、联系方式等情况。

(4)证明材料应能表明铁路已尽到的法定义务和责任。例如,列车广播的安全警示、列车张贴的安全警示、列车广播寻找医生以及采取的其他救治措施。

(5)收集证明材料和证据时,要直接提取看到或经历事故过程的受害人、直接责任人、旁证人的证明(当发生诉讼时,证人一般很难出庭作证。证人未出庭作证的证言材料法庭一般不予认可,比较有说服力的是受害人、直接责任人签字的证明材料),要注意掌握证人姓名、地址、联系方式等情况的真实性以及证据与事故的直接因果关系。证明材料和证据要能够说明事故的过程,能证明导致事故后果的直接原因。

(6)编制客运记录时,记录内所表述的事故原因、后果必须与旅客的证明材料内容相符。"客运记录"中禁止使用模糊语言,必须客观、准确地表明事故经过。如能判明责任时,要明确具体责任人。

任务4 卫生防疫

任务4内容导图如图7-6所示。

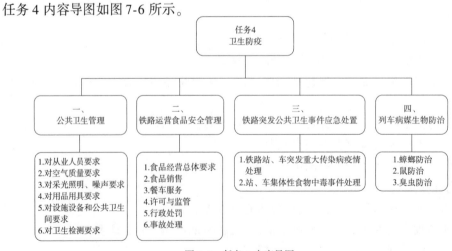

图7-6 任务4内容导图

一、公共卫生管理（重大疫情案例 请扫描二维码45）

二维码45

公共场所经营者应当在从业人员、公共场所空气质量、采光照明、噪声、用品用具、设施设备和公共卫生间、卫生检测等方面符合或达到有关要求，预防传染病和保障公众健康，为顾客提供良好的卫生环境。

1. 对从业人员要求

公共场所经营者应当建立卫生培训制度，组织从业人员学习相关卫生法律知识和公共场所卫生知识，并进行考核。对考核不合格者，不得安排上岗。公共场所经营者要明白"卫生防病，是保护自己，也保护他人；不保护他人，就不能保护自己"。

公共场所经营者应当组织从业人员每年进行健康检查，从业人员在取得有效健康合格证明后方可上岗。患有痢疾、伤寒、甲型病毒性肝炎、戊型病毒性肝炎等消化道传染病的人员，以及患有活动性肺结核、化脓性或者渗出性皮肤病等疾病的人员，治愈前不得从事直接为顾客服务的工作。

2. 对空气质量要求

公共场所经营者应当保持公共场所空气流通，室内空气质量应当符合国家卫生标准和要求。

公共场所采用集中空调通风系统的，应当符合公共场所集中空调通风系统相关卫生规范和规定的要求。

（1）集中空调管理单位每年应对空调通风系统进行一次集中清洗和消毒，特别是采取冷凝装置进行降温的系统，保持管道卫生清洁。

（2）在集中空调室内发生了呼吸道传染病疫情时，应及时关闭空调系统，隔离污染区。

3. 对采光照明、噪声要求

公共场所的采光照明、噪声应符合国家卫生标准和要求。公共场所应尽可能采用自然光。自然采光不足的，公共场所经营者应配置与其经营场所规模相适应的照明设施。公共场所经营者应采取措施降低噪声。

目前，高等级列车越来越多，旅客舒适度的需求越来越高，照度、噪声等方面越来越多地引起旅客的高度关注。例如，照度的适宜度，会对眼睛的疲劳产生很大的影响，往往会引起偏头痛。在清醒时，噪声会引起烦躁；在夜间，噪声会影响睡眠。这些情况在长交路列车，特别是旅游专列中会促发旅客不满的情绪，应引起高度重视。

4. 对用品用具要求

公共场所经营者提供给顾客使用的用品用具应保证卫生安全，可以反复使用的用品用具应当一客一换，按照有关卫生标准和要求进行清洗、消毒、保洁；禁止重复使用一次性用品用具。

5. 对设施设备和公共卫生间要求

公共场所经营者应当根据经营规模、项目设置清洗、消毒、保洁、盥洗等设施设备和公共卫生间。

公共场所经营者应当建立卫生设施设备维护制度，定期检查卫生设施设备，确保其正常运行，不得擅自拆除、改造或者挪作他用。公共场所设置的卫生间，应有单独通风排气设施，保持清洁无异味。

6. 对卫生检测要求

公共场所经营者应按照卫生标准、规范的要求对公共场所的空气、微小气候、水质、采光、照明、噪声、顾客用品用具等进行卫生检测,检测每年不得少于一次;检测结果不符合卫生标准、规范要求的,应及时整改。

铁路疾控中心每2年定期对旅客列车公共场所卫生项目进行监测。其中,空气质量中的一氧化碳、微小颗粒物（PM2.5）等数据监测较多,新车监测将加入一些车内装修材料（苯系物、有机挥发物等）的有害物质项目。

公共场所经营者应在醒目位置如实地公示检测结果。

二、铁路运营食品安全管理

为加强铁路运营食品安全监督管理,保障公众身体健康和生命安全,国家实行铁路运营食品安全统一监管制度。国家食品药品监督管理部门负责指导铁路运营食品安全监督工作,国铁集团负责铁路站、车和铁路运营站段范围内的食品销售、食品贮存、食品运输、餐饮服务等食品安全的监督管理工作,铁路食品安全监督管理机构具体承担铁路运营食品安全监督管理工作,并接受所在地省级人民政府食品药品监督管理部门的业务指导。

1. 食品经营总体要求

铁路运营中的食品生产经营者应遵守国家食品安全法律、法规以及食品安全标准和铁路运营食品安全管理要求,建立健全食品安全管理制度,开展食品安全自查,改善食品生产经营环境,落实进货查验记录和索证索票制度,建立食品安全追溯体系,加强从业人员培训和健康管理,建立食品召回制度,不得从事法律法规禁止的食品生产经营活动。

铁路站、车及规模以上食品生产经营企业应当建立食品安全信息化管理系统,推行食品安全质量体系认证,开展诚信体系建设,提高食品安全管理水平。

2. 食品销售

铁路站、车食品销售应当实行"统一采购、统一进货"制度,加强食品销售台账管理,保持场所环境整洁,禁止销售变质或者超过保质期的食品。

3. 餐车服务

铁路餐车应当实行"集中统一进货"制度,净菜、冷热链食品配送上车,食品分类冷藏、即时加工;物品定位存放,餐饮具洗消合格,环境卫生整洁,避免交叉污染;食品加工设备齐全、功能完好,保证食品安全。

4. 许可与监管

铁路食品安全监督管理机构应遵守《中华人民共和国食品安全法》等法律、法规中的规定,对行政区域内铁路运营中的食品生产经营活动实施许可和日常监督管理。

5. 行政处罚

铁路运营中的食品生产经营者违反食品安全法律法规的,由铁路食品安全监督管理机构依照有关规定给予行政处罚。涉嫌食品安全犯罪的,按照有关规定移送公安机关依法处理。

6. 事故处理

发生铁路食品运输污染、食物中毒等食品安全突发事件的单位,应立即报告所属铁路食品安全监督管理机构。

铁路食品安全监督管理机构应按照《中华人民共和国食品安全法》相关规定,制订食品安全突发事件应急预案。发生突发事件后,应立即采取封存导致或者可能导致食品安全突发事件的食品及其原料、工具及用具、设施设备等控制措施,会同有关部门、铁路疾病预防控制机构进行调查处理,做好食品安全突发事件应急处置工作,并按预案要求报告。

三、铁路突发公共卫生事件应急处置

铁路突发公共卫生事件是指国内突然发生的重大传染病疫情、群体性不明原因疾病,造成或者可能造成社会公共健康严重损害,并有可能借铁路传播的事件;铁路车站、列车发生集体性或者有死亡的食物中毒事件;铁路单位内部发生的重大集体性职业中毒、食物中毒、传染病暴发流行事件。

1. 铁路站、车突发重大传染病疫情处理

国内发生重大传染病疫情、群体性不明原因疾病,并有可能借铁路交通工具进行传播时,国铁集团要按照国家统一部署,立即启动铁路突发事件应急处置程序,按照职责分工,开展工作。

铁路车站、旅客列车应急事件处理小组应由客运、卫生、公安人员组成,负责站、车突发事件的处理工作。疫情严重期间,可实行客运干部、卫生人员双添乘制度和"旅客健康申报卡"制度。

车站发现有国家公布的传染病症状的旅客时,应立即采取隔离措施,同时向铁路卫生防疫部门报告。铁路卫生防疫部门要按规定报告当地卫生防疫部门,并协助将病人送至当地卫生行政部门指定的医疗机构处理。按规定对密切接触者进行处理,对病人隔离地点进行消毒。

列车上发现有国家公布的传染病症状的旅客时,应根据情况,采取以下措施:

(1)报告。列车长应立即向本单位值班室和前方站报告。前方站和有关单位值班室应按照规定上报运输管理及卫生防疫部门。报告内容包括车次、时间、运行地点、病人简况及主要症状、旅行目的站以及病人所在车厢顺号等。

(2)初步处理。列车长应利用软席包房或乘务室,将病人或疑似病人隔离,同时控制病人原所在车厢旅客的流动。

(3)指导处理。卫生管理和防疫部门接到报告后,应立即通过电话或委派专业人员添乘列车,并按规定程序指导、处理疫情。

(4)终末消毒。列车到达目的地后,由所在地铁路卫生防疫部门对全列车进行消毒。

(5)医学观察。对密切接触病人的乘务人员,由卫生防疫部门安排进行医学观察。

2. 站、车集体性食物中毒事件处理

(1)当站、车发生集体性食物中毒事件时,国铁集团、铁路局集团公司以及相关单位突发公共卫生事件应急处置领导小组负责人应根据情况召集有关部门,按照职责分工,到达工作岗位,开展工作。

(2)当旅客列车上发生3人以上旅客食物中毒或其他不明原因的疾病时,列车长应当立即向本单位值班室和前方站报告,前方站和本单位值班室应按照规定立即向上级运输管理

和卫生防疫主管部门。报告内容包括日期、车次、时间、运行区段、中毒人数、危重人数、死亡人数以及主要中毒表现、可能引起中毒的食物等。

（3）当铁路医疗单位一次接收旅客列车下交同一症状病人3例以上或者有人员死亡时，在进行救治的同时，应立即报告铁路局集团公司卫生主管部门。

（4）铁路旅客列车发生30人以上或者有死亡的重大食物中毒事件后，各级运输管理和卫生防疫部门应在接到报告2小时内按有关规定立即向国铁集团运输统筹监督局、劳动和卫生部报告。国铁集团卫生部按规定向中华人民共和国国家卫生健康委员会通报。

（5）铁路站、车发生食物中毒事件后，各级运输、卫生防疫部门和发生事故的站、车等有关单位要立即采取措施，积极救治患者，封闭并保护现场，组织开展调查，控制事态的发展，并随时报告进展情况。

突发公共卫生事件应急处置领导小组应根据情况，对中毒人员应当组织卫生机构对中毒人员进行救治；组织调查小组进行现场卫生学和流行病学调查，填写"食物中毒事故个案调查登记表"和"食物中毒事故调查报告表"，撰写调查报告，并按规定报告有关部门。对造成或可能导致食物中毒事故的食品应封存造成食物中毒或者可能导致食物中毒的食品及其原料；经检验，属于被污染的食品，予以销毁或监督销毁；未被污染的食品，予以解封。要求造成食物中毒的食品生产经营单位立即停止其生产经营活动；协助卫生机构查找、救治病人；保留造成食物中毒或者可能导致食物中毒的食品及其原料、工具、设备和现场；配合卫生行政部门进行调查，按卫生行政部门的要求如实提供有关材料和样品；落实卫生行政部门要求采取的其他措施。

四、列车病媒生物防治

公共场所经营者应当配备安全、有效地预防和控制蚊、蝇、蟑螂、鼠及其他病媒生物的设施设备、废弃物存放专用设施设备，并保证相关设施设备的正常使用，及时清运废弃物。

1. 蟑螂防治

（1）种群

新型铁路站、车中蟑螂的主要种类为德国小蠊，其中雌虫、雄虫比例相当，若虫稍多于雌虫与雄虫。

（2）侵害旅客列车的途径

由人、行包、货物、餐饮包装器具、卧具等携带侵入。

（3）习性

德国小蠊主要在黑暗状态下活动，其活动时间集中于晚上。

（4）分布

动车组上蟑螂主要分布在吧台、垃圾箱、饮水机、洗手池、配电柜、备品间等处所，少量见于座席。

（5）防治措施

①毒饵防治。毒饵防治适用于在某些不宜采用其他方法灭蟑的场所。颗粒毒饵应投放于蟑螂经常活动且隐蔽的场所，列车上采用毒饵盒粘贴于隐蔽的场所（如座卧席背面等），投放时"点多、量少、面广"，以增加蟑螂食饵机会。毒饵杀灭效果受适口性方面的影响。

②滞留喷洒。选择对蟑螂较敏感的杀虫剂,喷洒时以线状喷洒到蟑螂栖息的缝隙孔洞为主,同时对经常活动表面进行喷洒,以增强触杀效果。

③烟雾熏杀。烟雾熏杀适用于缝隙较多、施药很难到位的场所及旅客列车。例如,在蟑螂可能逃逸的表面进行滞留喷洒处理,再烟雾熏杀,可以增加防制效果。

④环境治理:清理桌柜内杂物,清扫卫生死角;对车厢壁上裂缝、连接缝及破损处及时堵塞、抹平;对桌柜缝隙可采用腻子、硅胶等填补。消除或减少蟑螂栖息场所。

(6)监测方法:药激法

①器具。手电筒、蜚蠊密度检测剂(0.3%氯菊酯酒精剂)。

②适用条件及监测车辆。夜间库停6小时以上。监测5辆车,包括餐车、软卧、硬卧、硬座(2辆)车。餐车如缺可用售货车替代,软卧车如缺可用硬卧车替代,硬卧车如缺可用硬座车替代。

③操作步骤。监测时,在粘蟑纸中央放置2克新鲜面包屑作诱饵,将其放置于蜚蠊经常栖息活动的地点。餐车后厨布放3张、前厅布放3张;客车乘务室、茶炉间(柜)、保洁柜、洗面间各布放1张;座(卧)席周围布放3张。粘蟑纸晚放晨收。记录捕获蜚蠊种类及数量,以便计算粘捕率、侵害率、密度、密度指数。

2.鼠防治

(1)种群

在列车上主要为家栖鼠,有褐家鼠、小家鼠及黄胸鼠。其中,褐家鼠、小家鼠为优势种,黄胸鼠多见于南方局属列车,但随着跨局列车的大量开行,北方局属列车也偶见黄胸鼠。

(2)侵害旅客列车的途径

旅客列车站停、库停、厂修、段修时由车门、车窗、车厢连接处、排水口、排粪口等与外界连通的部位主动侵入;由行包、货物、餐料包装器具等携带侵入。褐家鼠、黄胸鼠多为主动式侵入,小家鼠主动侵入及携带侵入兼有。

(3)习性

鼠主要栖生于列车的夹层内、地板下和顶棚上及车厢隐蔽角落。鼠活动规律可随列车运行时刻而改变。夜间运行的旅客列车,卧铺车厢内,老鼠待熄灯或旅客休息后活动;硬席车厢内,老鼠在旅客休息或较少走动时活动;餐车内,老鼠待停止加工食品或营业后活动。夜间库停的旅客列车,老鼠一般昼伏夜出。

(4)鼠防治策略

①环境阻断。

a.鼠类的控制应改变原来重车上、轻车下的理念,治理好客技站客运车站的鼠类,消灭鼠类适宜栖息和繁殖的隐蔽场所,清除鼠类赖以生存的食物、水和活动空间。治理好地面环境,消除鼠类活动,断绝鼠类上车通道,下大力量将鼠拒于站、车之外。

b.列车环境:修堵车上鼠类窜行孔洞;消除卫生死角,随时清除食物残渣。封闭管理食物及餐料。

②使用贴鼠板等物理防治方法或采取布放毒饵等方法是站、车鼠类防治的适宜技术。

(5)监测方法:粉迹法

①适用条件。夜间库停时间超过6小时的车体。

②器具。手电筒、滑石粉、纱布袋、200mm×200mm 硬纸板。

③操作步骤。将滑石粉装入纱布袋,轻抖纱布袋,在硬纸板上均匀撒布一层滑石粉,将粉板紧靠车厢壁放置于鼠类经常活动或栖息的场所,晚间布粉,次日早晨检查。软卧车两端包房近窗侧外角、过道两端角、乘务室、洗面间各布放 1 块;硬卧(座)车厢四角、乘务室、洗面间各布放 1 块;餐车前厅四角、后厨对角各布放 1 块。记录阳性粉块数和有效粉块数,以阳性率或侵害率表示鼠密度。

3. 臭虫防治

(1)侵害旅客列车的臭虫

温带臭虫和热带臭虫均有。其中,温带臭虫较为常见,热带臭虫见于少数南方局,如广州局等。

(2)侵害旅客列车的途径

主要由旅客衣物、行包携带;列车卧具等携带;盛装卧具的包装袋等携带。

(3)栖息特点及活动习性

臭虫主要栖息于卧铺与车厢板接缝(图7-7)、铺包面拉锁缝、卧铺套褶缝、卧铺包面与床板接缝、海绵垫里、木板缝、铺四周角铁与木板接缝、支杆与铺(车厢壁)连接缝、卧具接缝、褶皱以及盛装卧具布套接缝等处。成虫活动于上述缝隙及卧(座)席面,虫卵则黏附于缝隙间,如图7-8 所示。

臭虫一般夜间活动,在卧铺车厢,熄灯后旅客熟睡时,出来吸食人血,23 时至凌晨 4 时为活动高峰。

图 7-7 臭虫

 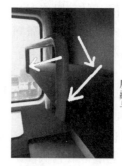

中铺臭虫藏匿点:箭头所指为臭虫藏匿点。臭虫藏匿于扶手与床垫,床垫与隔板之间的缝隙内。

图 7-8 臭虫特征及藏匿处

(4)防制方法

①环境防制。采用腻子或硅胶等抹平车厢壁及床板的缝隙;卧(座)席包面边缝用胶(或油漆)粘严,及时修补破损的卧(座)席面。

②物理防制。

a. 使用铁刷或长针将缝隙中的臭虫刷出或挑出;使用吸尘器将缝隙中的臭虫吸出;寻找或碾压织品褶缝中的臭虫。

b. 高温杀灭:用热水(65℃以上)浸泡被臭虫污染的被褥 1 小时;条件允许,可使用加热仓加热(60℃,4 小时)整体或拆散的卧席。

③化学防制。化学防制是消除列车臭虫危害最有效措施。使用此法需将车厢甩挂至少

4天,单独处理。首选药物为倍硫磷。操作方法:使用注射器等器械将药剂施到栖息缝隙深处、卧席与角钢支架连(卧席周边)接缝隙;用毛刷将药液刷涂于卧席包面边缝等臭虫栖息、活动的缝隙处;一个月内监测不到活虫。对污染严重的卧铺套、窗帘等织品可用药液浸泡2小时后送洗涤车间清洗。

任务5 红十字救护

任务5内容导图如图7-9所示。

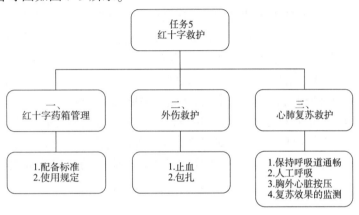

图7-9 任务5内容导图

一、红十字药箱管理

为保证对旅客突发疾病时的应急救助,铁路客运车站和旅客列车上都配备了红十字药箱。药箱所配置的药品原则上应为非处方药品,而且是无须医疗专业人员指导下就能安全使用的药品,并在药品包装盒上有OTC的药品。如配备的药品包装盒上无OTC,则该类药品必须在专业人员的指导下才能使用。红十字药箱配备标准见《铁路红十字药箱配备标准及使用原则》(TB/T 3234—2010)。

1. 配备标准

单程全程运行时间超过4小时、运行区间超过1小时或总运行距离超过1000km的旅客列车配甲类药箱,其他旅客列车配乙类药箱。客运车站一律配乙类药箱。

2. 使用规定

(1)旅客列车使用规定

当旅客列车在运行途中,发生旅客突发疾病或意外伤害时,列车长和列车红十字救护员应立即赶到旅客所在车厢,并通过广播向旅客中的医务工作人员求助。

列车长和列车红十字救护员应根据旅客疾病和伤情的实际情况,合理使用药箱内药品、器械做好紧急救护工作。

在实施救护时,列车长和列车红十字救护员应向旅客或其同行成人告知,列车所配药品、器械和采取的救护均为紧急、简易救护。如病(伤)情严重,应建议旅客下车送医院治疗。

（2）车站使用规定

当客运车站遇旅客突发疾病或意外伤害时，客运工作人员和红十字救护员应迅速赶到现场，通过广播向旅客中的医务工作人员求助，并根据病伤情况及时联系120急救中心。

在120救护车到来之前，车站工作人员应根据旅客疾病和伤情的实际情况，合理使用药箱内药品、器械做好紧急救护工作。

药箱内的药品、器械使用后，站、车客运工作人员应在"用药登记簿"上详细记录药品、器械使用情况和旅客身份信息。

二、外伤救护

外伤患者一般多伴有软组织的开放性或闭合性损伤，同时可能伴有骨折及内脏损伤，伤情多比较危重、复杂，其处理是否及时和正确，将直接关系到伤员的生命安全和功能的恢复。因此，必须十分重视外伤的处理，尤其是早期急救处理。在遇到伤情复杂及批量伤员急救时，应分清轻、重、急、缓，应遵循急救的整体原则：以抢救生命为第一，以恢复功能为第二，以最大限度地保存组织结构的完整性为第三，并做到快抢、快救、快转运，以保证优先抢救危及生命的伤情，为转送和后续确定性治疗创造条件。优先急救的急症包括心跳、呼吸骤停、窒息、大出血、张力性气胸和休克等。有些伤情必须在现场进行急救处理。及时而正确的院前救治和急诊室（车）抢救，能挽救不少危重伤员的生命。常用的急救技术主要有止血、包扎、固定、搬运等。

1. 止血

出血是外伤后常见的并发症之一，大出血可致使病员迅速陷入休克，甚至死亡。因此，掌握有效的止血技术是创伤急救的一项重要内容。正确判断出血的性质有助于出血的处理。动脉出血呈鲜红色，速度快，呈间歇性喷射状；静脉出血多为暗红色，持续涌出；毛细血管损伤多为渗血，呈鲜红色，自伤口缓慢流出。毛细血管和静脉出血一般采用加压包扎止血法；如果是大血管或动脉性出血，在现场急救时可先采用指压法，必要时采用止血带止血，并尽快改用钳夹、结扎、血管修补或移植等方法处理。

（1）止血用物

止血可用的材料很多。在现场急救时，应就地取材，选择当时当地最清洁的布类、绷带、布带代替，有条件时尽可能采用消毒敷料、绷带及充气或橡皮止血带，但不可用绳索、电线或铁丝等物替代。止血钳等专用止血器械是最可靠的止血方法，但应避免盲目钳夹，以免影响后续处理。

（2）止血方法

①指压法。指压法止血是指用手指、手掌或拳头压迫动脉经过骨骼表面部位的近心端，阻断血液流通，达到止血的目的。指压法止血主要适用于中等或较大的动脉出血。这种方法是一种现场应急措施，因四肢动脉有侧支循环，故其效果有限，且难以持久。因此，应根据情况适时改用其他止血方法。

②加压包扎法。加压包扎法最为常用，一般小动脉、中小静脉或毛细血管损伤出血均可使用此种止血法。加压包扎法是先将无菌纱布或敷料填塞或置于伤口内，外加纱布垫或敷料，再以绷带或三角巾加压包扎，其松紧度以能达到止血目的为宜。必要时，可用手掌置于

纱布外均匀加压,一般20分钟后即可止血。包扎的压力要均匀,范围应够大。包扎后将伤肢抬高,以利于静脉血回流和减少出血。

③填塞法。填塞法是先用1~2层大的纱布盖住伤口,以纱布条或绷带充填其中,再加压包扎。填塞法一般只用于大腿根部、腋窝、肩部等处难以用一般加压包扎止血的较大出血以及肌肉、骨端等渗血。此法止血不够彻底,且可能增加感染机会。另外,在清创去除填塞物时,可能由于凝血块随同填塞物同时被取出,又会出现较大出血。清创时,所填塞敷料一般应在术后5~7天开始缓慢取出。

④止血带法。止血带法一般适用于四肢大出血,且加压包扎无法止血的情况下。该法若使用不当会造成更严重的出血或肢体缺血坏死。止血带中以局部充气止血带最好,其副作用小。在紧急情况下,也可用橡皮管、绷带、三角巾或布带等代替。禁用细绳索、电线等充当止血带。止血带的位置应靠近伤口的近心端。止血带下应加以衬垫,以增加接触面积,以免造成神经损伤。

a. 充气止血带止血法。将伤肢抬高,在伤口的上方缠以纱布绷带,然后捆上止血带,在其上面再绑紧纱布绷带后开始充气。压力应维持在24~27kPa(180~200mmHg),若过低,只阻断了静脉血的回流,反而增加肢体的充血及出血量。

b. 橡皮止血带止血法。橡皮止血带止血法主要适用于无良好条件的现场急救,能达到动脉、静脉止血的目的。抬高伤肢,将衬垫(布类、棉花的软织物)置于止血部位皮肤上(上肢出血在上臂1/3处,下肢出血在大腿上1/3处);取长约1.0m、直径约1.5cm的橡皮管1根。术者左手持止血带短端,以食指、中指放置在止血带的下方,右手持长端并适当拉长,以长端压住短端绕肢体2~3圈,左手食指、中指夹住长端橡皮管,自环绕的橡皮管下方呈折叠式拉出,使其紧压在缠绕的橡皮带下面即可(图7-10)。

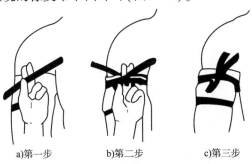

a) 第一步　　　b) 第二步　　　c) 第三步

图7-10　止血带止血法

c. 其他。在现场没有条件,可用绷带、三角巾或者布料(叠成带状)。第一道环绕为衬垫,第二道压在其上方,并适当勒紧即可。

(3)注意事项

①上止血带部位要准确,应扎在伤口的近心端,并尽可能靠近伤口。前臂和小腿不适宜扎止血带,因有两根骨骼,动脉常行走于其间,所以止血效果差;上臂扎止血带时,不可扎在中下1/3处,以防损伤桡神经。

②上止血带压力要适当,以能止住出血为度。

③上止血带的伤员必须有显著标志,注明开始时间,优先护送。

④使用止血带止血时间不宜超过4小时,防止造成肢体远端严重的缺血坏死。应每隔

0.5~1.0小时放松1~2分钟(一般待血流恢复后再扎紧)。如果动脉出血,应在放松的同时指压动脉止血。

⑤松解止血带前,应先输液或输血,补充血容量,打开伤口,准备好止血用的器材。

2. 包扎

正确的使用包扎方法,可以达到保护伤口,减少污染,固定骨折、关节和敷料,压迫止血,减轻疼痛的作用。

(1)用物

最常用的材料是卷轴绷带、三角巾、无菌纱布。在紧急情况下,如无上述物品,应就地取材,取当时当地最清洁的毛巾、衣服、被单、手帕等代替。

(2)包扎方法

①卷轴绷带基本包扎法。根据包扎部位的不同形状而采用合适的方法。

②多头带包扎法。多头带的种类有腹带、胸带、四头带、丁字带等。

③三角巾包扎法。三角巾制作简单,应用方便,用法容易掌握,包扎部位广,不仅可作较大面积创伤的包扎,还可折成条带、燕尾巾或连成双燕尾巾使用(图7-11),但不便加压,也不够牢固。此法主要适用于现场救护,医院内一般只用于上肢的悬吊。

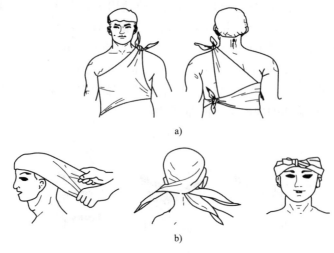

图7-11 三角巾包扎法
a)三角巾包扎胸部;b)三角巾包扎头部

(3)注意事项

①包扎时,要使伤员的位置保持舒适。皮肤皱褶处如腋下、乳房下、腹股沟等,应用棉垫或纱布衬垫,骨隆突处也用棉垫保护。需要抬高肢体时,应给适当的扶托物。被包扎的肢体,必须保持功能位置。

②根据包扎部位,选用宽度适宜的绷带和大小合适的三角巾等。潮湿和污染的绷带和三角巾均不可使用。

③用绷带包扎时,要掌握"三点一行走"的操作要领,即起点、止点、着力点(多在伤处)和行走方向顺序。

④包扎伤口时,先简单清创,并盖上消毒纱布,然后再用绷带等包扎。操作要小心、谨

慎,不要触及伤口,以免加重疼痛或导致伤口出血和污染;包扎时松紧要适宜,过紧会影响局部血液循环,过松易致敷料脱落或移动而达不到固定和压迫止血的目的。

⑤包扎敷料应超出伤口边缘 5~10cm。遇有外露污染的骨折端和腹内脏器,不可轻易还纳。若系腹腔组织脱出,应先用干净器皿保护后再包扎,不要将敷料直接包扎在脱出的组织器官上。

⑥包扎方向为自下而上、由左向右,从远心端向近心端包扎,以助静脉血液的回流。绷带固定时的结应放在肢体的外侧面,切忌将结打在伤口上、骨隆突处或易于受压的部位。包扎四肢时应尽量暴露出指(趾)端,以便观察末梢血供情况。

⑦包扎力求达到牢固、舒适、整齐和美观。

⑧解除绷带时,先解开固定结或取下胶布,然后以两手互相传递松解。紧急时或绷带已被伤口分泌物浸透干涸时,可用剪刀剪开。

三、心肺复苏救护(相关教学资源 请扫描二维码 46)

基础生命支持,又称为初期复苏,是指呼吸、循环骤停时的现场急救措施。其主要目的是迅速、有效地恢复生命器官(特别是心脏和脑)的血液灌流和供氧。基础生命支持的任务和步骤可归纳为 ABC 三步骤:A(气道)是指保持呼吸道通畅,B(呼吸)是指进行有效的人工呼吸,C(循环)是指建立有效的人工循环。人工呼吸和心脏按压是心肺复苏时的主要措施。

1. 保持呼吸道通畅

保持呼吸道通畅是心肺复苏的先决条件。遇有紧急情况应呼喊患者、轻摇患者肩部,以判断患者有无意识;将耳靠近患者口和鼻,以听或感觉是否有气流,并观察患者胸廓是否有起伏,以判断患者呼吸是否停止。若患者意识消失,呼吸停止,则立即清除呼吸道内异物或分泌物。若遇溺水者,因口腔、鼻腔常有较多的污泥、杂草等,则可用手伸进口腔内清除异物。鼻腔内异物不易清除时,急救者应用嘴吸出,然后快速置患者于头低俯卧位或置患者腹部于急救者大腿上,引流出呼吸道内的液体,再置患者仰卧位,利用托下颌或(和)将头部后仰的方法(托颈按额法),可消除由于舌后坠引起的呼吸道梗阻(图 7-12)。有条件时(后期复苏),可通过放置口咽或鼻咽通气管或气管插管等方法,以维持呼吸道通畅。

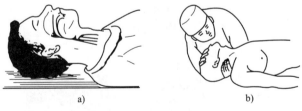

图 7-12 保持呼吸道通畅
a)舌后坠卧位;b)托颈按额法

2. 人工呼吸

人工呼吸是心肺复苏的首要措施。人工呼吸的方法可分两类:一类是徒手人工呼吸,其中口对口人工呼吸是现场复苏最简易而有效的方法。若遇牙关紧闭的患者可施行口对鼻的人工呼吸。另一类是利用器械或特制的呼吸器进行人工呼吸,主要用于后期复苏和复苏后

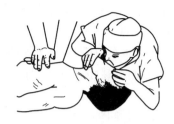

图7-13 口对口的人工呼吸示意图

处理,需由专业人员使用。进行口对口人工呼吸时,应将患者的头后仰,并用一手将其下颌向上、后方托起,以保持呼吸道通畅,另一只手压迫患者前额,以保持患者头部后仰位置(托颈按额法),同时以拇指和示指将患者的鼻孔捏闭。然后术者深吸一口气,对准患者口部用力吹入。开始时可连续吹入3~4次,然后每5s吹气一次(图7-13)。每次吹毕施术者即将口移开并深吸气,此时患者凭其胸肺的弹性被动地完成呼气。在施行过程中,应注意观察患者胸壁是否有起伏动作,吹气时的阻力是否过大,否则应重新调整呼吸道的位置或清除呼吸道内的异物或分泌物。施行口对口人工呼吸的要领是:每次深吸气时必须尽量多吸气,吹出时必须用力。这样可使吹出的气体中氧浓度较高,可达16%以上,患者所获得的潮气量成人可高达800mL。对于原来肺功能正常者,其氧分压(PaO_2)可达10.0kPa(75mmHg),氧饱和度(SaO_2)高于90%。

3. 胸外心脏按压

心脏按压是指间接或直接按压心脏以形成暂时的人工循环的方法。有效的心脏按压能维持心脏的充盈和搏出,诱发心脏的自律性搏动,并可以预防生命重要器官(如脑)因较长时间的缺血而导致不可逆性改变。

胸外心脏按压可在任何场合进行,为现场急救时简易、实用而有效的心脏复苏方法。近年来认为其原理是在胸廓外按压,使胸内压增加,引起心脏及大动脉内压力升高而驱使血液向全身流动。当挤压解除时,胸内压下降并低于一个大气压(胸膜腔为负压),静脉血又回流心脏,称为胸泵机制。

胸外心脏按压方法:

(1)将患者就地平卧,背部垫一木板或平卧于地面上。

(2)操作者立于或跪于患者一侧,以食指和中指摸清病人的肋骨下缘,移向中间摸到剑突,选择剑突以上4~5cm处,即胸骨上2/3与下1/3的交界处为按压点。

(3)将一手掌根部置于按压点,另一手掌根部放在前者的上面。手指向上方翘起,两臂伸直,凭自身重力通过双臂及双手掌垂直向胸骨加压,使胸骨下陷4~5cm,然后立即放松,但双手不离开胸壁,肘关节不能屈曲,使胸廓自行恢复原位(图7-14)。

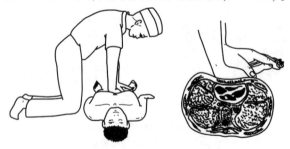

图7-14 胸外心脏按压示意图

(4)如此反复操作,按压时,心脏排血,松开时,心脏再充盈,形成人工循环。

(5)按压与松开的时间比为1∶1时,心排血量最大,按压频率以80~100次/分钟为佳。单人复苏时,心脏按压15次进行口对口呼吸2次(15∶2)。双人复苏时,心脏按压5次进行口对口人工呼吸1次(5∶1)。如果已经建立气管内插管,人工呼吸频率为12次/分钟,可不考虑是否与心脏按压同步的问题。

4. 复苏效果的监测

(1)心肺复苏的有效指标

①颈动脉搏动。心脏按压有效时,每按一次可触摸到颈动脉搏动一次。若中止按压搏动亦消失继续进行按压。如停止按压后脉搏仍然存在,说明患者心搏已经恢复。

②面色(口唇)。复苏有效时,患者面色由发绀转为红润;若患者面色变为灰白,则说明复苏无效。

③其他。复苏有效时,可出现自主呼吸,或瞳孔由大变小,并有对光反射,甚至有眼球活动及四肢抽动。

(2)终止复苏的标准

现场心肺复苏应坚持不间断地进行,不可轻易做出停止复苏的决定。如符合下列情况者,现场抢救人员方可考虑终止复苏。

①患者呼吸和循环已有效恢复。

②患者无心搏和自主呼吸,一般认为心肺复苏在常温下持续30分钟以上,无效时医师可确定患者已死亡。

❓ 复习思考题

1.《铁路旅客运输服务质量规范》中对车站安全检查有哪些规定?
2.《铁路旅客运输服务质量规范》中对动车组车门管理制度有哪些规定?
3.《铁路旅客运输服务质量规范》中对空调列车的安全设备管理有哪些规定?
4.《铁路旅客运输服务质量规范》中对空调列车车门管理制度有哪些规定?
5. 车站遇列车大面积晚点时应如何处置?
6. 列车遇晚点情况时应如何处置?
7. 动车组列车遇空调故障时应如何处置?
8. 车站接列车移交意外伤害旅客应如何处置?
9. 旅客伤害处理过程中收集旅客证明材料及注意事项有哪些?

项目8 客运法律法规

项目内容

随着我国法律法规的不断健全和发展,任何社会生产活动都需要建立在法律法规的框架内,因此,作为社会大众化交通工具的铁路,随时接受社会的监督,需要企业生产人员具有一定的法律法规知识,合法合规的工作。本项目主要内容包括客运法律法规体系认知、客运法律法规解读和客运法律法规适用。以上内容以三个任务形式呈现,图8-1所示项目8内容导图所示。

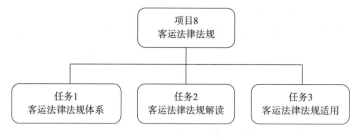

图8-1 项目8内容导图

教学目标

1. 了解客运法律法规体系。
2. 掌握铁路客运相关法律法规的基本知识。
3. 了解铁路客运相关法律法规的适用范围。

教学建议

课时建议:本项目课时可灵活掌握。建议课时为2课时。

授课过程建议:本项目教学需要把握项目意义。本项目内容设置主要考虑,随着我国法制化建设的发展,作为普通的社会公民应该普及的一些法律常识,因铁路旅客运输是面向社会大众的营业活动,因此工作人员应该具备一定的法律知识才能保障职务行为不触犯到法律。

本项目教学需要具备一定法律基础知识的师资讲授较好,非法律专业教师建议深入了解铁路旅客运输法律法规相关条文精神,增强学生的法律意识。

任务1 客运法律法规体系

任务1内容导图如图8-2所示。

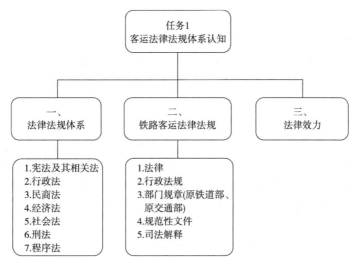

图 8-2　任务 1 内容导图

一、法律法规体系

按照中国实行"依法治国,建设社会主义法治国家"的战略目标和任务,根据全国人大常委会对中国特色的社会主义法律体系的目标设计,中国特色的社会主义法律体系可划分为七个法律部门:宪法及其相关法、行政法、民商法、经济法、社会法、刑法、程序法。

1. 宪法及其相关法

作为部门法之一的宪法,是我国社会主义法律体系的基础和主导性的法律部门,是其他部门法所有规范性法律文件的最高依据,处于特殊的地位,起着特殊的作用。

宪法作为一个法律部门,除包括现行《中华人民共和国宪法》这一占主导地位的法律文件外,还包含处于附属层次的一些法律文件,如选举法和代表法、公民基本权利法、法官法、检察官法、立法法和授权法等。

2. 行政法

行政法是有关国家行政管理活动的法律规范的总称,它是由调整行政管理活动中国家机关之间、国家机关同企业事业单位、社会团体、公民之间发生的行政关系的规范性文件组成。行政法主要包括行政诉讼法、行政处罚法、行政许可法、行政复议法和公务员法等。

3. 民商法

民商法是调整作为平等主体的公民之间、法人之间、公民与法人之间的财产关系和人身关系的法律规范的总和。民商法分为民法和商法。其中,民法是指调整平等主体的公民之间、法人之间、公民和法人之间的财产关系和人身关系的法律规范的总称,它主要包括物权、债权、知识产权、婚姻、家庭、收养、继承等方面的法律规范。商法是民法的一个特殊部分,是指调整商事法律关系主体和商业活动的法律规范的总称,它主要包括公司、破产、证券、期货、保险、票据、海商等方面的法律规范。

4. 经济法

经济法是有关国家对经济实行宏观调控的各种法律规范的总和,它主要包括审计法、会计法、统计法、农业法、企业法、银行法、市场秩序法和税法等。

5. 社会法

社会法是指调整国家在解决社会问题和促进社会公共事业发展的过程中所产生的各种社会关系的法律规范的总称,其主要功能是解决社会问题,促进社会事业发展。它主要包括未成年人保护法、老年人权益保障法、劳动法与社会保障法、环境保护法、教育法和卫生法等。

6. 刑法

刑法是指规定有关犯罪和刑罚的法律规范的总称。刑法是一个传统的和基本的法律部门,在国家生活中起着非常重要的作用,在人们的日常生活中,也是人们最为关注的一个法律部门。我国有关犯罪和刑罚的基本规定主要集中在《中华人民共和国刑法》这一法典中。除此之外,还有许多单行决定。这些规范都是刑法部门的组成部分。

7. 程序法

程序法是指规范因诉讼和非诉讼活动而产生的社会关系的法律规范的总和,它由诉讼程序法与非诉讼程序法两部分构成。诉讼程序法是有关诉讼活动的法律规范的总和,简称诉讼法。我国的诉讼法主要由刑事诉讼法、民事诉讼法和行政诉讼法组成。非诉讼程序法主要由仲裁法、律师法、公证法、调解法等基本法律构成。

二、铁路客运法律法规

铁路客运法律法规除涉及有关法律外,还包括行政法规、部门规章和司法解释等。

1. 法律

法律包括宪法及相关法、基本法律和其他法律。

宪法及相关法包括宪法、立法法和国家赔偿法等。

基本法律是由全国人大制定的刑事、民事、国家机构的和其他的基本法律,包括民法典、民事诉讼法等。

其他法律是由全国人大常委会制定的其他法律,包括铁路法、消费者权益保护法等。

2. 行政法规

行政法规是由国务院制定由国务院总理签署的国务院令公布,包括铁路安全管理条例、铁路交通事故应急救援和调查处理条例等。

3. 部门规章(原铁道部、原交通部)

由国务院各部门及具有行政管理职能的直属机构,根据法律和国务院的行政法规、决定、命令,在本部门权限内按照规定程序制定的规范性文件总称,包括《铁路旅客车票实名制管理办法》(交通运输部令2014年第20号)、铁路旅客运输安全检查管理办法(交通运输部令2014年第21号)、《铁路技术管理规程》(原铁道部令2006年第21号)等。

4. 规范性文件

规范性文件是指国家宪法和法律规定的有权制定法律规范的国家机关所颁布的属于法的渊源的规范性文件,包括《客规》《铁路客运运价规则》等。

5. 司法解释

司法解释是由最高人民法院、最高人民检察院发布的,其形式包括"解释""规定""批复""决定"等,包括《关于审理铁路运输人身损害赔偿纠纷案件适用法律若干问题的解释》

《关于铁路运输法院案件管辖范围的若干规定》等。

三、法律效力

立法法对法的适用规则做了专门规定。法的适用规则主要包括：上位法的效力高于下位法；特别法优于一般法；新法优于旧法；法原则上不溯及既往，但法律另有规定的除外。所谓一般法是指在时间上、空间上、对象上以及立法事项上所作出的一般规定的法律规范，如《中华人民共和国民法典》；特别法则适用于特定时间、特定空间、特定主体或对象、特定事项或行为的法律规范，如《铁路法》。

（1）《中华人民共和国宪法》具有最高法律效力，一切法律、行政法规、地方性法规、自治条例和单行条例、规章不得同宪法相抵触。

①法律的效力高于行政法规、地方性法规、规章。

②行政法规的效力高于地方性法规、规章。

③部门规章之间、部门规章与地方政府规章之间具有同等效力，在各自的权限范围内施行。

（2）同一机关制定的法律、行政法规、自治条例和单行条例、规章，特别规定与一般规定不一致的，适用特别规定；新的规定与旧的规定不一致的，适用新的规定。

（3）中国公民、法人或其他组织在中国领域内一律适用中国法。在国外仍受中国法的保护并履行中国法定义务，同时也要遵守所在国的法。

外国人在中国领域内除享有外交特权、豁免权或法有另外规定外，一律适用我国法律。

任务2　客运法律法规解读

任务2内容导图如图8-3所示。

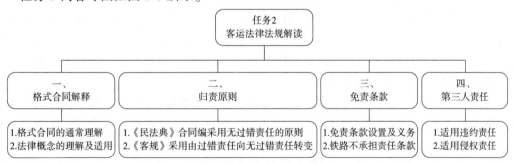

图8-3　任务2内容导图

本课程主要内容是讲解《客规》，由于《客规》的内容涉及《民法典》《中华人民共和国消费者权益保护法》《铁路法》等众多国家的政策法规，理解相关法规对《客规》的规制作用，对讲透这门课非常重要。而在这些法规中《民法典》的总则编、合同编、侵权责任编与《客规》的关系尤为密切，由于《客规》发布在《民法典》前，《民法典》的有关精神在《客规》中无法得到充分体现，而属于规范性文件的《客规》又不得与法律、行政法规相抵触，这对理解《客规》有一定的难度。因此，正确把握《民法典》等原则、精神，了解《客规》制定、修订的原则、依据及指导思想，对指导本课程教学十分重要。

一、格式合同解释

格式条款是当事人为了重复使用而预先拟定,并在订立合同时未与对方协商的条款。为了体现合同法当事人地位平等、公平原则,合同法对格式合同的解释有严格的限制。

1. 格式合同的通常理解

《客规》第20条规定,学生票只适用于普通大、专院校学生。那么民办大学,是否属于普通大、专院校,民办大学的学生能否享受学生票,铁路和旅客双方曾对此发生很大的争议,争议的焦点就是合同条款的解释权。

(1) 现行铁路《客规》的解释权

《客规》第128条规定:"本规程由国务院铁路主管部门负责修改、解释"。按此规定,在理解规章内容、讲解规章条款时,应按照国务院铁路主管部门的解释予以进行。原铁道部最初的解释是民办大学不能享受学生减价票,铁路也是按此解释执行的。这样规定是铁路长期处于计划经济、置身于卖方市场情况下形成的,目的是保证铁路规章制度严格地贯彻执行,保障运输生产的有序开展,这种做法确实起到了很好的效果。但随着铁路走向市场,这种主要以方便铁路管理、维护铁路利益为出发点的规定存在一定的不合理性。

(2)《民法典》对格式条款的解释,应当按照通常的理解予以解释

铁路旅客运输合同的凭证是车票,是采用格式条款订立的合同,属于标准合同。对标准合同条款的理解在《民法典》中有明确的规定。《民法典》第四百九十八条规定:"对格式条款的理解发生争议的,应当按照通常理解予以解释。对格式条款有两种以上解释的,应当作出不利于提供格式条款一方的解释。"这是因为,格式条款中有争议的内容是格式条款提供者提出的,其应该在拟定格式条款时对此做出明确的、按照通常的具有本行业知识的人都能够理解的词语进行表述,如果其所表述的词语能够产生两种或者两种以上的理解,只能认定其故意或者过失地制造了该词语含义的多样性(不确定性);而对于对方当事人来讲,由于事先没有参与格式条款的拟定工作,所以只能按照一般的知识来理解该词语,而不可能在订立合同时将该词语理解为其他含义。因此,在双方当事人对格式条款有不同理解时,应当按照通常的、具有本行业知识的人士的理解做出解释,而不能按照格式条款提供者的理解做出解释,即做出不利于格式条款提供者的解释。

为此,国务院有关部门专门就民办大学能否享受学生票发文,指出经国家教育主管部门批准有学历教育资格的民办大学的学生,应该享受学生票。根据此精神,铁运〔2001〕68号文对《客规》进行了修订。

因此,在理解《客规》内容时,除执行铁路主管部门的解释外,还应按通常的原则予以解释。如果我们仍然停留在《客规》内,是难以理解上述情况的。

2. 法律概念的理解及适用

法律规范中使用的概念均为"法律概念"。法律概念应当有明确的含义,但也有些法律概念的含义是不确定的,需结合不同的语境和制定目的进行确定。《客规》第32条:"除特殊情况并经列车长同意的外,持低票价席别车票的旅客不能在高票价席别的车厢停留。"第34条:"旅客不能按票面指定的日期、车次乘车时,应当在票面指定的日期、车次开车前办理一次提前或推迟乘车签证手续,特殊情况经站长同意可在开车后2小时内办理。"第48条:

"5.因特殊情况经站长同意在开车后2小时内改签的车票不退。"

《客规》中这些条款中"特殊情况""必要时"这些不确定概念的理解需结合规章制定目的予以解释,否则会产生较大的解释空间,与旅客间易产生争议。例如,《客规》第48条中特殊情况车票改签的规定,应作限缩的解释,不能因天气、其他交通工具误点等因素作为特殊情况,因为按铁路的规定及常理,列车开车后车票就失效了,这里对开车后2小时的特殊规定应理解为由于从事应对突发性的事件造成的情况,如助人为乐、紧急救助等行为,否则就很操作把握了。

二、归责原则

归责,是指行为人因其行为和物件致他人损害的事实发生以后,应依何种根据使其负责。此种根据体现了法律的价值判断,即法律应以行为人的过错还是应以已发生的损坏结果作为价值判断标准,抑或是以公平考虑作为价值判断标准,而使行为人承担责任。

1.《民法典》合同编采用无过错责任的原则

违约责任以过错为要件可分为过错责任和无过错责任。过错责任是指由于行为人的过错致使其违反合同义务时承担的责任。采取过错责任原则,行为人承担违约责任,不仅要有行为人的违约行为,还必须有行为人的过错。无过错责任,是指无论合同当事人主观上是否有过错,只要合同当事人有违约行为,就要承担违约责任。

《民法典》合同编采用无过错责任原则。首先,该原则有利于促使合同当事人认真履行合同义务。采用无过错责任后,不论何种原因,只要承运人没有全面履行合同,存在违约行为,就应该承担违约责任。其次,该原则有利于保护受害人的合法权益。过去采取过错责任原则,对于违约方的过错,守约方作为原告应当承担大量的举证责任,不利于保护受害人的合法权益。而采取无过错责任,则守约方无须举证违约方具有主观"过错"。

2.《客规》采用由过错责任向无过错责任转变

铁运〔2001〕68号对《客规》第9条第三项"对运送期间因承运人过错造成的身体损害"修改和增加了第四项"(3)对运送期间发生的身体损害有权要求承运人赔偿。(4)对运送期间因承运人过错造成的随身携带品损失有权要求承运人赔偿。"原来的规定承运人承担责任采用过错责任的原则,但这是不符合《民法典》合同编采用无过错责任的原则。修改以后对旅客的责任伤害采用了无过错责任原则,与《民法典》合同编的精神相一致。而随身携带品全程始终在旅客的监控下,所以采用过错责任的原则是恰当的。

铁路曾经发生一起两旅客乘火车至到站后,另一名旅客不知去向,事后发现该旅客死在某区间的题例。铁路认定该旅客是自己跳车致死,应按过错责任定责;但旅客认为铁路是高危企业,应按无过错责任定责。法院最终以铁路拿不出证据证明旅客是自己跳车致死(按无过错责任,该案发生在铁运〔2001〕68号前)判定铁路应承担全部责任。

三、免责条款

免责条款的全称是指免除或者限制责任的条款,它是指规定免除或者限制格式条款提供者责任的各种条件的条文。根据《民法典》公平原则,其设置及设置后的义务均有严格限制。

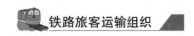

1. 免责条款设置及义务

《民法典》第四百九十六条规定:"采用格式条款订立合同的,提供格式条款的一方应当遵循公平原则确定当事人之间的权利和义务,并采取合理的方式提请对方注意免除或者减轻其责任等与对方有重大利害关系的条款,按照对方的要求,对该条款予以说明。"格式条款对于提供者来讲,由于是由自己事先拟定的,所以对各项内容比较熟悉,特别是有关免除或者限制自己责任的内容;而对于另一方当事人来讲,由于对格式条款的内容事先不知,而格式条款的内容一般又很多、很细,而且免责条款往往表述得似是而非,非专业人士很难一下子看清楚其中的奥妙。因此,格式条款的提供者在订立合同时,必须以合理的方式提请对方当事人注意免除或者限制其责任的条款。如果格式条款的提供者没有尽到提请对方注意和说明的义务,该条款是无效的。

铁路曾经发生一起持卧铺票的旅客在1小时内未按规定换票,铁路按章将该铺另行出售,最终法院判定铁路败诉的题例,其主要依据就是承运人没有履行提示或者说明的义务,铁路在旅客不知情的情况下按章将车票出售的做法是错误的。当然,本条规定因随着铁路技术的进步及劳动组织方式的变革而废除了。

2. 铁路不承担责任条款

铁路运输企业不承担违约民事责任的情形,《民法典》规定为不可抗力、旅客自身健康原因或者旅客故意、重大过失造成的,《铁路法》规定为不可抗力、受害人自身的原因造成的,《客规》的规定与《民法典》相一致的,《民法典》和《铁路法》的规定不完全一致。

根据法律的效力适用原则,《民法典》为一般法,《铁路法》为特别法,按照特别法优于一般法的适用原则和法律解释的一般方法,《铁路法》规定的受害人自身的原因,应理解为自身的身体原因和自身的其他原因,自身的身体原因应限缩解释为旅客自身健康原因,这一规定与《民法典》的规定就相一致了;受害人自身的其他原因应限定在受害人故意、重大过失等属于造成损害的唯一原因。因此,从立法目的来看,《铁路法》中的"受害人自身的原因"与《民法典》中的"旅客自身健康原因或者旅客故意、重大过失"是相一致的。

因此,在铁路运输过程中发生旅客猝死等旅客自身原因造成的,只要铁路运输企业尽到了及时救助的义务(如发现后立即广播寻医、联系救护车等),铁路运输企业是不用承担民事责任的。

四、第三人责任

在涉及合同法律关系的情形中,所谓第三人,通常是指该合同关系以外的人,也就是该合同各方当事人以外的其他的主体。在铁路旅客运输合同关系中,第三人是指人身受到损害的旅客以及作为承运人的铁路运输企业之外的其他人。人身受到损害的旅客与铁路运输企业之间存在旅客运输合同关系,他们是合同关系的当事人,不在此合同关系之中的其他人,就是相对而言的第三人。根据适用违约责任还是侵权责任的不同,承担责任的主体是不一样的。

1. 适用违约责任

根据无过错责任原则,承运人应当对运输过程中旅客的伤亡承担损害赔偿责任。铁路运输企业不承担的情形只能是旅客自身健康原因造成的或者是旅客故意、重大过失造成的,显然第三人责任不符合铁路不承担责任的条款要求。《民法典》第五百九十三条规定："当事人一方因第三人的原因造成违约的,应当向对方承担违约责任。当事人一方和第三人之间的纠纷,依照法律规定或者按照约定处理。"该条规定明确了铁路运输企业应当承担旅客伤亡违约赔偿责任。

铁路旅客运输合同是采用格式合同的形式订立的合同,在《铁路法》中没有规定人身损害赔偿的标准,仅在《民法典》第一千二百四十四条规定了"承担高度危险责任,法律规定赔偿限额的,依照其规定。"原在《铁路交通事故应急救援和调查处理条例》规定的"铁路运输企业对每名铁路旅客人身伤亡的赔偿责任限额为人民币15万元"条款也已被国务院第628号令废止。因此,目前人身损害赔偿标准法律方面没有规定的条款,主要靠铁路和旅客双方参考侵权损害赔偿的标准协商来解决。

2. 适用侵权责任

(1) 第三人承担侵权责任

对于承担侵权责任来讲,需同时满足致害行为、损害后果、因果关系、主观过错四要件才能构成侵权责任,其中的因果关系分为事实上的因果关系和法律上的因果关系。从事实上的因果关系来讲,铁路运输企业和第三人均是造成旅客伤亡的事实原因,但从法律上的因果关系来讲,第三人才是造成旅客人身伤亡的直接原因,由第三人承担侵权责任是充分的、妥当的。

因此,第三人责任时铁路运输企业对旅客没有构成侵权责任,就不应当承担侵权的损害赔偿责任。而旅客人身伤亡实际形成了旅客与第三人间独立的侵权关系,应还原为旅客与第三人间一般的侵权案件处理,根据《民法典》侵权责任编中过错责任的归责原则来认定责任。

(2) 铁路运输企业承担不真正连带责任的补充责任

《民法典》规定了两人以上依法承担按份责任或连带责任。随着社会的发展,在民事法律责任中出现补充赔偿责任的形式。所谓补充赔偿责任,就是在第一位责任人不能清偿时,由承担补充赔偿责任的责任人承担责任,补充责任人承担责任后,可以向第一位责任人追偿。补充责任是不真正连带责任的一种特殊形式,学说上也有说是不真正连带责任的变体,是为了保护权利人的权益设置的。

《最高人民法院关于审理铁路运输人身损害赔偿纠纷案件适用法律若干问题的解释》第13条规定"铁路旅客运送期间因第三人侵权造成旅客人身损害的,由实施侵权行为的第三人承担赔偿责任。铁路运输企业有过错的,应当在能够防止或者制止损害的范围内承担相应的补充赔偿责任。铁路运输企业承担赔偿责任后,有权向第三人追偿。"因此,第三人致旅客伤亡适用不真正连带责任的补充责任,在第一位责任人即第三人找不到或者没有赔付能力情况下,作为补充责任人的铁路运输企业应当承担补充赔偿责任。

列车外投掷石块造成旅客人身伤亡时,作为第一位责任人的第三人一般很难找到,为了保护当事旅客的合法权益,使其得到及时、有效的救济,旅客可以请求铁路先行赔付全部损失,且不受"能够防止或者制止损害的范围内"限制,铁路运输企业赔付后,有权向第三人追偿。

任务3　客运法律法规适用

任务3内容导图如图8-4所示。

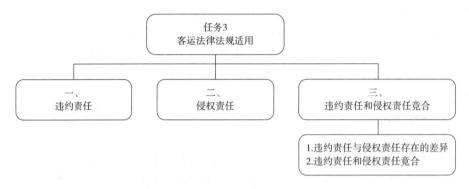

图8-4　任务3内容导图

一、违约责任

违约责任即违反了合同的民事责任,它是指合同当事人一方不履行合同义务或者履行合同义务不符合约定时,依照法律规定或者合同的约定所应承担的法律责任。违约责任的特点如下:

(1)违约责任是合同当事人违反合同义务所产生的责任。

(2)违约责任具有相对性,即违约责任只能在特定的当事人之间发生,合同关系以外的第三人,不负违约责任。

(3)违约责任具有补偿性。

(4)违约责任的可约定性,根据合同自愿原则,合同当事人可以在合同中约定违约责任的方式、违约金的数额等,但这并不否定违约责任的强制性,因为这种约定必须在法律许可的范围内。

二、侵权责任

侵权责任是指民事主体因实施侵权行为而应承担的民事法律后果,即受害人与加害人之间的以请求赔偿与给付赔偿为内容的权利义务关系。侵权责任具有以下法律特征:

(1)侵权民事责任是民事主体因违反法定义务而应承担的法律后果。

(2)侵权责任是以侵权行为为前提的,即侵权人应对其实施的侵权行为的法律后果负责。

(3)侵权责任具有强制性。侵权责任是行为人对国家应负的责任,是以国家强制力作保障的,它不取决于行为人的个人意愿。

(4)侵权责任形式主要是财产责任,但不限于财产责任。

侵权责任的目的与功能在于制裁侵权行为,保护公民、法人的民事权利,恢复被侵权行为破坏的财产关系,同时体现国家利用其强制力制裁不法行为,保障法定义务的切实履行,使债权人的绝对权得以实现。

三、违约责任和侵权责任竞合

1. 违约责任与侵权责任存在的差异

(1) 归责原则与举证责任上,违约责任为无过错责任原则,因此举证时实行责任倒置,不是由原告主张对方违约,而是由对方对自己的违约行为有无正当理由进行举证。

除特殊侵权责任适用无过错责任原则,一般侵权责任适用过错责任原则,举证责任为谁主张谁举证,应由受害人对加害人的过错进行举证。

(2) 责任构成要件上,违约责任需要以有效合同为前提,因为违约行为侵犯对象为相对权,而侵权行为侵犯的是绝对权;违约行为要求的违法性仅指不具有正当事由,侵权行为的违法性是违反法律的禁止性规范或者违背善良风俗之加害;违约责任不以损害及违法行为与损害结果具有因果关系为构成要件,而侵权责任则以两者为构成要件。

(3) 免责事由上,违约责任为:《铁路法》规定为不可抗力、受害人自身的原因。《民法典》合同编的规定为不可抗力、旅客自身健康原因或者旅客故意、重大过失;《民法典》侵权责任编规定为受害人故意或者不可抗力。

(4) 责任方式上,违约责任主要为财产责任,因为合同法主要调整的是平等主体之间的财产关系;侵权责任包括财产损失;赔偿损害包括非财产损失;消除影响,赔礼道歉等。

2. 违约责任和侵权责任竞合

违约行为和侵权行为发生竞合是指当事人一方的同一行为既构成违约行为,也构成侵权行为。请求其承担违约责任或者侵权责任。

《民法典》第一百八十六条规定"因当事人一方的违约行为,损害对方人身、财产权益的,受损害方有权选择请求其承担违约责任或者侵权责任。"

2012年×月×日,刘某在孝感乘K9次列车到广州。次日7:00,列车行驶在韶关至广州区间,列车员换票时发现旅客刘某于15号车厢3号上铺手脚冰凉、没有知觉,立即广播寻医,并及时联系救护车,同时通知公安。9:00,列车到达广州后,等待在站台上的救护人员发现刘某已经死亡。后经公安机关认定死者死亡的原因为猝死。本案属于违约责任和侵权责任竞合,原告以侵权责任提起诉讼。根据最高人民法院相关规定,本案属于一般侵权纠纷,实行过错责任的归责原则。根据现有证据,在列车员换票之前,刘某周边旅客均未发现其突发疾病。列车员换票时发现死者情况异常,立即广播寻医,并及时联系了最合理到站地救护车进行急救,也通知了公安部门。铁路运输企业尽到了在合理限度内的安全保障义务,刘某的"猝死"是由其自身原因造成的。原告不能证实其死亡与铁路运输企业过错有因果关系,因此铁路运输企业对旅客的死亡无须承担侵权责任。

❓ 复习思考题

1. 中国特色社会主义法律体系可划分为哪七个法律部门?
2. 何谓民商法?

3. 我国《立法法》对法的适用规则作了哪些专门规定？

4. 何谓格式条款？

5. 我国民法对铁路运送期间发生的旅客身体损害及随身携带品损失的归责原则是如何规定的？

6. 何谓格式合同的免责条款？

7. 何谓第三人责任？

8. 何谓违约责任和侵权责任竞合？

项目 9　跨境铁路旅客运输组织

　项目内容

我国境内开展的铁路旅客运输工作,除国内铁路旅客运输工作外,还有国际铁路旅客运输和广深港铁路跨境旅客运输。本项目主要内容是介绍国际铁路旅客运输和广深港高速铁路跨境旅客运输。以上内容以两个任务形式呈现,图 9-1 所示为项目 9 内容导图。

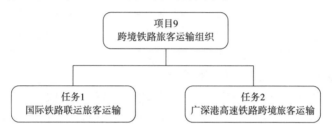

图 9-1　项目 9 内容导图

　教学目标

1. 了解国际旅客联运组织的旅客列车开行情况、旅客运送条件等内容。
2. 了解广深港高速铁路跨境旅客运输的范围、旅客运输及携带品等内容。

　教学建议

课时建议:本项目课时可灵活掌握。建议课时为 4 课时。

授课过程建议:本项目设置主要考虑在我国境内铁路旅客运输营业范围的完整性,将国际铁路旅客联运和广深港高速铁路跨境旅客运输合并单列为跨境铁路旅客运输项目。

因本项目涉及业务范围有限,在教学时,教师可灵活把握内容。

任务 1　国际铁路联运旅客运输

任务 1 内容导图如图 9-2 所示。

一、国际联运组织及旅客列车

1. 参加国际旅客联运的国家

凡两个国家或两个以上国家间按国际联运票据办理的旅客、行李和包裹的运送,即国际旅客联运。参加协定各国间的旅客、行李和包裹运送,共同遵守《国际旅客联运协定》(简称《国际客协》)。各铁路的利益,由参加《国际客协》的铁路中央机关代表。

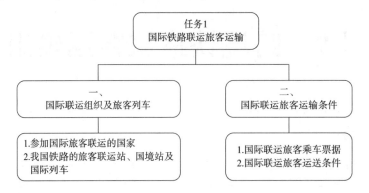

图 9-2　任务 1 内容导图

参加《国际客协》的国家有以下 23 个:阿塞拜疆、阿尔巴尼亚、白俄罗斯、保加利亚、越南、格鲁吉亚、哈萨克斯坦共和国、中国、朝鲜、拉脱维亚、立陶宛、摩尔多瓦、蒙古国、波兰、俄罗斯、斯洛伐克、土库曼斯坦、乌兹别克、乌克兰、捷克、爱沙尼亚、吉尔吉斯和塔吉克斯坦。

2. 我国铁路的旅客联运站、国境站及国际列车

《国际客运运价规程》(简称《国际客价》)中规定的办理旅客联运的车站称为联运站。

我国铁路在《国际客价》中公布的联运站有北京、北京西、大同、天津、衡阳、长沙、汉口、郑州、呼和浩特、集宁、二连、沈阳、长春、丹东、哈尔滨、牡丹江、满洲里、绥芬河、桂林、南宁、凭祥、乌鲁木齐、阿拉山口、山海关、集宁南、开远、伊良、河口、昆明北。图 9-3 所示为中国铁路国际旅客联运站示意图。

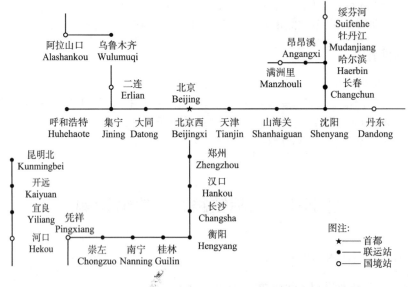

图 9-3　中国铁路国际旅客联运站示意图

国与国之间临接的车站称为国境站。我国现有国际旅客联运的国境站及相邻的国境站见表 9-1。

国 境 站 站 名 表　　　　　　　　　　　　　　　　表 9-1

路别 \ 文别	中　文	拉丁字母
中　铁	丹东	DANDONG
朝　铁	新义州	SINYDJU
中　铁	凭祥	PINGXIANG
	河口	HEKOU
越　铁	同登	DONGDANG
	老街	LAOKAI
中　铁	二连	ERLIAN
蒙　铁	扎门乌德	DZAMYN-UDE
中　铁	满洲里	MANZHOULI/MANTCJURIJA
	绥芬河	SUIFENHE
俄　铁	后贝加尔	ZABAIKALSK
	格罗迭科沃	GRODEKOWO
中　铁	阿拉山口	ALSHANKOU
哈　铁	德鲁日巴	DRUJBA

我国铁路与其他铁路间现有国际旅客列车见表 9-2。

我国铁路与其他铁路间现有国际旅客列车明细表　　　　表 9-2

路　别	车　次	开行时间	经　由
中、蒙、俄	K3/K4	每周一次	北京—乌兰巴托—莫斯科
俄、中	K19/K20	每周一次	莫斯科—满洲里—北京
中、朝	K27/K28	每周四次	北京—平壤
中、蒙	K23/K24	每周一次	北京—乌兰巴托
中、俄	K607/K608	每周二次	哈尔滨东—符拉迪沃斯托克 / 哈巴罗夫斯克
中、哈	K895/K896	每周二次	乌鲁木齐—阿拉木图
中、蒙	4602/4603 4604/4601	每周二次	呼和浩特—二连—乌兰巴托
中、越	5933/5934	每周二次	昆明北—河内
中、越	T5/T6	每周二次	北京西—河内

二、国际联运旅客运输条件

1. 国际联运旅客乘车票据

(1) 册页票本

国际联运旅客乘车时使用册页票本。册页票本由按规定用手工方法或电子方法办理的票皮和乘车票据组成。个别铁路间如有协议，可采用卡片客票和无票皮的册页票本。另外，还有国际铁路通用免费乘车证等。

目前《国际客协》范围内采用两种样式的乘车票据:一种是传统的乘车票据,称为手工票;另一种是同西欧国家铁路样式基本统一的乘车票据,称为电子票,主要是独联体成员国和波罗的海三国铁路发售。我国铁路目前只发售前一种乘车票据,但同时承认其他国家铁路发售的电子票。

以下主要介绍手工票的填写及票样。

①册页票本的组成。

册页票本可订入的乘车票据有客票、卧铺票和补加费收据,并按照客、卧、补的顺序装订。册页票本中可以没有卧铺票(当不乘坐卧车时)或补加费收据(当不发生补收费用时)。但没有客票的册页票本视为无效。

②册页票本的分类。

册页票本分为单程和往返两种。如与发售国规定不抵触,旅客可在原出发地只购买返程客票。供往返乘车用的册页票本,还可办理自另一发站(非原乘车方向的到站)返回或回到另一到站(非原乘车方向的发站)。旅客享受往返乘车减成的团体和单人客票,只能按同一径路办理。如与发售国规定不抵触时,旅客可以在原出发地只购买返程客票。

③册页票本的发售。

发售册页票本时,须要求旅客出示护照。

册页票本有铁路售票处或有授权的国际旅行社发售(我国铁路委托国际旅行社代售)。其发到站为从一国任一联运站至他国的任一联运站。

发售册页票本时,客票票价和其他费用,应在乘车票据上用运价货币和本国货币注明,但在用电子方法办理的乘车票据上只用本国货币注明。在册页票本的票皮上填写用发售国货币表示的票价总额,并加盖发售机构的戳记,注明发售日期。

发售往程乘车用册页客票本时,将票皮上有效期栏内的数字"4"划消;发售返程或往返册页客票时,则将数字"2"划消。

册页票本票皮用厚实的带或不带粉色防伪底纹的白纸印制。用手工方法办理的票皮尺寸为 105mm×148mm,用电子办法办理的票皮尺寸为 192mm×86mm。其式样如图9-4所示。在票皮的封里、封底里和封底上,印有国际联运乘车条件摘要。册页票本的票皮单独印制,仅在发售时才将有关的乘车票据订在票皮里。

册页票本的票皮上,应注明册页票本发售铁路的全称,而册页客票上,则用下列代号表示下列国家铁路的名称:

阿塞拜疆共和国铁路	AZ
阿尔巴尼亚共和国铁路	HSH
白俄罗斯共和国铁路	BC
保加利亚共和国铁路	BDZ
越南社会主义共和国铁路	VZD
格鲁吉亚共和国铁路	GR
哈萨克斯坦共和国铁路	KZH
中华人民共和国铁路	KZD
朝鲜民主主义人民共和国铁路	ZC

拉脱维亚共和国铁路	LDZ
立陶宛共和国铁路	LG
摩尔多瓦共和国铁路	CFM
蒙古国铁路	MTZ
波兰共和国铁路	PKP
俄罗斯联邦铁路	RZD
土库曼斯坦铁路	TRK
乌兹别克斯坦共和国铁路	UTI
乌克兰铁路	UZ
斯洛伐克共和国铁路	ZSR
捷克共和国铁路	CD
爱沙尼亚共和国铁路	EVR
吉尔吉斯共和国铁路	KRG
塔及克斯坦共和国铁路	TDZ

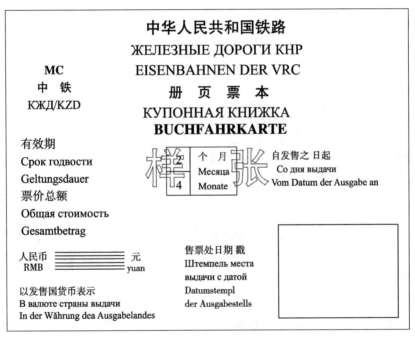

图9-4 册页票本票皮(封面)(中国铁路票样)

(2)客票

①客票的基本意义及等级。

客票是证明铁路旅客运输合同缔结的乘车票据。

《国际客协》的客票为册页客票。如果个别国家铁路间有单独协议,也可采用卡片客票。

册页客票分下述两种等级发售,即一等车厢(软席)和二等车厢(硬席)。

②册页客票载明的主要事项。

册页客票主要载明以下10项内容:"MC"字母(用手工方法办理的客票上);发、到站名称;印制的客票号码;径路;车厢等级;人数;客票票价;客票有效期(用电子方法办理的客票上);客票发售日期;发售客票的铁路名称。

③客票使用范围。

凭客票可在有效期内按照票面所载的径路,乘坐列车时刻表中规定的所有列车。

④册页客票的分类及发售。

册页客票分为全部事项印就的册页客票和补充册页客票两种。

全部事项印就的册页客票用浅粉色底纹特种水印白纸印制。册页客票的尺寸为105mm×148mm。其式样如图9-5所示。

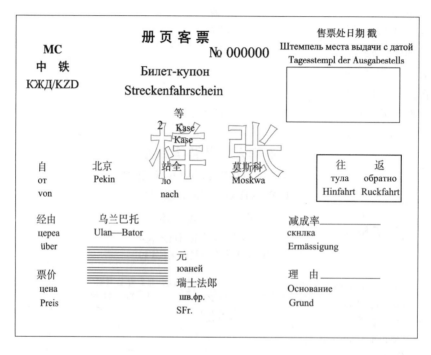

图9-5　全部事项印就的册页客票(中国铁路票样)

印制册页客票一般不带存根。但是,如铁路国内规章要求印制存根,则印制全部事项印就的册页客票时,可用白纸印制存根。

当发售往返乘车用的册页票本时,如册页客票是全部事项印就的,册页票本票皮订入两份册页客票。在用于往返乘车用的册页客票上划掉"返程"字样,在用于返程乘车的册页客票上,划掉"往程"字样。

发售儿童乘车用全部事项印就并带有存根的册页客票时,在"减成"栏内,注明运价规程确定的减成数额,在"理由"栏内注明"REBENOK"字样。

补充册页客票分为单程和往返两种。

补充册页客票上的旅客人数、发站、到站、经由、票价等栏,均为空白,售票时填写,适用于国际联运各站间乘车的一名或数名旅客。

单程和往返乘车用手工方法办理的补充册页客票均由两联组成:白纸印制的存根和浅粉色底纹特种水印白纸印制的册页客票。其式样如图9-6、图9-7所示。

第二联

MC 中 铁 КЖД/KZD	册页客票 Билет-купон Streckenfahrschein	№ 000000	售票处日期戳 Штемпель места выдачи с датой Tagesstempl der Ausgabestells

供 _____ 人乘车用
для _____ человек
für _____ Reisende(n)

自 OT/von			站
至 до nach	1	等 кл./kl.	站
	2	等 кл./kl.	站

经 由
через/über _____

减成率 Скидка _____ % Ermässlgung	理由 основание Grund	一名旅客客票票价 Плата За проезд одного пассажира/ Preis je Person		瑞士法郎 шв.фр. SFr.
团体旅客证	Контролчные купоны/Kontrollkaren	客票票价总额 Общая стоимость Gesamtbetrag		元 юанеи
自 第 _____ 号 至 第 _____ 号 c/von Nr до/bis Nr				瑞士法郎 шв.фр. SFr.

图 9-6 补充册页客票(单程)(中国铁路票样)

MC 中 铁 КЖД/KZD	册页客票 Билет-купон Streckenfahrschein	№ 000000	售票处日期戳 Штемпель места выдачи с датой Tagesstempl der Ausgabestells

供 _____ 人乘车用
для _____ человек
für _____ Reisende(n)

往程 TVДa/hinfahrt   返程 обpaTHo/ruckrahrt

自 OT/von			站
至 до nach	1	等 кл./kl.	站
	2	等 кл./kl.	站

经 由
через/über _____

减成率 Скидка _____ % Ermässlgung	理由 основание Grund	一名旅客客票票价 Плата За проезд одного пассажира/ Preis je Person		瑞士法郎 шв.фр. SFr.
团体旅客证	Контролчные купоны/Kontrollkaren	客票票价总额 Общая стоимость Gesamtbetrag		元 юанеи
自 第 _____ 号 至 第 _____ 号 c/von Nr до/bis Nr				瑞士法郎 шв.фр. SFr.

图 9-7 补充册页客票(往返)(中国铁路票样)

```
    ○ ○ ○ ○ ○   *
  MC乘坐快车用
  布拉格总站    2等
  至华沙总站
  经由 布拉迪斯拉发
      两个月有效
  30.00瑞士法郎    *
  布拉格总站    2等
  至华沙总站
  经由 布拉迪斯拉发
    ○ ○ ○ ○ ○
```
* 是否印刷由发售路决定。

图 9-8 卡片客票

补充册页客票复写填发。

当发售单程乘车用的补充册页客票时,存根留在售票处并附于报告表后,册页客票订入册页票本票皮内交给旅客;当发售往返乘车用的补充册页客票只供单程乘车使用时,不使用的相反方向的各栏用斜线划销。

⑤卡片客票

卡片客票用白色硬纸黑字印制,尺寸为 31mm×57mm。二等卡片客票可印成褐色,一等卡片客票可印成绿色。卡片票式样如图 9-8 所示。

对年满 4～12 周岁的儿童发售卡片客票时,应顺客票的切断线,将儿童票截角剪下,留存在客票发售地点,以便随同售票报告表提出。

发售卡片客票时,应用针扎机或胶皮戳打出客票发售日期(年、月、日)。

对于返程乘车,可使用往程卡片客票,并在背面加盖"返程乘车用,四个月内有效"字样的戳记。

在两邻路间直通联运中,亦可发售往返程有效的卡片客票。此事应由参加运送的铁路相互商定。

(3)卧铺票

旅客乘坐卧车和座卧车,如果这些车厢规定必须提前预留席位,则除客票外,每名旅客还应持有占用相应铺位的卧铺票。

①卧铺票的发售。

卧铺票由铁路售票处和代售点发售,按照适用的运价规程中所载的站名,可由一国任一联运站发售至他国的任一联运站。国际直通联运卧车和座卧车的卧铺票也可以由该卧车列车员发售。

对于乘坐国际直通不换乘联运卧车和座卧车的旅客,发售一张自发站至到站的全程卧铺票。如果旅客由某一国乘车至另一国需在国境站或其他地点换乘,则应分段向其发售卧铺票,其中每张卧铺票只限在票面所载不换乘区段乘车有效。

持座卧席位的卧铺票,一般只在夜间才有权使用卧铺。夜间时间从 21:00 算起,至次日早 7:00 止。如果包房中其他旅客同意,也可在其他时间使用卧铺。

卧铺票复写填发。第一联即存根,由售票处留存,并附于报告表,第二联和第三联(如果规定使用第三联时)订入册页票本票皮内。其中第二联为卧铺票,第三联为卧铺票收据。卧铺票式样如图 9-9 所示。

购买卧铺票的旅客人数、客票号、车次、车厢号、铺位号、一名旅客卧铺费、核收的卧铺费总额、手续费、发售日期和列车发车时间、卧车所属路名称及补充卧铺票上的发到站名称、乘车径路、车厢等级、铺位种类和票价等级,均手工填写。卧铺票上应加盖售票处的戳记并注明日期。

填写卧铺票时,应以旅客乘坐同一车厢不换乘的发、到站作为发、到站。

②卧铺票上车厢等级和铺位种类的填写方法。

硬席(2 等)车厢:

2/0——不带包房的开放式车厢;

2/4——4人包房车；

2/3——3人包房车；

2/2——2人包房车；

BC4——4人包房座卧车；

BC6——6人包房座卧车。

软席(1等)车厢：

1/4——4人包房车；

1/2——2人包房车；

1/1——1人包房车。

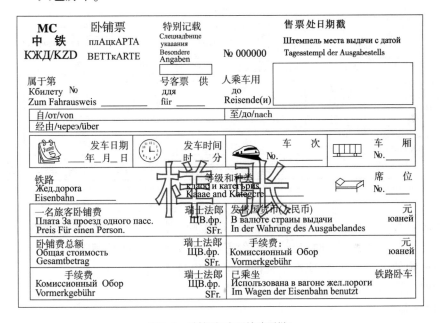

图9-9　卧铺票(中国铁路票样)

同卡片客票一起发售卧铺票时，应根据卡片客票的有效期，划去票皮上的"2"或"4"个月的有效期。若只发售卧铺票，在册页票本票皮上不注明其有效期。

准许发售不记载车次、车厢号、铺位号、发车日期和时间的卧铺票（"OPEN"卧铺票）。其有效期同凭以乘车的客票相符。

卧铺票使用完毕，由列车员收回上报，凭此向国外进行清算。

(4)用手工方法办理的补加费收据

当变更径路、等级以及同一径路上分乘不同等级车厢等情况下，需开具补加费收据。客票和卧铺票差价应分别单独开具补加费收据。其他项目可开具同一张补加费收据。

补加费收据为两联，复写填发。其中，第一联为白色的存根，留存在发售部门，并随同收款报告表提出，第二联为浅蓝色底纹水印纸，交给旅客。补加费收据式样如图9-10所示。

办理时，客票票价差额和其他运送费用单开在一张补加费收据上，卧铺票差额另开在一张补加费收据上，并在卧铺票差额补加费收据内记载变更内容，即：旅客由何等级、何种类车厢换乘何等级、何种类车厢。

MC
中 铁
КЖД/KZD

补加费收据
Доплатная квитаишия
Nachlŏsequittung

售票处日期 戳
Штемпель места выдачи с датой
Tagesstempl der Ausgabestells

属 于 第 .... 号客票/卧铺票
К билету/плацкарте Nr
Zum Fahrausweis/zur Bettkarte

Же.лдор. .... Eisenbahn | 铁路等级 класс .... Klasse | 供 для .... für | 人乘车用 человек Reisende(n) | 减成率 Скидка .... % Ermässlgung

自 OT/von .... 站至 до/nach .... 站
经 由 через/über ....

补 收 Доплата для Nachzahlung für .... 人的费用 человек Reisende(n) 减成率 Скидка .... % Ermässlgung
自 OT/von .... 站至 до/nach .... 站
经 由 через/über ....

补 收 Взыскано дополнительно Erhobener Zuschlag		改乘1等车 Переход в 1-й класс Klassenwechsel	变更经路 Изменение путм следования Streckenwechsel	卧铺费差额 Разница в стоимости плацкарты Unterschied in der Bettarte 由 из/von .... 变为 в/in	
每名旅客За одного пассажира für je person	瑞士法郎 шв.фр. SFr.				
合 计 Общая стоимость Gesamtbetrag	瑞士法郎 шв.фр. SFr.				
	人民币				元 юанөи

图 9-10 补加费收据(中国铁路票样)

如果旅客希望在某些区段乘坐不同等级的车厢,则发售以全程乘坐较低级车厢适用的册页客票。乘坐较高级车厢时,应补收票价差额,填发补加费收据,单独核收。

在办理狗的运送手续时,应在空栏内填写“SOBAKA”字样。

补加费收据不用的各栏,沿对角叉线划消。

(5)团体旅客证

对于有组织的不少于6人的成人旅客团体乘车,可发售一本带有客票的册页票本。团体旅客证发给6人和6人以上的乘车团体的每一旅客,但领队除外,领队乘车使用团体旅客乘车用的册页客票。

团体旅客证应在填好册页客票号码和车厢等级栏之后,发给旅客。对于往返乘车的团体旅客的每个成员,发给一张团体旅客证。在该团体旅客证背面加盖“往返”戳记。团体旅客证式样如图 9-11 所示。

MC 中 铁 КЖД/KZD 团体旅客证 К ptoнтродъный Купон Kontrollkarte = 等级 Кдасс/Klasse…… 属于册页客票 第 号 К бидету-купону Nr…… Zum Streckenfahrschein	仅当同团体旅客册页客票使用时有效 Годен тодько с бидетом-купоном ддн групповой посздки Gultig nur in Verbindung mit dem Streckenfahrschein fur Gruppenfahrt

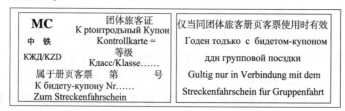

图 9-11 团体旅客证(中国铁路票样)

(6)免费乘车证

国际旅客列车和直通客车免费乘车证包括铁组共用免费乘车证、铁组一次性免费乘车证和国际旅客列车(直通客车)国内段免费乘车证。

持免费乘车证乘车前,必须到售票处办理签票手续。持免费乘车证仅限在列入《国际客价》的径路上,在各国际联运站间乘车有效。

①铁组公用免费乘车证。

铁组公用免费乘车证是铁组成员国统一采用的通用不记名免费乘车证。只限参加铁组公务活动的人员使用,仅当能出示本人护照时有效。该乘车证的持有者有权在铁组任何成员国铁路免费享受下列待遇:

a. 免费乘坐任何方向、任何径路、任何等级的列车或车厢。

b. 免费使用卧车、座卧车中任何等级的卧铺及座席车中的座席;乘坐卧车时,应提前办理签认手续,以取得卧铺席位。当有空闲席位时,该乘车证持有者有权优先取得空余席位。

c. 免费运送 35kg 以内的行李。

d. 免费使用全套卧具。

e. 对该乘车证持有者,免收手续费。

②铁组一次性私用免费乘车证。

铁组一次性私用免费乘车证是铁组成员国铁路统一采用的记名私用免费乘车证,每张乘车证只能使用一次(单程或往返),仅限铁路正式职工及其家属在国际联运乘车时使用,且仅当能出示本人护照时有效。在与中国铁路的联运中,凭每张乘车证乘车最多不能超过 5 人;在其他国家的联运中,不能超过 36 人。该乘车证的持有者有权在铁组任何成员国铁路享受下列待遇:

a. 免费乘坐乘车证上所载等级的列车或车厢。

b. 免费运送每人 35kg 以内的行李。

c. 允许乘坐卧车或座卧车,但需购买全价卧铺票。

d. 允许改乘高于乘车证所载等级的列车或车厢,但需支付票价差额。

③国际旅客列车(直通客车)国内段免费乘车证。

本乘车证因国际联运工作需要出差的铁路人员使用。该乘车证的持有者有权在我国境内免费乘坐中国铁路和外国铁路担当的各次国际列车或直通客车,且不受夜间行车不足 6 小时不得使用卧铺的限制。

2. 国际联运旅客运送条件

(1)乘车票据的有效期

旅客凭册页票本和卡片客票有权在票面所载的有效期内乘车。

有效期规定如下:

①往程册页票本和往程卡片客票——2 个月。

②在原发站发售的返程册页票本和返程卡片客票——4 个月。

③带有往返客票的册页票本——4 个月。

在个别铁路间的联运中,如有协议可以规定另外的客票有效期。

册页票本和卡片客票的有效期,自发售当日起算,到 2 个月或 4 个月后的发售日同日 24 时终止。如有效期终止的月份没有该日,则客票有效期算至该月最后一天 24 时止。

如旅客由于不得以的原因,不能在规定的客票有效期内结束乘车,在客票有效期终了以前提出有关证明文件的条件下,有权请铁路延长客票的有效期。

同一张客票的有效期延长不得超过2次,同时,每次延长不得超过2个月。

(2)儿童乘车条件

每名旅客可以免费携带不满4周岁并且不单独占用座席(卧铺)的儿童1名。如超过1名时,对超过的人数,或虽未超过但儿童单独占用座席,都应购买儿童票。携带4~12周岁的儿童乘车,也应购买儿童票。儿童乘车客票票价为成人旅客所定票价的50%,卧车和座卧车厢儿童客票的卧铺票票价与成年旅客相同。在确定儿童运费时,以乘车开始之日的儿童年龄为准。

(3)携带品和动物的运送

①旅客免费携带品的总重量。

对每张办理的客票,成人旅客不得超过35kg,未满12周岁的儿童不得超过15kg。对超重部分要严格限制在10kg以内,由车站按手提行李办理,按照《国际客约》核收发站至到站包裹运费,给旅客开具国内客运杂费收据。超出10kg以上时,必须提前到车站办理托运手续。

在外交信使占用的单独包房内,允许运送200kg以内的邮件和行李。此时,超过免费运送携带品标准的外交邮件,应按适用的运价规程规定的费率交付行李运费,并作为手提行李办理。

②旅客携带动物运送的规定。

国际直通联运车厢内,禁止旅客携带动物,但室内动物(狗、猫和禽鸟等)除外。运送时只准采用硬席(二等)车厢单独包房,一个包房内不得超过两只。在这种情况下,一名或数名旅客必须按包房内的铺位数支付客票票价和卧铺费。在铁路不能提供单独包房运送动物的情况下,不准许运送动物。

旅客应自己注意携带品的完整和完好,并照看好随身携带的室内小动物(狗、猫和禽鸟等)。旅客对自己随身携带的动物和禽鸟违反卫生要求应负完全责任,并须保证适当地清扫车厢。

(4)乘车票据的查验及收回

列车查验客票时,应注意日期、车次、到站、座别和乘车票据的完整。如果只有册页票本的票皮而没有册页客票,或只有册页客票而没有册页票本的票皮,都是无效票据,无权乘车。

旅客如不能交验有效客票,则应根据发现无票乘车所在铁路的规章核收罚款、票价和补加费。旅客如继续乘车应购买客票。

在旅客到达到站前,列车员应在乘车结束前30分钟内将乘车票据退还给旅客。乘坐卧车时,卧铺票留在卧车列车员处。

按相关规定:列车员须将用过的册页客票或卡片客票连同当次列车适用的卧铺票于车内收回,对册页客票的票皮不能收回,留旅客报销用。客票上如记载退款事项应留给旅客,国际旅行社根据客票办妥退款手续后,代为收回。

旅客中途下车,前途已经失效的卧铺票以及途中过期的册页客票、卧铺票均应收回。

(5)退票

国际列车发车前3日至列车发车6小时之前办理退票或改签,发车前6小时以内不办理退票,核收卧铺票票价的 80% 作为退票费;团体旅客在发车前 5 日内不予退票或改签。

国际列车发车 3 小时后或已托运行包后,不再办理退票,也不得改签。

购买团体乘车票据,不对其中一部分旅客办理退票或改签。

任务 2　广深港高速铁路跨境旅客运输

任务 2 内容导图如图 9-12 所示。

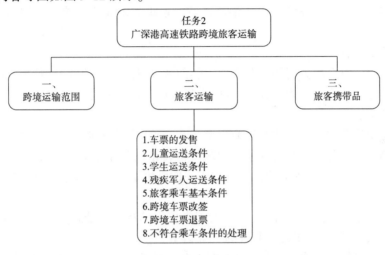

图 9-12　任务 2 内容导图

一、跨境运输范围

广深港高速铁路列车跨境运输范围为目前我国内地参与广深港高速铁路跨境运输的铁路运输企业、港铁公司。跨境运输所涉及的组织管理办法适用范围为国铁集团管理的各铁路局集团公司客运站与香港西九龙站间的高速铁路跨境旅客运输,内地参与广深港高速铁路跨境运输的铁路运输企业、香港铁路有限公司(以下简称"港铁公司")和跨境旅客。

二、旅客运输

1. 车票的发售

跨境运输车票最远发售至本次列车终点站,均为磁介质车票。内地售票渠道和港铁公司提供售票渠道有所不同。

(1)内地铁路运输企业售票方式有 12306.cn 网站、电话订票(86—发站所在城市的区号—95105105)、车站售票窗口、内地代售点(含在香港设置的代售点,下同)、自动售票机等。

(2)港铁公司提供的售票方式有港铁公司购票网站、电话购票热线(852—2120 0888)、香港西九龙站售票窗口、自动售票机及港铁公司代售点等。

旅客利用网站、电话及港铁公司代售点订购票后,应在乘车前换取磁介质车票。

车票预售期:网站购票(含港铁公司代售点购票)、电话订票 30 天(含当天),其他购票方式 28 天(含当天)。调整预售期时,铁路运输企业应提前公告。

2. 儿童运送条件

儿童票的基本条件按身高和年龄综合考虑发售,身高 1.2~1.5m 的未成年人可以购买儿童减价(特惠)车票,儿童票按照相应座席公布票价的 50% 计算。超过 1.5m 的旅客应购买成人车票。儿童票的乘车日期、车次及席别应与同行成人所持车票相同,其到站不得远于成人车票的到站。免费乘车儿童及符合儿童票使用条件的儿童应随同成人乘车。

每一名持票成年人旅客可免费携带一名身高不足 1.2m 且不单独占用席位的未成年人乘车,超过一名时,超过人数应购买儿童票。免费乘车的未成年人单独使用席位时,应购买儿童票。

3. 学生运送条件

学生票是指供符合相关资格的在内地上学的香港学生购买的减价(特惠)车票。符合购买学生票的学生须凭优惠卡购票,优惠卡由中华人民共和国教育部及国铁集团监制,须贴在有效的学生证上。

学生票的发售范围和内地铁路运输规定基本一致,即在内地大专院校就读,没有工资收入的学生、研究生,凭附有加盖院校公章的减价优待证的学生证和火车票学生优惠卡(新生凭录取通知书,毕业生凭学校书面证明可购买一次学生票),可购买家庭至学校所在地(实习地点)的跨境学生票。

学生仅限每年购买四次单程学生票,当年未使用的次数不能留作下年使用。学生票只发售二等座车票,按照二等座公布票价的 75% 计算。

学生票乘车时间期限为每年的暑假 6 月 1 日至 9 月 30 日、寒假 12 月 1 日至次年 3 月 31 日。以下几种情况不能购买学生票:

(1)学校所在地有学生父或母其中一方时。

(2)学生因休学、复学、转学、退学时。

(3)学生往返于学校与实习地点时。

(4)学生证未按时办理学校注册的。

(5)学生证优惠乘车区间更改但未加盖学校公章的。

(6)应有而没有"火车票学生优惠卡""火车票学生优惠卡"不能识别或者与学生证记载不一致的。

4. 残疾军人运送条件

持有中华人民共和国有关部门颁发的《中华人民共和国残疾军人证》或《中华人民共和国伤残人民警察证》人员可以购买减价(特惠)车票,即残军票。残军票按照相应席别公布票价的 50% 计算。

5. 旅客乘车基本条件

旅客必须持有效车票并按票面载明的日期、车次、席别乘车;车票当日当次有效;旅客提前或延后乘车应在规定时间内办理改签,未改签乘车按无票处理;中途下车未乘区间失效。

除儿童外,持减价(特惠)车票的旅客,应持减价(优惠/特惠)凭证乘车。

6. 跨境车票改签

(1)改签条件。在车票预售期内且有运输能力的前提下,旅客仅可办理一次改签手续,不办理发到站变更；改签后的车票不得退票。

（2）改签时间。办理改签应不晚于票面指定的日期、车次开车前30分钟，但发站为香港西九龙站的车票应不晚于60分钟。

（3）改签票价处理。办理改签时，改签后的车票票价高于原车票票价时，补收差额；低于原车票票价时，退还差额。

（4）改签方式：

①通过内地铁路运输企业提供的售票方式购票后：

未取票的，可登录12306.cn网站或在内地车站指定售票窗口办理。

已取票的，应在内地车站指定的售票窗口办理改签。所购车票发站为香港西九龙站的，也可在香港西九龙站售票窗口办理改签，但使用非现金支付方式且产生票价差额的仅限在内地办理。

②通过港铁公司提供的售票方式购票后：

未取票的，分别按以下情形办理：

a. 通过港铁公司购票网站购买的车票，可在该网站办理改签。

b. 通过港铁公司电话购票热线购买的，可在该热线办理改签。

c. 通过港铁公司代售点购买的，可在原代售点办理改签。

已取票的，应在香港西九龙站售票窗口办理。所购车票发站为内地车站的也可在内地车站办理改签，但使用非现金支付方式且产生票价差额的仅限在香港西九龙站办理。

7. 跨境车票退票

（1）退票时间。办理退票应不晚于票面指定的日期、车次开车前30分钟，但发站为香港西九龙站的车票应不晚于60分钟。

（2）退票方式：

①通过12306.cn网站购票且未取票的，可自行登录12306.cn网站或内地车站指定窗口办理退票。

②旅客使用现金方式购买的车票，可在内地车站售票窗口、香港西九龙站售票窗口办理退票。其中通过港铁公司代售点购票且未取票的，还可到原代售点办理退票。

③在内地使用非现金方式购买的车票，仅限在内地办理退票；在香港使用非现金方式购买的车票，仅限在香港办理退票。

（3）退票费核收标准：在票面开车时间前48小时内办理退票的，按票面票价的50%计算；在票面开车时间前48小时至第14天的，按票面票价的30%计算；在票面开车时间前15天及以上的，按票面票价的5%计算。退票费按元计算，不足一元的部分舍去免收。

8. 不符合乘车条件的处理

旅客有下列行为时，铁路运输企业按以下规定办理并有权登记其身份信息：

（1）无票、持用伪造或涂改等无效车票乘车时，补收自乘车站（不能判明时自始发站）起至到站止车票票价，核收手续费，加收已乘区间应补票价50%的票款。

（2）应买儿童票的旅客如未买票，补收儿童票价，核收手续费；超过1.5m的未成年人持儿童票乘车时，应补收儿童票与成年人票价差额，核收手续费。成年人持儿童票乘车按无票处理。

(3)持用低等级车票乘坐高等级席别时,除按规定补收所乘区间的票价差额外,还应核收手续费,并须加收已乘区间应补票价 50% 的票款。

(4)持减价(特惠)车票乘车但不符合减价(特惠)车票使用条件的,补收应收票价与减价(特惠)票价差额,核收手续费,加收已乘区间应补票价 50% 的票款。

(5)在香港西九龙站发现上述(1)~(4)情形的,按《香港铁路附例》收取附加费,广深港线路各站至香港西九龙站的车票,附加费为 1500 港元;其他线路各站至香港西九龙站的车票,附加费为 3000 港元;不能判明时按其他线路各站至香港西九龙站计算。

三、旅客携带品

旅客携带品由自己负责看管。每位旅客携带品重量和体积:成年人 20kg(残疾人旅行时代步的轮椅不包括在 20kg 内);儿童(含免费乘车儿童)10kg;外交人员 35kg。每件物品外部尺寸长、宽、高之和不超过 130cm。不办理行李、包裹托运。

铁路进站乘车禁止和限制携带物品 请扫描二维码47 。

禁止、限制带入车内的物品如下:

(1)未使用纸箱等硬质包装物妥善包装完整的自行车、带有自动力的轮式代步工具(电动轮椅除外)、平衡车。

二维码47

(2)除轮椅外,旅客携带的轮式交通工具不得在车站、列车内使用。旅客在站台和车上使用轮椅时,应采取人力助力形式,不得使用自动力。

(3)禁止旅客随身携带任何动物进站乘车(导盲犬除外)。旅客携带的导盲犬应系上牵引链,佩戴导盲鞍,接受安全检查。旅客应出示购票时所使用的有效身份证件、残疾人证、导盲犬工作证(载有导盲犬使用者信息,盖有内地公安部门或中国残疾人联合会公章,或带有国际导盲犬联盟"IGDF",或双方铁路运输企业认可并公布的证件)、动物健康免疫证明。旅客携带导盲犬须符合内地与香港进出口检疫规定和相关铁路规定,并保证其他旅客的安全和车内的清洁卫生;导盲犬的照料、喂养和所需饲料,均由携带人自理;导盲犬对铁路或第三者造成损害时,由携带人负责赔偿。

❓ 复习思考题

1. 目前参加国际铁路联运的国家有哪些?
2. 国际铁路联运的国境站有哪些?
3. 国际铁路联运儿童的乘车条件有哪些?
4. 国际铁路联运携带品的范围有哪些?
5. 广深港高速铁路跨境旅客运输儿童的运送条件有哪些?
6. 广深港高速铁路跨境旅客运输中不符合乘车条件时如何处理?

参考文献

[1] 中华人民共和国法律. 中华人民共和国民法典[中华人民共和国主席令(第四十五号)]. 北京:法律出版社,2020.

[2] 中华人民共和国铁道部. 铁路旅客运输规程(铁运〔1997〕101号)[S]. 北京:中国铁道出版社,1997.

[3] 中华人民共和国铁道部. 铁路客运运价规则(铁运〔1997〕102号)[S]. 北京:中国铁道出版社,1997.

[4] 中华人民共和国铁道部. 铁路旅客运输办理细则(铁运〔1997〕103号)[S]. 北京:中国铁道出版社,1997.

[5] 中国铁路总公司. 高速铁路行车组织基础[M]. 北京:中国铁道出版社.

[6] 中国铁路总公司. 铁路技术管理规程[S]. 北京:中国铁道出版社,2014.

[7] 裴瑞江. 铁路客运业务[M]. 北京:中国铁道出版社,2014.

[8] 裴瑞江. 铁路车站客运业务演练与任务指导[M]. 北京:中国铁道出版社,2014.

[9] 裴瑞江. 铁路列车客运业务演练与任务指导[M]. 北京:中国铁道出版社,2014.

[10] 裴瑞江. 铁路客运安全应急与路风[M]. 北京:中国铁道出版社,2014.

[11] 裴瑞江. 高速铁路客运设备设施[M]. 北京:中国铁道出版社,2019.

[12] 周平. 铁路旅客运输服务[M]. 北京:中国铁道出版社,2014.

[13] 贾俊芳. 高速铁路旅客运输服务[M]. 北京:中国铁道出版社,2009.

[14] 中华人民共和国国务院. 铁路安全管理条例[S]. 北京:中国法制出版社,2014.2,9,24,25,28,29,30,31,49,50,53-64,67,68,101